景德镇
陶瓷史料
1949—2019（下）

景德镇陶瓷史料编委会　　编著

江西人民出版社
Jiangxi People's Publishing House
全国百佳出版社

建好景德镇国家陶瓷文化传承创新试验区，打造对外文化交流新平台。

——习近平

2019年5月，习近平总书记视察江西，对景德镇作出了重要指示。这是习近平总书记为景德镇发展标定的历史方位、擘画的美好蓝图

|目录|

下册
（1999—2019）

概　述

新征程，新目标，新发展。世纪交替，随着国家改革开放不断深入，景德镇抢抓机遇，改革攻坚，开拓创新，在结束陶瓷行业大规模的改革改制基础上，推动陶瓷文化传承与复兴，打开了与世界对话的新窗口，努力走出一条具有世界意义、中国价值、新时代特征、景德镇特点的优秀传统文化传承创新发展新路子。

20世纪末，在深化市场经济体制改革过程中，景德镇传统陶瓷面临严峻挑战，国有陶瓷企业生产经营陷入困境，以"债务剥离、资产净化、职工安置"为主要内容的陶瓷国企改革进一步展开。在国家政策的支持下，景德镇市委、市政府集中力量，整合资源，全面完成国有陶瓷企业改制，对6万余名职工实施补偿安置和身份转换，企业资产完成清算转隶，并实现保值增值。这一时期，景德镇市为理顺陶瓷管理体制，成立市瓷局，作为市政府职能部门，统一管理全市陶瓷产业。抓住部省共建景德镇国家陶瓷科技城契机，实施大开放主战略，打造陶瓷科技园，加大招商引资力度，加强品牌建设，规范市场秩序，发展民营经济，为陶瓷产业优化发展奠定了坚实基础。

2000年以后，景德镇积极策应国家中部崛起发展战略，以陶瓷文化创意产业为突破口，推进传统陶瓷产业提质增效、优化升级。发挥陶瓷产业发展优势，彰显特色，将发展陶瓷文化产业作为复兴历史文化名城的核心竞争力，实现陶瓷文化创意产业不断创新发展，逐步做大做强。尤其是党的十八大以后，景德镇进一步加强陶瓷文化产业建设，先后建成陶溪川、名坊园，启动御窑大遗址保护项目，发展和引领陶瓷创意经济，实现陶瓷产业的优化升级。

党的十八大后，中国特色社会主义进入新时代。景德镇陶瓷步入新征程、确定新目标、迎来新发展，市委、市政府从千年积淀的陶瓷历史文化中探索"复兴密码"，争取国家支持，对陶瓷产业进行创造性转化、创新性发展，把丰富的陶瓷资源优势转化为经济优势、文化优势和核心竞争力。遵照习近平总书记"建好景德镇国家陶瓷文化传承创新试验区，打造对外文化交流新平台"的殷殷嘱托和江西省委"把景德镇打造成冠领中国、代表江西走向世界，世界感知中国、认识江西的国际瓷都"目标定位，在文化层面和产业层面全面发力，塑形铸魂，推动产城融合，实现跨越发展。

积极打造陶瓷文化传承保护"活态"项目。以项目为抓手，大力发展传统手工制瓷技艺，打造以名坊园为代表的手工制瓷平台，推进以御窑遗址为核心的重大文化保护项目建设。保护修缮城区 150 多处老窑址、108 条历史街区，活化"十大瓷厂"等近现代工业遗存；御窑厂遗址成功列入"中国世界文化遗产预备名单"；先后打造陶溪川、建国瓷厂明清窑作群、雕塑瓷厂明清园等一批陶瓷文化创意园区，在延续千年陶瓷文脉的同时，走出了一条陶瓷历史文化遗产的传承保护与开发利用之路。

努力打造"陶瓷产业升级版"。成立景德镇陶瓷集团，建设陶瓷智造工坊，加强品牌塑造和市场渠道建设，完善陶瓷产业链、创新链、价值链。建设国家日用及建筑陶瓷工程技术研究中心等 5 个国家级科研平台和 5 个省级工程中心、重点实验室。加强陶瓷技术研发创新，整合市内陶瓷科研资源，加强与国内外陶瓷科研机构合作，推进协同创新，推动景德镇陶瓷产业形成"从无序到有序、从低端到高端、从分散到集中"的发展新格局。

全力打造对外交流新平台。从 2004 年开始，景德镇连续 16 年举办中国景德镇国际陶瓷博览会，成为国内陶瓷行业规模最大、层次最高、参展企业最多、交流贸易成效最好的专业性国际博览会。同时，代表中国在德国柏林举办"感知中国·匠心冶陶"景德镇陶瓷文化展，在南非约翰内斯堡举办"感知中国·丝路瓷行"中国陶瓷文化展。充分利用"中欧城市实验室"和"世界手工艺与民间艺术之都"等平台，加强与世界对话交流。在陶瓷考古研究、文化创意、陶瓷设计等方面，与故宫博物院及知名院校等国家级艺术类、智库类机构建立战略合作关系。成立景德镇市招才引智局、景漂景归人才服务局，提升对景漂景归人才的服务水平，打造陶瓷科研、艺术人才新高地。

2019 年 7 月 26 日，景德镇国家陶瓷文化传承创新试验区成功获批。在省委、省政府的正确领导下，景德镇抢抓千载机遇、想尽千方百计，复兴千年瓷都，加快建设国家陶瓷文化保护传承创新基地、世界著名陶瓷文化旅游目的地、国际陶瓷文化交流合作交易中心，打造文化创意与陶瓷产业融合发展的新平台。创新以文化和科技作为提高陶瓷产业全要素生产率的新模式，建设高质量发展的试验区，为传统产业优化升级，提供可借鉴、可复制、可推广的高质量发展示范样本贡献景德镇力量，成为共建"一带一路"国家文化交流重要载体和展示中华古老陶瓷文化魅力的新名片。

建设中的景德镇御窑博物馆

第一章
改革攻坚　浴火重生

　　进入 21 世纪，景德镇陶瓷工业通过推进国企改制、调整产业结构、招商引资引智以及建设陶瓷工业园区、引进大型陶瓷企业、鼓励发展个体及民营经济等举措，实现日用陶瓷生产稳步增长，艺术陶瓷、高新技术陶瓷、创新创意陶瓷高质量增长，建筑卫浴陶瓷突破性发展，景德镇陶瓷产业呈现逆势而上、加速发展势头，开创出崭新的发展局面。

陶瓷体制改革

20 世纪 90 年代，在计划经济向市场经济转轨过程中，景德镇传统陶瓷工业遭遇严峻挑战，部分日用陶瓷企业生产陷入低谷。景德镇市委、市政府通过实施改革改制、科技创新、招商引资等一系列措施，陶瓷行业的产品结构、所有制结构、产业结构等得到较快调整，从整体上保证了陶瓷工业的持续稳定发展。

在管理机构上 剥离江西省陶瓷工业公司行业行政管理职能，成立景德镇市瓷局，主管规划、组织、指导、协调管理全市硅酸盐工业及陶瓷产业改革与发展。陶瓷行业协会划归市瓷局管理，理顺了景德镇陶瓷产业管理体制。

在产业结构上 景德镇陶瓷以陶瓷文化创意和科技创新为基础，以高新技术陶瓷为支撑，形成以高档日用陶瓷和艺术陶瓷为主体，以建筑卫浴陶瓷为辅助的"大陶瓷"产业格局。

在所有制结构方面 随着陶瓷国企的改革改制，民营、个体陶瓷蓬勃兴起，涌现一批如佳洋、鹏飞、望龙等骨干民营陶瓷企业。尤其是2000 年以后，通过招商引资，一批台资、外资陶瓷企业如法蓝瓷、台达、中美常青等落户景德镇，成为景德镇陶瓷经济新的增长点。

通过实施一系列的改革发展措施，景德镇走出了一条运用高新技术改造、提升陶瓷传统产业的新路子，闯出了一条集研究开发、成果转化和产业化于一体的陶瓷产业发展之路。

（一）江西省陶瓷工业公司职能转变

江西省陶瓷工业公司成立于1964年，设在景德镇。承担对公司所属企、事业单位的领导、规划、管理、监督、协调等职能，受托对全市和省内其他陶瓷工业实行行业管理，下辖78家企事业单位，集体企业，有7万多名职工，其中包含4000余名科研技术人员。景德镇陶瓷国企改制后，公司拥有以青花、玲珑、粉彩、颜色釉四大传统名瓷为代表的景德镇传统陶瓷工艺技术和商标、专利、文档、奖誉等非物质文化遗产，保留着反映中华人民共和国成立以来景德镇陶瓷各个不同发展时期生产方式、工装设备、建筑风貌、工业布局等特点的近现代陶瓷工业遗产，更有保存完好的宋元古窑遗存、明清柴窑及窑屋作坊、街区里弄、祠堂会馆等陶瓷工业文化遗址，还有丰富的优质陶瓷原料储量和新近探明的高品质紫砂泥矿产资源等。这些不可替代的物质和非物质文化遗产，为陶瓷国

企的转型发展提供了不可多得的资源。

2009年底，江西省陶瓷工业公司结合国有陶瓷企业全面改制的现状，制定以陶瓷文化创意产业为突破口，实施项目带动战略推进企业转型的发展规划，暨建设"一个中心"，打造"六个基地"，培育"五个园区"。同时，立足老厂区提出"一轴四片六厂"发展文化创意产业的初步构想。

2011年11月24日，江西省陶瓷工业公司以《关于转型和发展的请示》报请市委、市政府研究，提出以陶瓷文化资源为依托，发展现代陶瓷文化旅游服务业；以老城中心街区和老工厂生活区棚改为基点，实施老城保护战略；以陶瓷改制企业生产实体为基础，发展现代陶瓷制造业；以整合优质陶瓷原料资源为引擎，提升优质陶瓷原料保障和供应水平。

2011年12月11日，市政府主要领导深入雕塑、为民、宇宙、陶机、艺术、建国等陶瓷老工厂考察，对江西省陶瓷工业公司提出的打造以"一轴四片六厂"为核心的"景德镇陶瓷文化城市工场"设想，给予了充分

肯定和高度评价。2012年1月7日，市委、市政府领导专门听取江西省陶瓷工业公司《景德镇陶瓷文化城市工场策划方案》说明后，提出"高起点规划、高品位设计、高质量建设"的要求。随即，江西省陶瓷工业公司以经营性工业公司为平台实施项目运作。

2013年4月，经聘请国内外知名公司进行策划、规划和设计，编制《景德镇陶溪川国际陶瓷文化街区项目设计书》，项目一期核心区在宇宙瓷厂原址开工建设。与此同时，明清窑作陶瓷文化遗址综合保护利用、彭家弄老街区综合保护利用、落马桥元青花遗址保护利用等项目建设全面铺开。紧接着，以老工厂、老城区为主体的东城棚改、御窑厂周边地带棚改项目连续两年名列全省棚改前列，陶新家园安置小区建设快速推进，邑山陶瓷工业综合体项目一期15公顷工业用地摘牌。

随着资产、项目、融资规模的不断扩大，原有的体制机制和运作平台已经远远不能适应发展的需要。江西省陶瓷工业公司作为景德镇国有陶瓷行业的主管部门，既承担政府部门的社会管理与服务职能，又肩负着陶瓷改制企业国有资产经营管理和陶瓷文化产业的培育发展重任，这种政企不分、职责不明、体制落后、机制不活的管理体制，严重束缚了陶瓷文化旅游服务业的发展。

为适应新形势、新常态，谋求更大的发展。2014年9月，江西省陶瓷工业公司按照"理顺体制、转换机制、政企分开、责权明晰、优化职能、增添活力"的改革思路，制定《江西省陶瓷工业公司全面深化经济体制改革实施意见》，全力推进经济体制改革。

2015年12月11日，市委第93次常委会议审议通过江西省陶瓷工业公司呈报的《景德镇陶瓷文化旅游发展（集团）有限责任公司组建方案》。景德镇陶瓷文化旅游发展（集团）有限责任公司承继原公司所属国有企业资产及职能，逐步注入同质化市属国有企业、政府项目资产，按照市场规则及法定程序收购民营文化旅游资源，搭建陶瓷文化旅游产业的投融资和管理运营平台，推进全市文化旅游产业、陶瓷制造业和创业创新等综合现代服务业的资源集约化和经营规模化，由景德镇市国资委代表政府行使出资人职责。"江西省陶瓷工业公司"的事业单位性质仍然保留，主要承担公司原来的社会责任及所属企、事业单位历史与改制遗留问题的处理。

至此，江西省陶瓷工业公司通过对自身的改革，实现其行政职能与市场行为的有效剥离，在其行政事业单位管理职能有序退出市场的同时，其市场经营职能由景德镇陶文旅集团全部承接。

江西省陶瓷工业公司历任主要领导（1999—2019）

姓名	职务	任职时间
王卫国	书记、经理	1999.5—2001.8
黄康明	书记、经理	2001.8—2002.8
郜景苏	书记、经理	2002.9—2009.4
方霞云	书记、经理	2009.4—2011.6
吴雄飞	书记	2011 年 6 月任
刘子力	经理	2011 年 6 月任

（二）设立景德镇市瓷局

1. 机构沿革

2002 年 10 月，根据江西省委、江西省人民政府批准的《景德镇市党政机构改革方案》（赣〔2002〕38 号）和《市委、市政府关于印发〈景德镇市党政机构改革方案〉的通知》（景党发〔2002〕24 号）精神，景德镇组建成立景德镇市瓷局，为市政府统一规划、组织、指导、协调、管理全市陶瓷产业发展的工作部门，协调管理全市硅酸盐工业及陶瓷产业改革。具体负责拟定行业法规及实施细则，代表政府管理陶瓷行业的经济实体。指导、协调行业生产经营、市场秩序、知识产权保护、陶瓷品牌建设、梭

中共景德镇市委文件

景党发〔2002〕24号

★

中共景德镇市委 景德镇市人民政府
关于印发《景德镇市党政机构改革实施方案》的通知

各县（市、区）党委，人民政府，市委各部门、市直各单位：
现将《景德镇市党政机构改革实施方案》印发给你们，请各有关部门和单位认真组织实施，确保机构改革任务圆满完成。

中共景德镇市委
景德镇市人民政府
2002年8月7日

— 1 —

中共景德镇市委办公室

景办字〔2019〕51号

市委办公室 市政府办公室
关于调整景德镇市瓷局机构编制事项的通知

各县（市、区）党委、人民政府，市委各部门，市直各单位，各人民团体：
根据《省委办公厅、省政府办公厅关于印发景德镇市市县机构改革方案的通知》（赣厅字〔2018〕96号）、《市委办公室、市政府办公室关于印发〈景德镇市机构改革实施方案〉的通知》（景办发〔2019〕2号）精神，经报市委、市政府批准，现将景德镇市瓷局机构编制调整事项通知如下。
景德镇市陶瓷产业发展局更名为景德镇市瓷局。
重新核定市瓷局行政编制18名，工勤编制3名。设局长1名，

— 1 —

保留卫生局。原劳动局承担的职业卫生监察职能划入该局。
计划委员会、教育委员会、科学技术委员会、政府外事办公室（市政府侨务办公室）、体育运动委员会、水利电力局分别更名为发展计划委员会、教育局、科学技术局、政府外事侨务办公室、体育局、水务局。
在劳动局的基础上组建劳动和社会保障局。原人事局承担的机关、事业单位社会保险和原经济体制改革委员会承担的社会保障体制改革的职能划入该局。
土地管理局与地质矿产局合并，组建国土资源局。
√组建瓷局，为政府工作部门。
文化局增挂文物局牌子。
旅游局由政府直属事业单位改为政府工作部门，实行政事、政企分开。
以上机构均为正县级。
2、议事协调机构的办事机构：
人民防空办公室改为市国防动员委员会的常设办事机构，也是政府人民防空工作主管部门，为正县级。
3、政府直属机构：
粮食局由政府工作部门改为政府直属机构，为正县级。
4、政府派出机构：
保留市政府驻北京联络处、市政府驻上海联络处。市高新技术产业开发区管理委员会，均为正县级。
5、其它机构：
房产管理局由政府工作部门改为市政府直属事业单位，

— 8 —

景德镇市瓷局沿革相关文件

式窑安全生产，实施行业人才开发、市场建设等工作。

景德镇市瓷局成立初期设综合科、经贸科、行业管理科、技术人才开发科，后增设招商办公室、法规科。下属事业单位有景德镇陶瓷协会、景德镇市陶瓷研究所、景德镇陶瓷杂志社、景德镇市特种陶瓷研究所、景德镇市墙体材料革新办公室、市散装水泥与预拌混凝土办公室、景德镇国际陶瓷博览会办公室。下属企业有市振兴陶瓷开发有限公司。

2017年1月，根据《景德镇市机构编制委员会关于景德镇市陶瓷工业发展局更名的批复》（景编发〔2017〕1号）精神，更名为景德镇市陶瓷产业发展局。

2019年5月26日，根据《景德镇市机构改革实施方案》（景办发〔2019〕2号），景德镇市陶瓷产业发展局重新更名为景德镇市瓷局，并于当天举行挂牌仪式。主要职责：（一）拟订全市陶瓷工业地方性政策和规范性文件并组织实施，对政策法规的执行情况进行监督检查。（二）提出陶瓷新型工业化发展战略和产业政策，协调解决新型工业化进程中的重大问题，拟订并组织实施陶瓷工业发展规划，推进陶瓷产业结构战略性调整和优化升级。（三）制定并组织实施陶瓷工业规划、计划和产业政策，提出优化产业布局、结构调整的政策建议，拟订陶瓷行业技术规范和标准并组织实施；负责陶瓷工业行业管理和协调，指导有关陶瓷行业协会工作；指导陶瓷行业质量管理工作。（四）监测分析陶瓷工业经济、中小企业及非公有制经济运行态势，进行预测预警，协调解决经济运行中的有关问题并提出政策建议。（五）指导、协调全市陶瓷园区发展规划和企业扶持政策；监测分析陶瓷园区运行态势；指导陶瓷园区建设，负责全市陶瓷园区的综合协调和指导服务；开展陶瓷行业招商引资工作。（六）指导、协调陶瓷行业生产、经营、知识产权保护、品牌建设、市场建设等工作；指导、监督属地做好全市陶瓷市场秩序和燃气梭式窑安全生产工作。（七）制定全市陶瓷科技发展规划，指导组织技术开发与创新的实施，组织陶瓷新产品、新技术、新材料、新工艺的开发、鉴定、推行，组织陶瓷产品质量的检测、论证、监督，指导产品许可证的审查、申报。（八）制定全市陶瓷行业人才规划，参与实施陶瓷人才资源的开发与管理，参与科教人才资源配置。（九）指导和监督全市陶瓷民间组织机构的业务工作；参与全市陶瓷专业技术职称资格认定、报批和管理工作。（十）开展陶瓷对外合作与交流，组织、协调全市陶瓷在国内外的文化、经贸、交流、展示活动。（十一）指导、推进景德镇陶瓷文化创意产业发展。（十二）负责全市散装水泥、预拌混凝土、预拌砂浆的管理和行政执法工作。（十三）负责全市新型墙体材料日常监督管理工作；贯彻执行有关发展新型墙体材料的法律、法规和政策；指导协调新型墙体材料科研、生产和推广应用。（十四）承办市政府交办的其他事项。

2. 职能演变

2018年以来，景德镇市瓷局深入贯彻落实党的十九大及习近平总书记重要讲话精神，以国家"一带一路"倡议为契机，按照"冠领中国，代表江西走向世界，世界感知中国、认识江西的国际瓷都"这一总要求，创建景德镇国家陶瓷文化传承创新试验区。深入实施"三个五"战略部署和"3+1+X"产业布局，实施龙头带动、品牌塑造、创新驱动、结构多元、市场推广的陶瓷产业发展战略，打造陶瓷产业升级版，完善顶层设计，形成工作合力，着力服务好景德镇国家陶瓷文化传承创新试验区建设，围绕陶瓷跨界融合做文章，提高服务陶瓷产业能力，打造集陶瓷生产、创作、经贸、科技、文化为一体的"大陶瓷"产业格局。

服务陶瓷顶层设计　服务景德镇国家陶瓷文化传承创新试验区的创建，对试验区的《总体方案》和《实施方案》提出意见建议，形成并上报《景德镇陶瓷文化传承创新现实基础条件分析》和《陶瓷产业融合发展创新试验研究分析》调研报告，围绕创建景德镇国家陶瓷文化传承创新试验区，组织编制《陶瓷产业发展规划 2019—2030》。

推动陶瓷品牌建设 开展"名瓷进名城"系列活动，推动"景德镇瓷博会走进上海"。2017 年 10 月 15 日，由景德镇市陶瓷产业发展局主办的"景德镇范式——2017 龚循明磁本艺术个展"在景德镇陶瓷艺术研究院举行，此展探索性地提出了"景德镇范式"的概念。

推动企业"走出去" 2018 年，组织景德镇陶瓷股份有限公司选送的釉中彩青花高温细白瓷系列产品参评，荣获"2018 巴拿马太平洋万国博览会金奖"。组织陶瓷企业参加日本东京秋季礼品消费品博览会、东盟（曼谷）中国进出口商品博览会、波兰及土耳其联展，协助北京华江举办 2018 年匈牙利布达佩斯陶瓷文化主题展活动。组织陶瓷企业参加中国（长沙）高端生活及酒店用瓷展览会、深圳国际红木家具展和冬季茶博会、长沙食博会、新化产业创新联盟研讨会以及 2018"创意千岛壶"旅游纪念品大赛，并包揽三项金奖。成功推选市潭知味陶瓷文化有限公司作为全国日用瓷企业首次拿奖，实现江西在质量领域"零"的突破。在第十一届中国陶瓷艺术大展上，景德镇荣获 26 项金奖、37 项银奖、40 项铜奖。协助"真如堂"亮相美国纽约时代广场，成为中国首家登陆纳斯达克大屏的陶瓷企业。

14

2019 年 6 月 13 日，以"汇聚双创活力，澎湃发展动力"为主题的 2019 年全国大众创业万众创新活动周在杭州举行，作为"双创"活动周唯一入选主场参展项目的陶瓷产品，装饰着传统"瑞鹤祥云"纹饰的"名镇瓷毯"参展，得到国务院总理李克强的赞许和鼓励。

2019 年 8 月 2 日上午，2019 中国（北京）国际精品陶瓷展览会暨第八届中国陶瓷文化艺术创意设计精品展览在北京举行，景德镇市派出 100 人组成的大型代表团，围绕"用精美陶瓷装点美好生活"的主题，组织 3000 余件精品陶瓷参加盛会，133 件作品分获"杰出成果奖"和"传承创新奖"，展现景德镇陶瓷人不断创新、开拓进取的时代精神。

推进陶瓷跨界融合 按照"陶瓷＋资源整合"，正式组建景德镇陶瓷集团，签署中欧城市实验室合作协议，建设"高岭·中国村"，打造"奉贤·景德"文化产业示范基地，启动"陶阳十三里"工程，完成国瓷馆布展。

陶瓷＋文化交流 深化"陶瓷文化＋体验＋旅游＋个性化订制"的"陶瓷生活4.0"发展模式，组织开展十大瓷厂历史贡献论坛、"洛客陶瓷新物种展"、博物馆之夜系列跨界文化活动。

陶瓷＋创意设计 在全市以设计为基因、以陶瓷为核心、以共享为平台，不断丰富陶瓷产品的文化属性及内涵。协助洛客办好"321设·国际设计师节"，加快推动洛客设计谷建设，为景德镇富玉青花玲珑陶瓷有限公司、景德镇熊窑建业有限公司等多家企业进行创意设计牵线搭桥。2019年4月德国红点奖公布，洛可可·洛客再度喜获12枚奖项，其中与富玉青花联合研发的WENO胶囊杯获得德国红点奖。

陶瓷＋科技创新 市瓷局牵头景德镇陶瓷工业园区和景德镇陶瓷大学共同拟订《景德镇陶瓷技术创新研发基地建设方案（草）》，得到国家文化和旅游部领导的肯定。推进陶瓷＋互联网项目，与阿里巴巴集团进行双向考察访问，双方围绕借助现代互联网和人工智能技术，打造陶瓷大数据智慧平台，助推陶瓷全面优化升级的主题进行座谈。召开"数字化时代陶瓷产业转型高峰论坛"，拟在景德镇成立陶瓷数字化研究室；起草《智慧陶瓷公共服务平台建设方案（草）》，拟通过大数据技术打造陶瓷数字化大屏，通过区块链技术打造数字陶瓷综合交易服务平台，努力使景德镇陶瓷向数字化、金融化、可溯化、高端化、个性化发展。

服务陶瓷企业发展 倡议和推动成立景德镇市陶瓷企业家联合会，2019年，120多家陶瓷类企业参加，成为交流提升的平台，政企沟通的桥梁，产业发展的引擎。用好陶瓷产业发展基金，支持全市陶瓷技术研发和产品创新，促进陶瓷经贸文化交流，树立陶瓷品牌，推动陶瓷产业发展壮大。

配合做好"个转企、小升规"工作，按照"转企升规、做强做优"的要求，服务好陶瓷企业退城进园，助力陶瓷企业优化升级。推动陶瓷企业加大与陶瓷职业中专、技工学校的人才定向合作，按需培养陶瓷企业急需的陶瓷蓝领技工人才，为陶瓷企业构建多层次陶瓷人才保障体系。根据市委、市政府工作部署，会同市招才引智局共同承办全市陶瓷产业创新创意人才座谈会，邀请白明、方李莉、瞿广慈等陶瓷设计、科研、文化方面的专家，为景德镇陶瓷产业优化升级建言献策。

夯实陶瓷安全生产基础 "立规"严管，狠抓专项整治，根据全市燃气梭式窑行业安全专项整治行动工作特点、重点任务、形势发展方向，制定一整套工作制度方案，接受并通过国务院安委办督导组、省安委巡视组与考核组等3轮次督查考核工作。"扫雷"行动和"清零"行动双到位。

大数据支撑陶企发展 做好整个景德镇地区梭式窑大数据摸排建台账工作，至2018年底，全市共有燃气梭式窑1886座，全市燃气梭式窑操作工累计参加特种人员培训，并持证上岗1123人。成立督导组并开展专项巡查，确保全市全年无事故发生。

16

景德镇市瓷局历任主要领导一览表

姓名	职务	任职时间
黄康明	景德镇市政府副秘书长，书记、局长	2002.9—2007.1
闫浩	景德镇市政府副秘书长，书记、局长	2007.1—2008.11
闫浩	景德镇市政府副秘书长，书记	2008.11—2009.5
沈薇	局长	2008.11—2009.5
闫浩	景德镇市政府副秘书长，书记、局长	2009.5—2010.12
唐良	景德镇市政府副秘书长，书记、局长	2010.12—2016.11
方霞云	景德镇市政府副秘书长，书记、局长	2016年11月任

（三）强化景德镇陶瓷协会职能

1997年12月，景德镇陶瓷协会成立，挂靠江西省陶瓷工业公司。景德镇陶瓷协会是景德镇地区陶瓷企业、事业单位和从事陶瓷的个体劳动者自愿组成的社会团体，是跨部门、跨所有制的全行业组织。主要任务是传递信息、规范市场、维权打假、技术服务。开展行业管理，做好陶瓷商标的申报、使用和管理。开展技术交流，组织陶瓷企业到国内外陶瓷产区学习考察。1999年5月，协会由江西省陶瓷工业公司机关调入干部，各项职能开始运行。至年底，发展会员单位185个。

2001年，景德镇陶瓷协会加入中国陶瓷工业协会。4月9日，协会原料专业委员会成立。2003年8月，协会划归市瓷局管理，为财政预算拨款事业单位。9月3日，协会召开第二届理事会第一次会议，选举理事长、副理事长、常务理事和理事。12月6日，协会迁往市西客站旁的中国陶瓷城新址办公。2007年，陶瓷协会被选举为中国陶瓷工业协会副理事长单位，中国陶瓷工业协会授予协会为中国陶瓷行业优秀协会。2010年，协会内设办公室、秘书处、技术部、信息部、市场部、知识产权部，以及日用瓷、艺术瓷、陶瓷原料、陶瓷出口、窑炉等5个专业委员会。增加对外交流、展览展示、大师荣誉称号评推、"景德镇"商标管理、品牌建设、艺术作品证书的制作与颁发等职责。

1999年以后，景德镇陶瓷协会先后制订并发布实施《景德镇陶瓷行业管理办法》《景德镇牌证明商标管理办法》《景德镇陶瓷艺术名人作品证书管理办法》《景德镇陶瓷艺术作品证书管理办法》《景德镇陶瓷纸箱包装暂行规定》《关于对日用陶瓷常规品种制定和实施行业自律价的工作意见》《日用陶瓷原料生产管理办法》《关于加强对冠以"景德镇"名称各项陶瓷展销、展评活动的管理办法》《关于建立和健全陶瓷协会各专业分会的办法》《关于陶瓷名牌产品、名人名作的发布规定》。

陶瓷企业改制

从 20 世纪 90 年代中后期开始，随着改革开放的不断深入，景德镇陶瓷产业在向市场经济转轨过程中，国有陶瓷企业受体制机制的束缚，生产经营遇到严重困难，尽管采取了一系列改革措施，依然未能改变困难局面。

2009 年 9 月，在江西省委、省政府强力推动和景德镇市委、市政府的重视与支持下，景德镇陶瓷国有企业改革以"职工安置、债务剥离、资产净化"为突破口，经过攻坚克难，全面完成景德镇陶瓷国有企业改制任务。

18

（一）改制进程

2000 年前后，景德镇陶瓷企业学习四川绵阳经验，推进以"资产租赁、资产承包、资产兼并、资产出售、股份制改造、企业破产"等多种形式的企业改制。提出"国有资产从一般竞争性行业中退出，国有职工身份也从企业退出"的"两退"主张。核心内容是"国有资产全面退出（出让），职工身份转换（解除劳动合同）"。

1998 年，市委、市政府决定将新华瓷厂土地资产整体出让，推动该厂及其厂属大集体一并改制。在此后实际操作中，景德镇陶瓷行业的企业改制，基本上采取新华瓷厂改制模式，即以一次性为职工买 10 年社保、5 年医保的方式安置职工，解除劳动关系。改制资金从来源划分，有以下两种类型：

第一类　采取土地出让、资产变现、筹集资金、安置职工的形式进行改制。从 1998 年新华瓷厂及其大集体春光瓷厂改制开始，到 2005 年，以此种形式改制的还有 10 家国有企业、12 家集体企业。比如，景德镇市石膏模具厂于 2001 年为支持昌河发展，整体出让土地，所属集体企业石膏制品厂也一并改制；景德镇市陶瓷机械厂于 2002 年整体出让，所属大集体轻机厂、防尘机械厂也一并改制；景德镇市建材厂于 2003 年整体出让，所属煤渣瓦厂一并改制。

此外，景德镇市艺术瓷厂、红旗瓷厂、省陶瓷工业公司原料总厂等国有陶瓷企业进行了部分改制。

第二类　2009 年，在省委、省政府强力推动和市委、市政府的重视与支持下，采取债务剥离、资产打捞、财政兜底、安置职工的形式实施改制攻坚。

2009 年 8 月 8 日，江西省陶瓷工业公司全面推进企业改制，启动建国瓷厂、雕塑瓷厂改制试点工作。此后，相继对公司所属人民瓷厂、光明瓷厂、红光瓷厂、红星瓷厂、曙光瓷厂、物资供应公司、经销公司、窑建公司、耐火器材厂、景陶瓷厂、为民瓷厂、三蕾化工公司、宇宙瓷业公司、华风瓷厂、装饰材料厂、机砖厂、抚州矿、大洲矿、余干矿、红旗瓷厂、原料总厂等 23 户国有陶瓷企业的全面改制。

改制按照"保障职工权益，增强工人就业，促进生产发展，保持稳定和谐"四条原则和"统一资源，全员置换，债务化解，严格程序，分步实施，产业发展"24 字指导思想，从最突出最根本的资金、债务和人员等问题入手，重点突破，全面推进。

在政策上　保持改制政策的连续性、稳定性和一致性。继续沿用景府发〔2003〕29 号文件，在社保缴费标准上科学制定缴费基数，以上年度社会平均工资 1554 元的 70% 计算职工安置社保金基数，对职工实施以

"双保七清"为主要内容的安置政策，切实保障职工权益。"双保"即为每位职工缴纳 10 年养老保险和 5 年医疗保险；"七清"即一次性发清改制生活费并还清此前企业欠发的职工工资、医疗费、抚恤费、丧葬费、集资款、职工垫付款和清收职工企业借款。

在操作上 充分尊重职工民主权利，切实保障职工切身利益。各改制企业在市总工会的指导下，严格履行职代会程序、尊重职工民主权利，创造性地制订"符合法律法规，符合企业实际"的职代会筹备方案，所有改制企业的《企业改制及职工安置方案》获职工代表大会一致通过。

在方法上 按照市委、市政府提出的"以人为本，善待职工，厚待职工"和"公开、透明、公正、公平"的要求，在与职工切身利益密切相关的身份认定和"七清双保"的核算审查方面，严格"三级五审"和张榜公示程序，确保所有数据准确、真实、可靠、有效。与此同时，各改制企业严明工作纪律，规范操作程序，完善保障机制。

（二）攻坚措施

2009 年，国有陶瓷企业改革改制进入攻坚阶段，在实施过程中严格按照市委、市政府"以人为本，关爱民生，严格程序，精心操作"的要求，立足国企改革时间紧、任务重、困难多的实情，全市突出工业重点、紧扣时间节点，紧紧依靠广大干部职工，制定方案时反复论证，具体落实时严格程序，保证了整个改革有序推进。

1. 统一政策，整体推进

在推进国企改制中，坚持改革政策的统一性、整体性，各部门围绕改制大局，紧密配合，协同推进。陶瓷系统在职工安置上对已纳入政策性破产的企业仍然采用一般企业的政策实行全员置换。同时，对企业资源实行有效整合，统一筹措改制资金和安排改制费用。国土、国资等部

2009 年 9 月 26 日上午，景德镇陶瓷厂第十四届一次职工代表大会召开

门采取多种办法融资，优先收储和出让改制企业土地，市国资公司利用市属行政事业单位经营性资产进行融资。各县（市、区）按属地原则负责同步完成国企改革后的属地管理移交接收工作。

2. 首攻难点，率先突破

从 20 世纪 90 年代中后期开始，陶瓷国有企业一直在推行改革改制，至 2009 年，全市国企改革改制的重点、难点依然是陶瓷。

江西省陶瓷工业公司所属 23 家陶瓷工业企业及 4 户非工业企业，有职工 60976 人，占市直未完成改制国有工业企业职工总数的 87.2%。职工身份结构复杂，改制成本较高，占市直未完成改制工业企业的 78.11%，改制资金缺口较大。历史遗留问题较多，企业负债重、纠纷多、资产少、变现难，且不少承包租赁经营户与企业签订了长期租赁合同。

2009 年 8 月 8 日，景德镇市推动国企改革领导小组决定以建国瓷厂、雕塑瓷厂作为全市国企改制的试点，集中力量，首攻难点，在陶瓷企业改制上率先突破。在这两家改制试点企业取得完全成功经验的基础上予以全面推广，有力促进了全市国企改制工作。

3. 严格程序，规范操作

按照建国瓷厂、雕塑瓷厂的改制经验，所有企业改制都依照"三级五审"制度严格规范程序。"三级"指通过企业职代会（职工大会）、企业主管部门及景德镇市国资委等市直有关部门、市政府常务会这三个层次。"五审"指企业主管部门初审、市国资委会同市财政局以及市劳动和社会保障局复核、企业职代会（职工大会）审议、景德镇市推进国企改革工作领导小组办公室成员单位联审、景德镇市政府常务会批准。在整个改制过程中，所有资产处理、债务处理、职工安置等工作，均严格按照有关规定和程序进行。特别是对涉及职工安置费用"七清"的计算、职工身份的认定、特殊工种工龄的界定、各类人员身份的审核认定等，明确"五严"要求：严格按照政策标准、严格按照规定程序、严格尊重历史事实、严格依据原始资料、严格保持政策的严肃性和延续性。

4. 依靠群众，公平公开

在改制过程中，充分尊重群众、发动群众、信任群众、依靠群众，切实保障职工的知情权、参与权、审议权和监督权。为此，注重改制政策的宣传和改制过程的透明，通过张贴有关文件、召开各种类型的职工座谈会等形式，宣传政策、征求意见、公开程序，确保职工对企业改制情况清楚明白；在《解除劳动关系协议》签订和政策兑现工作过程中耐心细致，平等待人，做到既充分尊重职工权益，又坚持原则照章办事；针对国企改制中干部群众关心的突出问题，如企业干部的去向、承包租赁经营者的利益、广大职工的就业形势等做深入细致的说明和解答，实现了"要我改"到"我要改"的转变。

5. 扩大生产，增加就业

在全面推进国企改制进程中，坚持以促进生产发展、增加就业为根本，进一步完善租赁承包经营体系，修缮扩大经营厂房，发展新的经济实体。促推承租实体放开手脚，增加投入，发展新品，扩大生产。利用国企深厚的文化与历史资源，大力发展文化创意产业，实现由制造业向创意经济、知识经济的转型。通过改制更好地促进企业发展，使改制的过程成为扩大生产增加就业的过程。

6. 平稳过渡，无缝对接

为统筹推进改制企业社区属地化管理工作，成立以市委副书记为组长的接收工作领导小组，制定企业社区属地化管理实施方案，按照人员经费（含办公经费）由财政负担、公用设施由政府承接、社区服务设施（资产）由企业划转的思路，移交社会职能、移交工作经费、移交办公用房。针对移交接管后社区管理范围扩大、管辖户数增多、工作量增加等情况，逐步提高社区干部待遇。社区干部待遇和办公条件的大幅改善，使得改制企业属地管理社区移交工作得以顺利推进。

（三）改制成果

至 2009 年底，通过改制攻坚，23 户陶瓷国有企业完成改制，安置了职工、剥离了债务、净化了资产，为景德镇陶瓷产业转型发展创造了有利条件。

1. 关爱职工，维护稳定

首先是改制企业为职工购买了养老保险和医疗保险，下岗职工拿到经济补偿金或生活费，解决了职工的后顾之忧。其次是解决了职工的实际困难，参与改制的企业大部分是困难企业，历史欠账很多，国企改制着重将企业拖欠的职工工资、医药费、抚恤费、丧葬费、集资款等一次性还清，使职工享受到了改革的成果。再次，在改制过程中坚持公开、公正、公平原则，使职工安心、放心。最后是坚持以改制促发展思路，着力推进改制企业转型发展，使职工看到了发展的希望。企业改制工作得到广大职工的拥护，所有改制企业在召开职工代表大会时，企业改制方案都赢得了热烈掌声，投赞成票的职工代表占总数的 98% 以上，其中大部分企业赞成票达 100%。

2. 化解债务，助力转型

这次国企改制，最大的包袱是沉重的企业债务，在积极争取上级支持的同时，先着力化解企业债务。通过市国资公司收购国有改制企业的债权等方式，处置改制企业债务 54.67 亿元，占全部改制企业债务的 91.12%，为助力国有陶瓷企业转型发展奠定了基础，取得了良好效果：一是盘活一批被抵押、查封、冻结的资产，实现资产的流动，部分解决了改制资金来源问题。同时，由于债务剥离，降低了企业的负债率，使部分企业的净资产由负转正，为企业后续发展创造了条件。二是化解改制企业债务纠纷被动局面，减轻财政担保压力，提升政府信用。三是银行和金融资产公司处置了多年未处理的不良债权，降低了不良资产率，化解了信贷风险，提升了抗风险能力，增加了社会信用。

3. 提升发展，促进就业

就业为民生之本。在国有企业全面改制中，坚持以增加就业为目标，着力推动改制企业转型发展。在全力推进国有工业企业改制的同时，大力推进招商引资、退城进园、发展文化创意产业、建设创业就业孵化基地等工作，拓宽就业渠道。艺术瓷厂"红店一条街"、建国瓷厂的与龙珠阁、御窑厂相配套的"陶瓷工业遗产文化圈"、雕塑瓷厂的"陶瓷文化创意产业园"、曙光瓷厂的"陶瓷就业创业孵化基地"等一批高起点、知识型、创意型、低能耗的现代陶瓷文化创意产业基地，为陶瓷发展注入新的活力，3 万余职工重新上岗再就业。

陶瓷产业优化

进入 21 世纪，景德镇陶瓷通过改革改制，加快科技创新、招商引资、园区建设的步伐，推动在行业管理、产业结构、所有制结构、产品结构等方面优化提升，陶瓷产业迸发活力，持续发展。

（一）产业结构调整

景德镇加快陶瓷产业结构调整，形成以陶瓷文化创意和科技创新为基础，以高新技术陶瓷为支柱，以高档日用陶瓷和艺术陶瓷为主体，以建筑卫浴陶瓷为辅助的陶瓷产业新格局。努力建设陶瓷高新技术研发基地、陶瓷人才教育培训基地、陶瓷文化创意基地、陶瓷产品制造基地和陶瓷贸易交流基地。

1. 高新技术陶瓷

着力培植、引进一批技术含量高、市场前景广、具有自主知识产权的高技术陶瓷企业，抢占高技术陶瓷制高点，形成纳米陶瓷、结构陶瓷、电子陶瓷、环保陶瓷等高技术陶瓷产业群。

2. 日用陶瓷

大力发展中高档日用陶瓷，支持生产工艺、技术、装备创新和产品艺术化发展，提高青花、玲珑、粉彩、颜色釉等传统名瓷的竞争力。重点扶持一批日用陶瓷企业做大做强，引导中小陶瓷企业加强战略合作，提升规模化生产和综合配套能力。

现代化陶瓷生产线

3. 艺术陶瓷

巩固艺术陶瓷在全国的领先地位，快速推动艺术陶瓷的生活化。通过技术与设计的创新，实现旅游陶瓷、礼品陶瓷等工艺美术陶瓷向规模化、产业化发展。

4. 文化创意陶瓷

支持和鼓励陶瓷企业、科研院所、高校和艺术家工作室大力开展陶

景德镇澐知味陶瓷文化有限公司产品获第三届中国质量奖
提名奖证书

瓷制品创意设计、陶瓷工艺美术设计、陶瓷产业软件设计；做好老城区近现代陶瓷工业遗存保护、开发、利用及规划，以老城区原陶瓷企业为基础，将近现代陶瓷工业生产空间、里弄生活空间与当代陶瓷文化创意产业有机结合，构建雕塑瓷厂国际陶艺村、为民和宇宙瓷厂创意工场、艺术瓷厂红店民俗街、建国瓷厂明清窑作遗存四大板块，并将四大板块连成线、形成片；保护利用好城郊区乐平南窑遗址、湘湖兰田古窑遗址、黄泥头古窑遗址、湖田古窑遗址、丽阳古窑遗址，使之融入全市陶瓷文化创意产业板块；发挥好陶瓷历史博览区、三宝陶艺村等国家级、省级文化产业示范基地的引领作用。

5. 建筑卫浴陶瓷

控制发展规模，重点发展资源节约型的高档精品建筑卫浴陶瓷，按绿色环保的要求，重点扶持若干家有品牌、有市场的企业，做精做强，做出特色。

6. 陶瓷特色旅游

着力打造"世界瓷都、艺术之城、千年名镇、生态家园"的旅游城市形象品牌，推动陶瓷产业和旅游产业互动发展。保护老街区、老里弄历史风貌，开发老城区旅游资源，突出陶瓷文化和陶瓷工业旅游特色。

2018 年全市陶瓷产业结构一览表

指标名称		2018 年绝对值（亿元）	占比（%）
总产值		401.60	100%
其中	日用陶瓷	104.31	25.97%
	艺术陶瓷	167.05	41.60%
	建筑卫浴陶瓷	57.63	14.35%
	高新技术陶瓷	43.50	10.83%
	陶瓷辅助材料	29.11	7.25%

（二）民营企业兴起

景德镇民营陶瓷经济经历由少到多、由弱到强的发展过程。2002 年，随着景德镇市瓷局成立，推动陶瓷行业的对外开放水平不断提升，陶瓷园区的建设，招商引资的深入，本地民营企业的成长和外来民营企业的引进，民营经济成为景德镇陶瓷经济的主体。1986 年底，直接从事陶瓷生产的个体户仅 42 户，到 1988 年 6 月增加到 152 户。1993 年，景德镇陶瓷民营经济进一步发展，各类陶瓷个体户达 1000 户以上，陶瓷民营工业企业有 3 户，注册资金 621 万元，拥有近千名从业人员。全市陶瓷个体民营工业企业的年产值达 5000 多万元。产品通过广州、上海、天津等口岸出口，约占全市出口总额的四分之一。至 2009 年全面完成国有陶瓷企业改制后，民营陶瓷经济总量占到全市陶瓷经济总量的 90% 以上。

2004 年初，在浮梁工业园区的基础上组建景德镇陶瓷工业园区，作为部省共建景德镇陶瓷科技城产业化基地，隶属市政府。2004 年 10 月，景德镇陶瓷工业园区全面开工建设。2005 年，招商落户投产企业 10 户，当年工业总产值达 4000 万元，开始形成有产值、有税收的园区框架。经过几年的招商发展，园区陶瓷产业门类逐步增加。由原单一的传统日用陶瓷、艺术陶瓷企业，发展成为以高档日用陶瓷、艺术陶瓷、陶瓷文化创意产业为主体，以结构陶瓷、功能陶瓷、电子陶瓷等高新技术陶瓷产业为核心，以建卫陶瓷及陶瓷相关配套产业为重要补充的生产基地。园区企业涵盖陶瓷制造行业各个领域，形成较完整的产业链。

至 2010 年，陶瓷工业园区引进大批国内外优势企业。其中来自广东佛山、潮州 10 家，福建德化、晋江 3 家，河北唐山 2 家，江苏宜兴 1 家，山东德州 1 家。浙江、湖南、河南、上海、北京等地多家企业落户园区。同时，境外企业也先后入驻，如华德乐库（日本）、善德堂（马来西亚）、瑞然（中摩合资）、隆祥（中韩合资）以及法蓝瓷和兴勤电子（中国台湾），外资、台资累计签约合同金额达到 1.20 亿美元，成为景德镇陶瓷产业集聚地，实现了景德镇陶瓷退城进郊、进园的发展格局。同期，以艺术大师瓷器为代表的景德镇艺术瓷快速发展，并吸引国内其他地区陶瓷艺术家以及其他门类的书画艺术家聚集景德镇，从事艺术陶瓷创作，景德镇成为全国最大的艺术陶瓷生产基地和交易市场。2010 年，全市共有陶瓷企业 2979 家（工商注册登记），从事陶瓷生产人员 10.54 万人，陶瓷产业进入恢复发展期。工业园共落户投产企业 49 家，工业总产值达到 69.20 亿元，其中陶瓷工业总产值 52 亿元，带动全市陶瓷产业结构不断优化，陶瓷总产值、税收、销售收入、出口、固定资产投资都实现逐年增长。

"十二五"期间，景德镇陶瓷认真落实科学发展观，紧紧围绕"千年古镇、世界瓷都、生态之城"的战略定位，积极策应国家"一带一路"倡议，通过调结构、创新路、优环境、促稳定、上规模、争速度，实现了陶瓷产业的跨越发展。工业总产值稳步提升，2011 年至 2015 年，全市共计实现陶瓷工业总产值 1226.9 亿元，其中规模以上陶瓷企业主营业务收入 713.81 亿元，陶瓷工业发展态势稳步提升。招商引资强势推进，引进大瓷庄等高档日用瓷企业，共完成陶瓷项目签约 150 个，合同金额共 199 亿元，有力推动陶瓷工业园区的发展。园区发展日新月异，陶瓷工业园区入园，企业 170 余家，其中 95 家企业建成投产，全市 70% 的规模以上陶瓷企业来自园区，形成了陶瓷产业向园区集中的趋势，高新技术陶瓷、高档日用陶瓷、传统手工制瓷等产业集群初步形成。

至 2019 年初，全市有各类陶瓷企业、作坊、陶瓷工作室近 7000 家，其中高新技术陶瓷 66 家、日用陶瓷 1050 家、艺术瓷 4997 家、建筑卫浴陶瓷 87 家、陶瓷配套厂 469 家、规模以上企业 95 家，陶瓷从业人数达15 万人。

（三）陶瓷产能提升

进入 21 世纪，景德镇积极扶持手工制瓷，传承千年陶瓷文化遗产；振兴日用陶瓷，引领现代时尚和世界潮流；发展高新技术陶瓷，抢占新兴产业高地；以绿色环保为前提，适度发展建筑卫浴陶瓷，逐步实现从恢复性增长到跨越性增长的转变。特别是党的十八大以后，景德镇按照"冠领中国，代表江西走向世界，世界感知中国、认识江西的国际瓷都"这一总要求，深入实施"三个五"战略部署和"3+1+X"产业布局，构建起"创意、创新、强质、提升"的陶瓷产业体系，夯实陶瓷发展基础。

2003—2018 年景德镇陶瓷产业产值一览表

年份	产值（亿元）	年份	产值（亿元）
2003	17.5	2011	192.6
2004	20.5	2012	215
2005	24.6	2013	249.3
2006	32	2014	291.6
2007	42	2015	336.5
2008	70	2016	366.7
2009	100.3	2017	372
2010	160.2	2018	401.6

（四）贸易升级

进入 21 世纪，随着管理的优化，产业结构的调整，产品结构的升级，景德镇陶瓷产品市场竞争力不断提升。围绕打造世界陶瓷贸易中心的目标，景德镇积极"走出去"开拓市场、"引进来"活跃市场，陶瓷贸易进入崭新的发展阶段。

1. 国有陶瓷贸易企业改制

江西省陶瓷进出口公司。专营江西陶瓷出口业务的国有外贸企业，2002 年 4 月，公司实施产权制度改革，通过进行股份制改造、对国外驻点实行合作经营制改造，12 月底，职工的国有身份置换和安置工作基本完成。2003 年 1 月，公司改制后聘用员工 42 人，拓宽经营渠道，改变单一收购出口经营形式，大力发展代理出口业务，利用公司的人才资源、经营渠道及无形资产优势为陶瓷生产企业提供服务，接受委托办理进出口业务。2006 年，被评为省外贸出口 50 强企业之一。2010 年，公司设有陶瓷展示中心、景德镇五洲瓷业有限公司、景德镇中国旅行社、景德镇昌南陶瓷研究所、景德镇市德润堂瓷艺坊有限公司等陶瓷研发、陶瓷文化传播和业务经营实体。2018 年 7 月 1 日，与其他陶瓷单位一起被整合成立景德镇陶瓷集团。

江西省陶瓷进出口公司主要领导（2004—2019）

姓名	职务	任职时间
余乐明	经理	2004.6—2005.12
唐 良	经理	2005.12—2009.5
王培春	书记	2005.12—2018.9
吴 浪	经理	2009 年 6 月任

江西省陶瓷销售公司。1973 年 3 月，从景德镇市商业局划出部分机构和职能，成立江西省陶瓷销售公司，由省商业厅（省供销社）管

理，专营陶瓷内销业务，计划经济时期是景德镇瓷器内销的主要渠道。2003 年 12 月，公司改制，除 7 名留守人员外，270 名员工购买社保，置换身份。2006 年，下属大集体企业改制。

江西省陶瓷销售公司主要领导（1999—2019）

姓名	职务	任职时间
杨亮亮	党委副书记、总经理	1996.1—2009.8
陈少平	总经理	2009.4—2012.8
卢燕腾	党委书记	2009.8—2012.5
陈少平	党委书记、总经理	2012 年 9 月任

2. 陶瓷专业市场优化

20 世纪 90 年代中期，随着陶瓷市场全面开放，景德镇陶瓷专业市场开始发展，从金昌利陶瓷专业大市场开始，景德镇市先后建成开业的陶瓷市场有 20 余处。如以艺术陶瓷、日用陶瓷、礼品陶瓷为主的金昌利陶瓷大市场、陶瓷大世界、景德镇中国陶瓷城等；以仿古陶瓷为特色的樊家井仿古瓷村、筲箕坞和华阳古陶瓷市场等；以创意陶瓷和现代艺术陶瓷为主的景德镇陶瓷大学老校区陶瓷文化创意街、景德镇市雕塑瓷厂等。陶瓷专业市场除传统的坐商形式外，订单销售、展厅销售、网络销售也逐渐成为主流趋势。

2018 年景德镇市主要陶瓷专业大市场情况一览

名称	地址	名称	地址
国贸广场市场	广场南路	乐天陶社创意市场	雕塑瓷厂内
金昌利市场	珠山中路	曙光瓷厂周边市场	银曙路
景瀚陶瓷市场	广场南路	朝阳路市场	新厂
华阳陶瓷市场	广场南路	筲箕坞	新村东路
陶瓷大世界市场	莲社北路	老厂市场	新厂
陶溪川市场	新厂路樟树下	古镇公元市场	岚山北路
仿古街市场	樊家井	珠山东市市场	黄泥头
雕塑瓷厂	厂内一条街市场	中国陶瓷城	西客站三闾店
红叶国宾瓷窗口	陶瓷股份公司内	锦绣昌南陶瓷市场	迎宾大道

续表

名称	地址	名称	地址
群英街市场	解放路	方兴陶瓷市场	西客站东侧
解放路临街市场	解放路	豪德贸易广场	吕蒙官庄
景德商城（红店街）	珠山中路	新都园市场	新都园区
莲社北路市场	莲社北路	湘湖创意市场	景德镇陶瓷大学对面
地王大厦市场	人民广场南侧	景北陶瓷市场	浮梁通园路
大师汇市场	通站路	源缘陶瓷市场	厂内市场
加州印象市场	曙光路	博大精工市场	厂内市场
星荷湾陶瓷市场	曙光路		

3.陶瓷经贸激发活力

1999—2019 年，景德镇积极抓住贸易全球化的机遇，开拓国内、国际市场，大力发展陶瓷会展经济、"陶瓷＋互联网"经济，陶瓷贸易活力凸显。

国内贸易持续活跃

1999 年下半年，景德镇陶瓷协会组织会员单位参加在浙江宁波轻纺城举办的景德镇名瓷展销会，河北唐山第二届国际陶瓷博览会，宁波首届国际礼品、玩具博览会，浙江台州举办的景德镇陶瓷展销会等，并发布北京、上海、广州等地有关博览会、展销会、订货洽谈会等会展信息，及时组织陶瓷企业参加产品展销订货会。

2000 年下半年，景德镇陶瓷协会先后 6 次组织 480 多户陶瓷企业和厂商赴大连、长春、唐山、成都、温岭等地举办各种陶瓷展销活动。2001 年 5 月 22—29 日，中国（淄博）国际陶瓷博览会开幕，270 个展位中景德镇艺术陶瓷占有 80 余个，并以品种多、品位高而彰显特色。2005 年，省陶瓷进出口公司与上海第一百货公司合作，成功举办景德镇千年华诞陶瓷精品回顾展，并建立长期合作关系，扩大景瓷在上海的影响。

2000 年 12 月 1—5 日，景德镇陶瓷协会和澳门（专业）集团有限公司联合在澳门举办"景德镇陶瓷名人名作展"，参展的 365 件作品，门类齐全，风格迥异，集中体现景瓷特色和水平。

2006年，第一百届广州秋季交易会上，景德镇陶瓷在1720个展位中占据16个，共接待外商1891人次，对外直接成交金额362.83万美元，意向合约金额557.46万美元。江西省陶瓷进出口公司的"百花牌"日用陶瓷，被商务部指定在第一期综合馆参展，产品出口金额名列前19名。至2010年，共参加50期广州交易会，景德镇陶瓷签约金额名列前茅。

2007年4月10—20日，在上海南京西路上唯一专营景瓷的名特商店——景德镇艺术瓷服务部，举办江西省陶瓷研究所第三届陶艺展，展出100余件收藏级陶瓷精品，受到了藏家的一致好评。10月12日，江西省陶瓷工业公司和景德镇市陶瓷研究所联合举办"陶瓷之最"作品展，配合景德镇陶瓷文化旅游月活动，共展出瓶、碗、盘、缸、雕塑、镶器、陶艺和平烧大瓷板292件（套）。作品绘制精巧、造型巨大，为景德镇市陶瓷展览之最。10月12—31日，由景德镇市政府主办、江西省陶瓷研究所承办的景德镇市第五届陶瓷美术百花奖展评会上，270件（套）作品参展，其中艺术瓷221件（套），日用瓷4949件（套），共有43件（套）作品分别获一、二、三等奖及创作奖和荣誉奖。

2009年11月，深圳第十一届中国国际高新技术成果交易会，组织高性能、低膨胀陶瓷材料及其产业化、基板及多层式陶瓷元器件的水系流延制备技术、陶瓷产品CAD集成系统等项目参加技术交流与展示。11月16日，深圳第十二届中国国际高新技术成果交易会上，景德镇组织剪切模高频谐振器用压电陶瓷材料及元件产业化、纳米环保陶瓷刀等陶瓷高新技术项目参展。

2011年，组织全市重点陶瓷企业参加"2011中国广州国际陶瓷工业技术与产品展览会"，望龙、玉柏等14家企业和个体户参加，并派出专人全程跟踪协调，效果显著。积极与商务部门沟通协调，共组织了景德镇陶瓷股份公司等5家企业参加本年度华交会。同时，还组织了江西省陶瓷进出口公司、景德镇南光陶瓷有限公司等 10 余家企业参加广交会。

2012 年，景德镇市瓷局大力引导陶瓷企业参加各类博览会以及广交会、华交会、深交会、东盟博览会等大型会展，为陶瓷企业构建一个与国内外众多采购商接洽交易的平台。

2013 年，组织陶瓷企业参加了广交会、华交会、义乌文博会等经贸展示活动。同时，景德镇市瓷局还组织陶艺家参加了第七届宜兴国际陶瓷文化节、第八届禹州陶瓷文化节、第十一届赣台经贸文化合作交流大会等，加强陶瓷文化交流。

2015 年 5 月 8 日，景德镇组织 113 家企业参加了第二十九届大连进出口商品交易会，专场举办中国景德镇"瓷"文化博览会；5 月 22 日，组织 21 家企业参加西洽会。

2016 年，按照市政府计划安排，景德镇驻北京办事处底层店面改造成 300 平方米的景德镇陶瓷（北京）展示中心并正式开业。景德镇市瓷局委托专家组从 20 余家申请入驻的市知名陶瓷品牌企业中遴选 10 家一期入驻；在北京前门大街建设 1700 平方米"景德镇陶瓷馆"，打造一个有规模化的陶瓷品牌旗舰店；与中国国际贸易中心股份有限公司合作，在国贸商城提供面积约 540 平方米展厅，主营陶瓷类产品和服务。通过国内高端平台的展示宣传，扩大景德镇陶瓷品牌影响力。

2017 年 5 月组织 12 家企业参加广州茶博会。4 月，组织 20 余家企业参加第七届中国（北流）国际陶瓷博览会，并打造了景德镇形象展示馆。2018 年，组织多位陶瓷艺术家作品作为首批展品入驻上海中心大厦宝库中心馆，多方协调、积极组织景德镇市企业参加中国（深圳）国际红木艺术展，并首次荣获"中式生活创意奖"。组织陶瓷企业参加中国（长沙）高端生活及酒店用瓷展览会、长沙食博会、新化产业创新联盟研讨会以及 2018 "创意千岛壶"旅游纪念品大赛，包揽三项金奖。

2019 年，景德镇宝瓷林瓷业有限公司正式入驻世界名品汇聚的首都国际机场 T3 航站楼，制作精湛、精美绝伦的景德镇原产地陶瓷再一次在首都国际机场亮相；组织景德镇陶瓷集团、景德镇市愚窑等 7 家陶瓷企业参加中国品牌日活动，展示、宣传景德镇本土陶瓷品牌的魅力和价值。

国际贸易影响深远

景德镇陶瓷国际贸易历史悠久，在计划经济时期，主要由省陶瓷进出口公司经营，进入 21 世纪，景德镇陶瓷国际贸易主体呈现多元化。

2000 年，市宇宙瓷业有限公司同景德镇陶瓷学院、省陶瓷研究所共同开发釉中彩中温瓷，其中包括中温光洁釉瓷、中温亚光釉瓷、中温无光釉瓷。当年 16 头釉中彩中温瓷出口到美国市场，客户要求每年交货数量达 3840 万件。

2001 年 1 月中旬，由新加坡私人有限公司、飞达高（景德镇）瓷业有限公司等 4 家企业联办的景德镇名家名瓷展在新加坡牛车水联络所展馆举行，展出作品 300 余件。

2005 年，在萨拉热窝举办景德镇陶瓷精品展，获得波黑等东欧国家及中国驻波黑大使馆的好评。同时，举办马其顿、保加利亚陶瓷巡回展以及埃及、土耳其陶瓷精品展。

2007 年 12 月，由江西省省陶瓷进出口公司牵头景德镇陶瓷企业，在韩国仁川广域文化艺术会馆举办中国景德镇市当代陶瓷精品展。

2014 年，景德镇开始将企业组团打造整体形象，参与国际重点展会，先后组织企业参加俄罗斯江西特色商品展、格鲁吉亚江西特色商品展、拉斯维加斯国际电子消费品展等。9 月，景德镇市领导率市政府代表团赴意大利、匈牙利、波兰的产瓷区城市进行友好访问，就深化陶瓷文化艺术交流、加强双方经贸

2018 年 9 月 28 日上午 10 时 28 分，随着火车的汽笛声响起，景德镇直达莫斯科的货运班列在景德镇东站顺利发车，标志着景德镇"中欧班列"正式开通

合作达成相关协议。12 月，景德镇经贸代表团出访泰国著名产瓷城市南邦府、柬埔寨瓷都磅清扬省和斯里兰卡茶叶主产区马塔拉市，分别签署建立友好关系意向书。

2015 年，景德镇分别组织陶瓷企业参加德国法兰克福国际春季消费品展和美国拉斯维加斯礼品及消费品博览会，陶瓷产品开始走进欧洲和美国的顶级展会。

2016 年，组织陶瓷企业参加德国法兰克福国际春季消费品展、第三届中国（土耳其）贸易博览会、第五届中国（波兰）贸易博览会、日本东京国际礼品及消费品博览会。通过系列活动的开展，拓展了市场，取得较好综合效益。

2017年，景德镇积极策应"一带一路"倡议，组织陶瓷企业走向世界平台，先后组织景德镇市红叶陶瓷有限公司参加美国拉斯维加斯春季国际消费品博览会，组织景德镇市瓷海瓷业公司等企业参加中东迪拜家居装饰博览会。

2018年，组织陶瓷企业参加日本东京秋季礼品消费品博览会、东盟（曼谷）中国进出口商品博览会、波兰及土耳其联展，协助北京华江筹备2018年匈牙利布达佩斯陶瓷文化主题展活动。2018年9月28日，景德镇开通"中欧班列"，这趟班列共由43个国际标准集装箱组成，出境货物全部在景德镇海关申报，经现场检验检疫后，列车从景德镇东站始发，经满洲里口岸出境，最终抵达俄罗斯首都莫斯科，全程约1万公里，运行时间约14天。

2019年前5个月，景德镇海关累计签发出口目的国为"一带一路"沿线国家的原产地证书合计930份，辖区企业享受到国外关税减免超过5200万元。

互联网贸易兴起

互联网的快速发展为景德镇陶瓷贸易带来了"陶瓷＋互联网"的崭新业态。

2000年10月，第十一届景德镇国际陶瓷节期间，景德镇互联网贸易开始显现，全市20家陶瓷企业打破以往通过布置展馆进行陶瓷交易的模式，首次利用互联网举办陶瓷产品网上交易会。2002年9月30日，由景德镇陶瓷协会、江西省工艺美术职业技术学院、景德镇市电信局合作创建的大型综合性陶瓷垂直门户网站"陶瓷世界信息网"正式开通。此后，景德镇陶瓷电子商务发展迅猛，贸易网站成为各生产企业对外销售的重要窗口之一。

2016 年第二届中国陶瓷电商峰会在景德镇开幕

  2009 年，景德镇积极探索网上陶瓷销售平台建设，与省移动通信公司签订战略合作协议，建立景德镇陶瓷网上销售平台。2009 年 11 月，江西省陶瓷进出口公司建立营销网站，宣传景德镇陶瓷特色、工艺以及陶瓷艺术大师，利用网络向客户推介景德镇和陶瓷产品。2010 年，在天猫、淘宝网、京东商城、拍拍网等国内知名电子商务交易平台上注册的陶瓷销售商铺达 3000 户，其中淘宝 C2C 个人商铺 2307 户、天猫 B2C 企业商铺 219 户。在阿里巴巴上注册的景德镇陶瓷企业达 1782 户。

  2016 年，以"'互联网＋陶瓷'对话世界"为主题的"2016 第二届中国陶瓷电商峰会"在景德镇举行，是第十三届中国景德镇国际陶瓷博览会的重头戏之一，旨在探讨中国陶瓷电商的融合发展、转型升级，进一步深化"互联网＋陶瓷"发展理念，搭建国内各大产瓷区间的交流合作平台。峰会期间举行的"匠从八方来　电商如何走""陶瓷：转型升级　对话世界"两大论坛，嘉宾的演讲、分享和对话有高度、有前瞻。他们从陶瓷电商、互联网思维、陶瓷转型升级、陶瓷二维码管理、艺术品的互联网生命力、陶瓷外贸等多个角度切入，深入探讨电子商务对于陶瓷行业的影响，分享了他们在陶瓷电子商务方面的经验体会和收获，上演了一场精彩的"互联网＋"在陶瓷领域的智慧碰撞，为实施"互联网＋陶瓷"发展模式带来了有益的启示。

2018 年，阿里研究院发布《中国淘宝村研究报告（2018）》，报告显示，2018 年全国淘宝村达 3202 个，淘宝镇达 363 个，其中景德镇石岭村和三河村榜上有名，三河村 2016 年被评为中国淘宝村，成为江西省第 4 家淘宝村。三河村与互联网结合迸发出的魅力，还吸引了许多大学生创业者与"景漂"涌入，呈现家家户户开网店的景象，成为景德镇网上陶瓷贸易的一个缩影。2019 年，三河村有 2000 余户陶瓷商户在网上经营日用瓷、艺术瓷等陶瓷产品，其中 200 多户初具规模，线上年交易额超过 1000 万元的有 20 余户。

第二章
搭建平台　优化升级

进入 21 世纪，景德镇把"筑巢引凤、搭建平台"作为推动陶瓷发展的重要举措，致力打造陶瓷工业园区、陶溪川陶瓷文创园、三宝国际陶艺村等众多创新创业平台，充分发挥陶瓷文化的资源优势，把陶瓷与文创元素融合起来，推动景德镇陶瓷产业升级。各类民间陶瓷文化平台的成立，为陶瓷产业发展添"一把火"。景德镇国际陶瓷博览会则让世人全面和直观地看到一个处在加快发展进程中的景德镇，一个由传统陶瓷产业中心坚定迈向现代陶瓷发展轨道的景德镇。

陶瓷产业平台

进入 21 世纪，景德镇市委、市政府以部省共建景德镇国家陶瓷科技城为契机，积极打造陶瓷产业平台，建设陶瓷工业园区、景德镇国家高新技术产业开发区、新都民营陶瓷园区以及多个陶瓷创业孵化基地，加快推动陶瓷生产向园区集聚，壮大陶瓷产业集群，形成陶瓷产业矩阵，推动陶瓷产业不断孕育新经济，释放新动能。

（一）部省共建景德镇国家陶瓷科技城

2003 年，科技部和江西省政府决定在景德镇共建国家陶瓷科技城。科技部批复建立景德镇国家日用及建筑陶瓷工程技术研究中心，这是江西省国家工程技术研究中心零的突破。

2004 年，部省共建景德镇国家陶瓷科技城正式启动，国家日用及建筑陶瓷工程研究中心开始运转，首批六项研发成果进入产业化生产。2004 年 5 月省政府成立"省市共建景德镇国家陶瓷科技城协调领导小组"，多次召开会议专题研究区域创新景德镇国家陶瓷科技城的工作，并建立具体的目标责任制。

省委省政府从战略上、组织上、行动上高度重视区域创新景德镇国家陶瓷科技城的建设工作。2004 年 10 月 10 日上午，部省共建景德镇国家陶瓷科技城暨陶瓷材料与工程国际研讨会在景德镇陶瓷学院开幕。研讨会以"迈进中国陶瓷材料与工程的新千年"为主题，来自欧洲、美国、日本、韩国及国内的知名陶瓷专家近 200 人参加研讨，研讨会采取大会报告和讨论的方式，回顾与展望陶瓷材料与工程的历史与背景，分析其现状与水平，探讨和预测其发展走向与趋势，为景德镇乃至中国陶瓷工业的振兴和发展取向、定位等提供科学的参考依据。

景德镇国家陶瓷科技城以部省共建为平台，高标准建设 4 个基地，即国家陶瓷高新技术研发基地、国家陶瓷教育和人才培养基地、陶瓷产业基地、陶瓷技术和艺术交流中心基地。

2011 年，由江西省和科技部共建的景德镇国家陶瓷科技城取得四大成果并获科技部肯定。一是景德镇市成为国家创新型城市建设试点城市，景德镇高新区升级为国家级高新技术产业开发区，陶瓷产业进入良性发展；二是陶瓷科技和教育事业不断发展，高新陶瓷技术成果转化初见成效，高新陶瓷技术和产品开始自成体系；三是国家日用及建筑陶瓷工程技术中心建设进展顺利，结出丰硕成果；四是景德镇陶瓷学院、昌飞公司、中国直升机设计研究院被授予科技部"国际科技合作基地"，在拓展国际合作渠道、创新合作方式、提升合作层次，成为技术先进、人才聚集的国际化研发基地方面成果显著。

（二）景德镇陶瓷工业园区

2004 年初，景德镇陶瓷工业园区在浮梁工业园区的基础上组建，为江西省和科技部共建景德镇国家陶瓷科技城产业化基地。10 月，园区正式开工建设。

陶瓷工业园区位于景德镇市区西北面，辖区面积 27.4 平方千米，总体规划面积 10.4 平方千米。皖赣铁路、杭瑞高速、济广高速、206 国道紧邻园区，景德镇机场坐落在园区腹地，昌江水路可直通九江港，对外联系方便，交通条件较好。园区以陶瓷产业功能为主导，规划有高新技术陶

陶瓷工业园区

瓷产区，高档日用陶瓷、艺术瓷产区，建筑卫浴陶瓷生产基地，汽车（航空）产业基地，太阳能光伏产业基地以及相关配套产业加工区。

园区建立完善重大产业项目招商引资和建设管理协调推进机制，建立健全投资创业服务体系，进一步优化创业服务环境。项目从洽谈、签约、各项证照手续办理、开工建设、生产等方面，园区安排副县级以上领导挂点，招商人员全程跟踪服务，工商、税务等部门实行集中办公，提供"一站式"和"保姆式"服务。积极协调企业招工，按照企业需求，进行岗前培训，为企业推荐熟练工。建立银企合作长效机制，为企业与各金融机构牵线搭桥，解决企业资金问题。

园区管委会加快陶瓷产业结构调整，形成以高新技术陶瓷为核心竞争力，以陶瓷文化创意为特色，以高档日用陶瓷和艺术陶瓷为主体，以建筑卫浴陶瓷为补充的陶瓷产业发展新格局，努力把陶瓷工业园区建设成全国陶瓷产业基地，成为全国陶瓷科技创新核心区、陶瓷文化创意产业先导区、现代陶瓷技术改造提升传统陶瓷产业集聚区。

2006年3月8日，景德镇陶瓷工业园区获批省级开发区，同年被评为省级特色工业园区和资源节约先进集体。2008年5月，科技部批复同意建立国家火炬计划景德镇陶瓷新材料及制品产业基地。新纪元纳米环保陶瓷有限公司发明制造的高性能复相陶瓷外螺旋轴套获得两项国家发明专利、精密注射成型制备高性能结构陶瓷产业化项目获得省科技发明进步奖，景德镇法蓝瓷实业有限公司被文化部命名为第三批国家文化产业示范基地。

2009年，在国际金融危机影响下，园区经济仍保持较强的增长势头。园区紧紧依托部省共建国家陶瓷科技城产业化基地和国家火炬计划景德镇陶瓷新材料及制品产业基地的平台，加大高科技陶瓷项目的引进和陶瓷科技创新力度。同惠电子"剪切模高频谐振器用压电陶瓷材料及元件中试"项目与和川粉体技术有限公司的"低温常压水解法制备光通信材纳米氧化锆粉体"项目获得科技部2009年度第一批中小企业创新基金支持。景德镇法蓝瓷实业有限公司成功创建为省工业旅游示范点。2010年9月，省政府批准园区陶瓷产业为省特色产业重点扶持项目，2011年7月被批准为江西省陶瓷产业基地。

2012年2月，园区被国家工信部批准为全国陶瓷产业示范基地，园区拥有部省共建国家陶瓷科技城产业化基地、国家火炬计划景德镇陶瓷新材料及制品产业基地、全国陶瓷产业示范基地三块"国字号"招牌。2013年1月3日，在市委、市政府的支持下，名坊园建设正式启动。同时，以名坊园为核心，努力打造以手工制瓷为主要特色的文化创意产业片区，打造成能充分彰显景德镇内涵的景德镇传统制瓷技艺与陶瓷历史文化集中展示区、景德镇陶瓷奢侈品市场、景德镇名人名作工坊集群及高档陶瓷艺术品交易中心。

2014年，按照市委、市政府关于老城区陶瓷企业"退城入园"的部署，先后引进景德镇陶瓷股份公司红叶陶瓷项目、江西省陶瓷工业公司"十大瓷厂"邑山陶瓷工业综合体项目。新成立的陶汇公司专门负责与市内外金融机构对接协调工作，采用多种方式融资，缓解园区基础设施建设资金不足的矛盾。11月17日，园区担保公司成立，为园区企业融资提供担保，切实缓解企业融资担保难问题。

2015年7月31日，园区企业和川粉体投资6300万元、年产420吨高活性纳米氧化铝粉体技术改造和景浮宫投资5100万元的陶瓷钛纤薄板生产线技术改造项目，分别获得国家产业转型升级扶持项目（产业振兴和技术改造第二批）、中央预算内投资扶持资金863万元和630万元。10月18日，景德镇名坊园正式开园。2016年2月2日，名坊园被评为国家AAA级旅游景区，并举行揭牌仪式。3月21日，在市委宣传部主办的"景德镇十大陶瓷文化景观"评选活动中，经公众投票和专家评审，名坊园与古窑民俗博览区、景德镇中国陶瓷博物馆、御窑厂国家考古遗址公园、陶溪川、高岭瑶里风景区等一道入选。5月7日，名坊园二期项目建设正式开工。10月20日，由中广联合会组织的"畅行中国·探秘名坊园"全国交通广播大型采访活动拉开帷幕，来自全国的70余家交通、移动电视媒体逾百名记者，集中采访并即时对外发布名坊园在手工制瓷技艺继承、保护和传承中所发挥的作用。12月12日，面积约1000平方米的名坊园美术馆正式开馆。

2017年，园区大力推动创客基地以及为景漂、景归创作而建的古作坊群等项目，不断做大做强陶瓷文化创意聚集区。4月8日，第一届江西省文化产业"金杜鹃奖"评选结果揭晓，景德镇法蓝瓷实业有限公司荣获江西省影响力文化企业十强，景德镇景浮宫陶瓷文化有限公司荣获江西省成长性文化创意企业十强。12月29日，园区"国际陶瓷文创小镇"成功入选江西省第二批省级特色小镇建设名单。在以名坊园为核心的区域内，有古坊群、五花马、红叶陶瓷、法蓝瓷等百余家文创企业落户，累计完成投资40亿元。

2018年，加快建设投资2亿元的唐英陶瓷创业设计园项目，推动中国景德镇陶瓷科创中心建设；加快建设投资约7亿元的"古作坊群"项目，启动"建设100万平方米标准厂房"项目，继续扶持孵化基地和创客基地建设；加快推进陶瓷文化产业链"B2B+O2O"的"景瓷联"项目建设，推进陶瓷行业供给侧改革和发展供应链金融；筹备建设"游、购、吃、住"一体化陶瓷商贸CBD，探索打造"陶瓷一条龙服务街"等陶瓷商贸形式；以"国际陶瓷文创小镇"的建设，整合园区旅游资源，在产城融合的基础上推进"产游一体化"。

2018年，市委、市政府加快城乡融合发展，促进产业转型升级，提高城市品位，积极培育和形成发展新动能，将陶瓷工业园区、昌南拓展区、浮梁县洪源镇及昌江区零星村庄进行资源整合，组建昌南新区。4月10日，省编办委员会正式批复同意设立昌南新区管委会。市委、市政府直接推动昌南新区快速组建，下发《关于建设昌南新区的决定》。2018年

9月，市政府办公室印发《昌南新区管理委员会主要职责内设机构和人员编制规定的通知》。9月25日，市委下发《关于成立中共景德镇市昌南新区工作委员会的通知》。

2019年初，昌南新区党工委、管委会班子正式到位。昌南新区总面积约160平方千米，核心区域50平方千米。按照"瓷都门户、城市客厅、产业新城、幸福家园"的发展思路，逐渐成为符合新时代、新使命要求，体现景德镇特有的开放精神，并高度契合省委十四届六次、七次全会和市委十一届五次、六次全会精神的创新新区、改革试验田、靓丽新城区。2019年，陶瓷工业园区荣获2018年国家新型工业化产业五星级示范基地称号。全国参加评价的332家示范基地中，有28家获评五星级示范基地，陶瓷工业园区是全省唯一获得五星级总体评价的示范基地。

2019年7月1日，举行景德镇昌南新区授牌仪式。市委书记钟志生向昌南新区党工委授"中共景德镇市昌南新区工作委员会"牌，市委副书记、市长刘锋向昌南新区管委会授"景德镇市昌南新区管理委员会"牌。

名坊园一角

陶瓷智造工坊

陶瓷智造工坊（原江西省陶瓷工业公司邑山陶瓷工业综合体）地处昌南新区，是景德镇陶文旅集团所属邑山瓷业有限公司现代陶瓷工业4.0示范项目，属省市重点项目。项目总占地46.7公顷，分两期建设，已建成的一期占地16.4公顷，投资7.7亿元，由中联设计院设计，中建一局施工建设，建成标准厂房面积约28万平方米。二期开工项目中，工业区占地27.5公顷，总建筑面积52万平方米，共设置六大功能区，85栋建筑。由中设集团设计，中铁四局施工建设；商业区为配套独立综合商业群，占地2.7公顷，建筑面积5.5万平方米。

陶瓷智造工坊项目集个性化定制、柔性化生产、品牌化运营于一体，旨在汇聚研发、设计、原料、成型、烧制、包装、物流、电商、营销等形成陶瓷产业生态圈，促进城市建设及老城保护，实现陶瓷产业退城进园、产业集群跨越式发展，推动景德镇陶瓷产业从分散转向集中、从无序达到有序、从低端迈向高端的转型升级。

陶瓷智造工坊利用陶瓷工业园区产业集群优势和"保姆式"服务条件，内设陶瓷原料配送区、烧成集聚区、传统艺术陶瓷创新区、陶瓷创业孵化成长区、成品物流中心、综合服务中心、人才公寓等九大功能区，并与京东、狮群资本等联合打造互联网电商与金融平台，实现大中小企业的集群式融通发展，打造景德镇首家陶瓷工业2025示范区。其具体内涵是：

建设高端制造平台　引进原料、成型、烧炼、烤花等系列先进设备，选择老城区建国、人民、光明等10户陶瓷老工厂约300家有品牌、有实力、有市场、有潜力的陶瓷生产企业入驻。通过空间的有序布局，为陶瓷生产企业提供新理念、新设备、新工艺、新技术和全新的管理模式，形成青花、玲珑、颜色釉、粉彩等传统制瓷工艺技术集聚高地。

打造陶瓷行业标杆　引进位处世界陶瓷生产先进行列的德国、法国、日本的陶瓷设备、技术和管理软件，与景德镇传统陶瓷生产工艺相融合，

陶瓷智造工坊

建设一座近 3 万平方米的一体化智能工厂，实现装备自动化、生产智能化、管理智慧化、产品品牌化，将其全面打造成景德镇陶瓷生产环保、低耗、智能、高效的标杆和景德镇现代陶瓷制造 2025 示范区及工业旅游样板项目。

构筑人才集聚高地　陶瓷智造工坊以陶溪川文创街区获全国首批通过文化部专家答辩的"国家级文化产业示范园区"和"江西省青年（大学生）创业孵化示范基地"为契机，从"景漂""景归"实际需要出发，量身打造陶瓷创意产品研发、制造平台，与作为窗口和渠道的陶溪川文创街区，形成完整的产业链，从而更好地服务"景漂"，吸纳"景归"，在服务"大众创业、万众创新"国家战略的同时，打造一个名副其实的景德镇世界陶瓷人才集聚高地。

助力文旅产业发展　随着诸多老国有陶瓷企业租赁实体入驻陶瓷智造工坊，陶瓷工业制造企业聚集中心城区的历史即告结束。作为富有历史文化底蕴的老城区，通过保护利用，将进一步提升城市功能与品位，保护独具特色的陶瓷工业遗产，发展陶瓷文化旅游产业，助力景德镇建设成为世界著名陶瓷文化旅游目的地。

（三）景德镇国家高新技术产业开发区

1994 年，景德镇国家高新技术产业开发区成立，简称景德镇高新区，位于景德镇西城区，是江西省五个国家级高新技术产业开发区之一。2010年，国务院批准升级为国家高新技术产业开发区。按照"城市向西发展、工业向南聚集"的发展格局，高新区成为承载全市八大战略性新型产业的主要平台。园区辖区面积 50 平方千米，园区工业规划面积 30.85 平方千米。

进入 21 世纪，景德镇高新区大力推进转型发展，推动产业升级，初步形成以航空产业为主导、机械家电和电子信息产业为两翼的"一主两翼"产业发展格局。成为全国独一无二的"双国家级"直升机产业基地，全省唯一"国家战略性新兴产业区域集聚发展试点"、省内首家"国家创新型产业集群试点"的产业主平台。台达陶瓷原料、玉柏陶瓷等一批陶瓷生产企业在园区落户。

（四）景德镇新都民营陶瓷园区

景德镇新都民营陶瓷园是由美国新都兴业公司与市政府合作开发的陶瓷园区，位于景德镇高新技术产业开发区龙井路，是景德镇市重点建设项目之一。

项目由美国新都兴业公司在我国注册的独资企业江西盛都置业有限公司（注册资金 800 万美元）开发运营，总投资 1.8 亿元，占地约为 32 公顷，园区总体建筑风格为徽派建筑，采取前店、后厂、中庭院模式，是中国首座大规模陶瓷生产（梭式窑烧瓷）基地，集陶瓷生产、陶瓷直销、名人作坊、外贸出口、特色旅游为一体，融原料、成型、彩绘、包装、物流等多种业态于一园的超大型综合陶瓷园。园区内有大小陶瓷企业200多家,王锡良、周国桢等几十位陶艺大师在园区内设有陶瓷艺术创作室。

（五）陶瓷创业孵化基地

景德镇陶瓷产业在不断深化改革中,涌现出一批陶瓷创业孵化基地,培育了大量创新创业人才,使景德镇陶瓷文化创意产业取得长足发展。

1. 大学生陶瓷创业孵化园

景德镇大学生陶瓷创业孵化园位于高岭大道99号,是经市政府批准,整合全市陶瓷创业孵化基地资源,由市人力资源和社会保障部门打造的大学生创业平台。该项目被列为省级重点、省市共建、人社厅领导挂点和市政府重点工程。2014年10月,景德镇大学生陶瓷创业孵化园被国家人社部批准为国家级创业示范园。

2. 景德镇市陶瓷就业创业孵化基地

景德镇市曙光瓷厂原是一家以生产园林瓷为主的老企业,2009年改制后,在省市中小企业局等部门的支持下,利用国家惠民政策,发挥企业区位、设施和工艺技术优势,创办陶瓷就业创业孵化基地。先后被省政府授予"省级民营小企业创业基地",国家工信部、财政部确定为"全国中小企业创业环境建设单位"。后又经江西省中小企业局认定为全省首批五个省级小微企业创业园区之一。

3. 景德镇市陶瓷工业园区孵化基地

2016年1月,景德镇市陶瓷工业园区孵化基地成立,按照政府引导、市场主导、创新模式的原则,不断探索实践,持续完善创新创业生态,建设创新创业平台,厚植创新创业文化。

基地位于景德镇市陶瓷工业园区唐英大道66号。占地面积6.7公顷,建筑面积为8.6万平方米,分为陶瓷产业区、陶瓷文创产业孵化区、大学生创业区、陶瓷电子商务孵化区、生活配套区。基地还创建 1300 平方米的陶艺产学研体验中心，以弘扬陶瓷历史文化为特色，为游客提供包括拉坯、捏雕、彩绘等一系列亲手体验陶艺制作的机会，让游客体验陶瓷制作乐趣，感悟千年瓷都陶瓷文化的独特魅力。

2018 年，基地先后荣获"江西省创业孵化示范基地""江西省小型微型企业创业创新示范基地""江西省产业集聚企业公共服务平台""江西省创客之家""国家 AAA 级旅游景区"等诸多荣誉。

（六）陶瓷产业公共服务平台

1. 国家火炬计划景德镇陶瓷材料及制品产业基地

2008 年 5 月 6 日，国家科技部将景德镇陶瓷材料及制品产业基地列为国家火炬计划产业基地，同时将景德镇陶瓷股份有限公司、景德镇南瓷绝缘子有限公司、景德镇鹏飞建陶有限公司列为产业基地首批骨干企业。

2. 景德镇市陶瓷产品设计中心

2008 年，景德镇市陶瓷产品设计中心成立，与市科技情报研究所合署办公，隶属于市科技局。中心依托景德镇陶瓷学院设计艺术学院、艺术设计系组建产品设计联盟，并建立陶瓷产品设计资源库和专业人才库，与陶瓷股份公司联合成立生产转化基地。是工信部第二批国家中小企业公共服务示范平台，并承担国家科技部创新基金陶瓷产品创新设计公共服务平台、省科技厅陶瓷产品协同创新设计公共服务平台、陶瓷 CAD 技术应用推广等重大项目的研究。与全国 30 多所大学和科研机构、10 多家企业以及各地生产力促进中心建立合作关系。

3. 江西省陶瓷产业公共服务平台

2008 年申报立项，服务内容有传统陶瓷产业保护和发展，计算机辅助设计的运用，陶瓷现代化烧成装备的研制，陶瓷原料坯、釉配方试验，理化分析和检测，陶瓷信息服务和技术人员培训等。

4. 现代彩绘装饰设计服务平台

2008 年申报立项，服务对象是适用于高档日用瓷、艺术瓷的装饰。产品无铅镉溶出，耐酸、耐碱性强，且装饰的陶瓷制品外观色彩艳丽丰富，晶莹剔透，光彩夺目，具有替代进口、降低生产成本、提高产品质量等特点。

5.ASP 应用服务平台

2006 年，由景德镇陶瓷学院承担的省重大科技招标项目。2007 年 8 月开放应用，为企业提供行业资讯、企业门户网站、企业管理系统、产品设计系统、电子商务等应用服务。有注册企业 800 余家，为企业特别是特色产业、陶瓷行业及其制造业企业提供信息化整体解决方案和专业化的技术支持，建立制造业信息化技术应用的咨询服务体系。2008 年，申报国家火炬计划项目，获得 80 万元的资金支持。

6. 院地科技合作平台

2010 年，市政府、省科技厅和科技部政体司建立每年一次的工作协商机制，共同推进若干重大科技项目的实施。与中科院南京分院的科技合作从单一的陶瓷领域，拓展到飞机、汽车、机电一体化等多个领域。中科院工程热物理研究所传热传质研究中心与景德镇神飞特陶有限公司的高性能毛细微槽冷却装置项目开展合作。景德镇同惠电子有限公司与上海硅酸盐研究所合作开展的三次谐波 SMD 高频谐振器用钛酸铅压电陶瓷材料的研究列入 2010 年省、院双向合作研究计划。

7. 江西陶瓷产业产学研技术创新战略联盟

2010 年 4 月 14 日，江西首个陶瓷产业产学研技术创新战略联盟在景德镇陶瓷学院成立。联盟由景德镇、新余、萍乡、井冈山等地区的陶瓷企业，南昌大学、江西师范大学以及江西省陶瓷研究所、国家日用及建筑陶瓷工程技术研究中心等科研院所共 42 家单位组建而成。景德镇陶瓷学院当选首届理事会理事长单位，周健儿当选为首届理事长。联盟致力于全省陶瓷产业技术创新与技术进步，优势互补和协同创新的机制，解决陶瓷产业发展中的重大关键技术及共性问题，提升联盟成员技术创新能力。

8. 中国陶瓷产学研联盟

2010年3月28日创立，是具有陶瓷产业推动力的高校及相关科研机构自愿加入的业务合作组织，有景德镇陶瓷学院、武汉理工大学、咸阳陶瓷研究设计院、中山大学（岭南学院）、广东纺织学校以及广东省陶瓷职业技术学校等多所知名高校及科研机构。联盟旨在联合国内陶瓷学术力量，为各研究机构学术成果产业化和各高校相关专业学生提供实习、实践机会。

9. 江西省陶瓷企业信息化工程技术研究中心

2015年，在景德镇陶瓷学院领导重视和支持下，经江西省教育厅批准组建的省级科研平台，4月通过验收，并被评为"优秀"。中心的发展目标是：针对我国陶瓷产业优势科技资源高度集中、资源利用率不高的现状，围绕陶瓷产业集群发展和集群内企业技术创新与公共科技服务需求，整合全国陶瓷产业的可服务资源，以互联网为载体，以信息化平台为媒介，面向全国陶瓷企业提供多层次科技服务。完善陶瓷产业集群科技创新体系和产业支撑体系，推动陶瓷产业健康发展。同时，加强学校和企业的联系与合作，尝试"互联网+"模式促进陶瓷产业转型升级，进一步强化学校在陶瓷行业的引领作用和服务职能。

（七）陶瓷企业家交流平台

一个产业必须有一大批有魄力、有胆识、有远大经济眼光的企业家，经营一批实力雄厚的大型企业集团，产业才能壮大，城市综合竞争力才能提升。培养大批具有创新精神、合作精神、敬业精神、学习精神、执着精神、诚信精神的陶瓷企业家，是景德镇陶瓷高质量发展的需要，也是实现景

景德镇市陶瓷企业家联合会成立大会合影留念

2018 年 10 月 16 日景德镇市陶瓷企业家联合会成立时，与会人员合影

德镇实体经济腾飞的必要条件。

2018 年 10 月 16 日，在市委、市政府领导下，景德镇市瓷局倡导、组织下，景德镇成立了陶瓷企业家联合会，以弘扬优秀企业家精神，彰显陶瓷企业在产业优化升级中的主体地位，策应景德镇国家陶瓷文化传承创新试验区的创建。同时，进一步加强陶瓷行业自律，规范陶瓷行业行为，增进信息交流，实现资源共享、共赢，推动景德镇陶瓷产业健康持续发展。此外，通过陶瓷企业家强强联合，打造优势品牌集群，进一步促进陶瓷品牌建设向纵深发展，形成合力，为抢占世界陶瓷中高端市场打下更加坚实的基础。

景德镇市陶瓷企业家联合会成员名单

企业名称	企业负责人
景德镇市望龙陶瓷有限公司	余望龙
景德镇市皇窑瓷业有限公司	黄　青
景德镇市逸品天合陶瓷有限公司	付碧林
景德镇市鹏飞建陶有限责任公司	欧阳琦
景德镇市贝汉美陶瓷有限公司	沈　锋

续表

企业名称	企业负责人
景德镇市澐知味陶瓷文化有限公司	黄云珊
景德镇市洛客科技有限公司	马　琳
景德镇市崔迪陶瓷有限公司	崔　迪
景德镇市春涛包装有限公司	赵水涛
景德镇市三宝蓬艺术中心	肖学峰
景德镇市新都陶瓷艺术有限公司	凤德军
景德镇市欧神诺陶瓷有限公司	荣　亮
景德镇市金意陶陶瓷有限公司	储春保
景德镇市乐华陶瓷洁具有限公司	仝元东
江西省玉风瓷业有限公司	万秀英
景德镇市邓希平陶瓷有限公司	邓希平
景德镇市华弘陶瓷企业有限公司	向映芝
景德镇市诚德轩瓷业有限公司	苏歆悦
景德镇市熊窑瓷业有限公司	熊建军
景德镇市宝瓷林瓷业有限公司	谭根保
景德镇市玉柏瓷业有限公司	李辉丰
景德镇市观道堂陶瓷文化艺术有限公司	王志文
景德镇市三雄陶瓷有限公司	陈鹏飞
景德镇市青花故事有限公司	蔡文娟
景德镇市中润陶瓷有限公司	方　新
景德镇市真如堂陶瓷有限公司	陈倩君
景德镇市法蓝瓷实业有限公司	郑明山
景德镇市瑞锦莱陶瓷有限公司	刘先锦
景德镇市古镇陶瓷有限公司	叶爱民
景德镇市大瓷庄陶瓷有限公司	王海泉
景德镇市景浮宫陶瓷文化有限公司	徐又曾
景德镇市闲云居陶瓷有限公司	段建平
景德镇市吕艺陶瓷有限公司	吕雅婷
景德镇市忆千年陶瓷艺术品有限公司	付　歌
景德镇市镇民陶瓷有限公司	余敏漪
景德镇市愚窑陶瓷有限公司	冯绍兴
景德镇市鼎窑陶瓷有限公司	程　旭
景德镇市饶玉陶瓷有限公司	王双斌
景德镇市隆祥陶瓷有限公司	李树行
景德镇市常青家园工艺品有限公司	查寿恒

企业名称	企业负责人
景德镇市瑶里旅游发展有限公司	华德民
景德镇市厚森陶瓷有限公司	洪 丹
景德镇市景铖瓷业有限公司	段铖刚
景德镇市玉玺陶瓷有限公司	曾庆春
景德镇市镇尚陶瓷有限公司	吴江钟
景德镇市缘源陶瓷有限公司	袁新华
景德镇市和川粉体技术有限公司	廖祖光
江西高环陶瓷科技有限责任公司	汤金明
景德镇市明成坊陶瓷有限公司	李阳春
景德镇市恩达陶瓷有限公司	李冬娇
景德镇市宁封窑陶瓷文化发展有限公司	袁文明
景德镇市溯源陶瓷防伪有限公司	张瀛文
景德镇市台达陶瓷原料有限公司	卜宏荣
景德镇市十大瓷厂陶瓷博物馆	李胜利
景德镇市精业陶瓷有限公司	沈文斌
景德镇市大方彩瓷花纸有限公司	于 恒
景德镇市文宇陶瓷有限公司（洪窑）	洪 军
景德镇市伊人如瓷陶瓷有限公司	陈卫贫
景德镇市协和陶瓷花纸有限公司	胡华斌
景德镇市苑博陶瓷有限责任公司	余喜珍
景德镇市百迎陶瓷有限公司	张国林
景德镇市瓷韵昌南陶瓷有限公司	黄镇民
景德镇市艺高花纸厂	曹友明
景德镇市恒晟陶瓷有限公司	余国水
景德镇市文祥窑陶瓷艺术有限公司	文 祥
景德镇市嘉宝瓷业发展有限公司	樊启华
景德镇市南光陶瓷有限公司	唐国农
景德镇市安华陶瓷酒瓶有限公司	陈金军
景德镇市东富盈瓷业有限公司	于 斌
景德镇市高兴陶瓷有限公司	高淑平
景德镇市鼎昌陶瓷有限公司	熊焕梁
景德镇市高新东风陶瓷有限公司	郑君治
景德镇市东进瓷业有限公司	张 明
景德镇市欧意陶瓷有限公司	干志强
景德镇市金冠陶瓷有限公司	周立文

续表

企业名称	企业负责人
景德镇市元承陶瓷文化传播有限公司	黄 眉
景德镇市景之瑶陶瓷文化发展有限公司	钱承林
景德镇市海飞瓷业有限公司	张 平
清和陶瓷（景德镇）有限公司	袁文杰
浮梁县嘉华工业陶瓷厂	李佳连
江西兴勤电子有限公司	黄聪敏
景德镇市新纪元精密陶瓷有限公司	曾兴华
景德镇市艺峰特陶工贸有限公司	秦庆华
景德镇市优胜美有限公司	邵余平
景德镇市旺利达陶瓷有限公司	方云保
景德镇市盛雅陶瓷有限公司	汪玉凤
景德镇市湖田仿古瓷厂	胡志强
景德镇市工诚逸品陶瓷有限公司	徐 欢
景德镇市瓷镶玉瓷厂	倪风有
景德镇市新立瓷笛有限公司	李琨刚
景德镇市乐天陶社有限公司	郑 祎
景德镇市新唐陶瓷文化传播有限公司	王晓新
景德镇市古色陶瓷有限公司	付 总
景德镇市鼎鼎陶瓷有限公司	胡利建
景德镇市远景瓷业有限公司	刘志颖
景德镇市福万利陶瓷有限公司	胡春霞
景德镇市金焰陶瓷有限公司	冯学君
景德镇市景东陶瓷集团有限公司	张晓东
景德镇市一苇堂陶瓷有限公司	兰德义
景德镇市如凡陶瓷有限公司	汪遇昌
景德镇市瓷上功夫有限公司	刘述仕
景德镇市轩皇陶瓷有限公司	子 轩
景德镇市月亮湖陶瓷文化有限公司	应森钉
景德镇市青花恋有限公司	罗文波
景德镇万祥缘陶瓷文化传媒有限公司	朱思敏
景德镇市永和春有限公司	罗海屏
景德镇市比玉堂瓷文化传播有限公司	程 觉
景德镇市陶阳瓷业有限公司	伍膜科
景德镇市三勤堂有限公司	丛中笑
景德镇市官庄窑有限公司	艾 总

续表

企业名称	企业负责人
景德镇市云居堂有限公司	施超群
景德镇市天丽藏文化陶瓷有限公司	夏　琼
景德镇市千瓷百玉文化艺术发展有限公司	黄社明
景德镇市景洲陶瓷文化有限公司	江静晨
景德镇市引力场信息技术有限公司	叶　叶
景德镇市五花马陶瓷实业有限公司	徐庆丰
景德镇市博大精工艺术陶瓷有限公司	高松明
江西盛都置业有限公司	邓　靖

注：企业排名不分前后

（八）陶瓷电子商务平台

2015 年，市政府以打造"网上瓷都"为目标，率先在全省推出扶持电商产业政策。2015 年 9 月 22 日，景德镇市在电子商务协会的基础上，针对景德镇陶瓷产业特色，专门成立景德镇市陶瓷电子商务协会，有力地助推陶瓷企业销售模式的变革，推动景德镇市陶瓷电商爆发式增长，涌现出大批陶瓷电商企业与基地，促进陶瓷经济发展。

景德镇市陶瓷电子商务协会于 2015 年 10 月 1 日成立，首批会员单位 30 个，协会以促进景德镇市陶瓷电子商务的健康和规范发展为宗旨，通过服务会员单位，行业自律，开展资源对接、整合营销、咨询培训、技术交流，抱团参展各类活动，同时协助政府开展全市电子商务推进工作。

协会成立以来，举办各类学习活动，组织会员到庐山、南昌市淘宝大学分校、市劳动就业局组织的电商培训班等开展学习。成立景德镇市电商企业维权服务中心，举办瓷博会电商峰会交流活动等。协会还与全国知名电商机构合作，组织会员实地考察学习活动，深入泉州、德化优秀电商企业，湖南醴陵优秀电商企业，江西鼎鼎电商学院，杭州迅美广告有限公司等地学习考察。

景德镇市工诚逸品艺术陶瓷发展有限公司	景德镇市乐享陶瓷有限公司
景德镇市格莱克陶瓷有限公司	景德镇市唐龙陶瓷有限公司
景德镇市不染陶瓷文化传播有限公司	景德镇市商友信息技术有限公司
景德镇市忆翔陶瓷文化传播有限公司	景德镇中联陶实业有限公司
景德镇市中瓷源天翼文化传媒有限责任公司	景德镇市联合陶瓷有限公司
景德镇市千瓷巷网络技术有限公司 / 江西聚友信息技术有限公司	景德镇市九歌陶瓷有限公司
景德镇市鹏博陶瓷有限公司	中国邮政集团景德镇分公司
景德镇市乐瓷汇科技有限公司	景德镇市大学生陶瓷创业孵化园发展有限公司
景德镇市美淘电商孵化基地	景德镇市莱恩陶瓷有限公司
景德镇市汇洋进出口贸易有限公司	景德镇市俊凌陶瓷有限公司
景德镇市紫霄阁陶瓷有限公司	景德镇市艺泽陶瓷有限公司
景德镇市生活良品瓷厂	景德镇市耒迪瓷业有限公司
景德镇市恩达陶瓷有限公司	景德镇市三勤堂陶瓷文化传播有限公司
景德镇市良伟陶瓷有限公司	江西陶瓷工艺美术职业技术学院
景德镇市妙色家居用品有限公司	景德镇市富玉青花玲珑陶瓷有限公司
景德镇市美佳陶瓷有限公司	景德镇市爱爵瓷业有限公司
景德镇市景鸿陶瓷有限公司	景德镇市玉隆陶瓷文化有限公司
景德镇市华艺拍卖有限公司	景德镇市陶瓷研究所
景德镇市陶瓷集团有限责任公司	景德镇市邦宁文化传媒有限公司
景德镇市源质科技有限公司	景德镇市奕秋陶瓷有限公司
景德镇市洛威陶瓷有限公司	景德镇市欢畅陶瓷贸易有限公司
景德镇市恩益陶瓷有限公司	景德镇市景迈陶瓷有限公司
景德镇市邑山瓷业有限公司	景德镇市商邦电子商务有限公司
景德镇市玉竹陶瓷有限公司	景德镇市南忆陶瓷有限公司
景德镇市高新区顺鑫陶瓷经营部	景德镇市企迪电子商务有限公司
景德镇市禾沐企业管理咨询有限公司	景德镇市玉陶陶瓷文化陶瓷传播有限公司

续表

景德镇市亿有家陶瓷有限公司	景德镇市昌江首阳瓷厂
景德镇市星子文化科技有限公司	景德镇市高新区宏发陶瓷批发部
景德镇市梵音静心香业经营部	景德镇市永创陶瓷有限公司
景德镇市来恩瓷业有限公司	景德镇市鸿远陶瓷有限公司
景德镇市承启陶瓷有限公司	景德镇市天问会计事务所有限公司
景德镇市韵和陶瓷有限公司	景德镇市景盈陶瓷有限公司
景德镇市金钻电子商务有限公司	上海灵庆网络科技有限公司
景德镇市北宸陶瓷有限公司	景德镇市锦秋堂陶瓷有限公司
景德镇市友逸堂贸易有限公司	景德镇市正儿八经陶瓷文化有限公司
景德镇市欧瑞雅瓷业有限公司	景德镇市俊凌陶瓷有限公司
景德镇市心歌电子商务有限公司	景德镇市美淘电商孵化基地
景德镇市重臣电子商务有限公司	景德镇市一得创意陶瓷有限公司
景德镇市君凯陶瓷有限公司	景德镇市艺泽陶瓷有限公司高新区隆泰莱陶瓷店
景德镇市金和汇景陶瓷文化发展有限公司	景德镇市千晟瓷业有限公司
景德镇市贝汉美陶瓷有限公司	景德镇市钰亚陶瓷有限公司
景德镇市古城陶瓷礼品有限公司	景德镇市君意管理资约有限公司
景德镇市瓷谷电子商务有限公司	景德镇市启承陶瓷有限公司
景德镇市腾茗陶瓷有限公司	景德镇市君地陶瓷有限公司
景德镇市尚普陶瓷有限公司	景德镇市善缘堂古陶瓷修复研究所
景德镇市顺安陶瓷有限公司	景德镇市鑫江陶瓷有限公司
景德镇市古德陶瓷有限公司	景德镇市中陶网络科技有限公司
景德镇市逸品天合陶瓷有限公司	景德镇市逆夏陶瓷有限公司
景德镇市振狮陶瓷有限公司	景德镇市秦朗瓷业有限公司
景德镇市誉成中小企业服务有限公司	景德镇市恒时陶瓷有限公司
景德镇市淼雅商贸有限公司	

说明：表格排名不分先后

|第二节|

陶瓷科教平台

景德镇的陶瓷文化教育具有鲜明的行业特色，拥有全国最完善的陶瓷产学研基地。随着陶瓷行业的发展，陶瓷教育科研体系不断发展完善，形成了以景德镇陶瓷大学为龙头，涵盖陶瓷高等、中等、职业教育，相关的职工高等院校、职业学校以及专业设置的陶瓷教育平台；涵盖以国家级的景德镇日用与建筑陶瓷工程技术研究中心、中国轻工业陶瓷研究所、江西省陶瓷研究所、景德镇市陶瓷研究所为主的陶瓷科研机构，教育水平全面提升，科研成果不断显现，为景德镇乃至全国的陶瓷产业发展提供人才技术支撑。

64

（一）高等院校

2000 年以后，为应对社会的人才需求，景德镇陶瓷大学、景德镇学院培养、储备了大量陶瓷专业教学力量，加强陶瓷技术教育，同时不断深入开展陶瓷各项研究，促进陶瓷理论体系的建立，推动景德镇陶瓷文化、陶瓷科技、陶瓷产业的发展。

1. 景德镇陶瓷大学

景德镇陶瓷大学，前身是景德镇陶瓷学院，2016 年更名为景德镇陶瓷大学，是全国唯一一所以陶瓷命名的多科性本科高校，是全国首批 31 所独立设置的本科艺术院校之一、94 所享受中国政府奖学金攻读硕士（学士）学位留学生的高校之一，是中西部高校基础能力建设工程支持高校、教育部卓越工程师教育培养计划高校、教育部深化创新创业教育改革示范高校、全国创新创业典型经验高校和江西省首批转型发展试点高校，是全国乃至世界陶瓷文化艺术交流、陶瓷人才培养和科技创新的重要基地。

2009年，景德镇陶瓷学院被国务院学位办批准为"2008—2015年博士学位授权立项建设单位"。"材料学"学科成为省第一批重点学科。积极开展硕士学位授权点和专业学位授权点的建设，新增为艺术硕士专业学位研究生培养单位，填补了江西省艺术硕士专业学位研究生教育的空白。2010年，材料工程与科学、艺术学成为江西省高水平学科。艺术学、电子科学与技术、机械工程等9个学科成为一级学科硕士授权点。国家日用及建筑陶瓷工程技术研究中心荣获"'十一五'国家科技计划执行优秀团队"称号，教育部绿色陶瓷工程研究中心获得批准，先进陶瓷材料实验室成为江西省重点实验室。以陶瓷学院为核心，成立了"江西省日用及建筑陶瓷产业产学研技术创新战略联盟"。

2016年，景德镇陶瓷学院更名为景德镇陶瓷大学，学校进一步加大综合能力建设，提高科研、教学水平

2011 年，国家地方联合陶瓷新材料工程研究中心获得国家发改委批准授牌，新增"中国陶瓷艺术设计研究中心"等 4 个省部级科技创新服务平台。2013 年 7 月，国务院学位委员会第三十次会议审议批准陶瓷学院增列为博士学位授予单位，"材料科学与工程""设计学"2 个学科获批为博士学位授权一级学科，标志着学校已形成"本、硕、博"完整的高等教育人才培养体系。2015 年，学校成功获批国家级实验教学示范中心、国家级专业技术人员继续教育基地、国家文化部"中国非遗传承人群研修研习培训基地"。国家日用及建筑陶瓷工程技术研究中心获得科技部第二批科技服务业行业试点单位。"指尖上的陶艺"项目荣获首届中国"互联网 +"大学生创新创业大赛金奖和全国唯一的最佳创意奖，两件现代陶艺作品入藏英国白金汉宫。

2016 年，学校教师课题组"用于水处理的高性能陶瓷膜"项目荣获全国科技工作者创新创业大赛金奖（江西省唯一）、"基于序列信息的蛋白质结构和功能类型预测"项目荣获江西省自然科学二等奖（一等奖空缺）。

2017 年，景德镇陶瓷大学成功获批全国第二批深化创新创业教育改革示范高校、省级首批大众创业万众创新示范基地，当选全国大学生创新创业实践联盟常任理事单位。成功获批省级院士工作站。

2019 年，景德镇陶瓷大学设新厂、湘湖及陶研所三个校区，专任教师 780 人，其中高级职称人数 339 人、博士 170 人，拥有国家杰出青年基金获得者、"新世纪百千万人才工程"国家级人选、全球高被引科学家、国务院学位委员会（设计学）学科评议组成员、享受国务院政府特殊津贴专家等高水平人才 50 余人，各类国家级艺术大师 26 人，各类省级专家人才 200 余人。

学校设有国家级实验教学示范中心 1 个、国家级人才培养模式创新试验区 1 个、国家级精品视频公开课 1 门、国家级精品教材 1 部、国家级特色专业 3 个、国家级工程实践教育中心 4 个、国家级卓越工程师教育培养计划试点专业 3 个、国家级专业综合改革试点项目 1 个、国家级专业技术人员继续教育基地 1 个、中国非物质文化遗产传承人群研修研习培训基地 1 个。

景德镇陶瓷大学建有国家日用及建筑陶瓷工程技术研究中心（江西省首个）、陶瓷新材料国家地方联合工程研究中心等 2 个国家级科研服务平台，绿色陶瓷教育部工程研究中心等 29 个省部级科研服务平台，以及省级院士工作站 1 个。拥有国家陶瓷质量检测中心、全国日用陶瓷标准化中心、全国陶瓷信息中心和中国陶瓷知识产权信息中心，形成全方位服务并引领陶瓷产业发展的完整支撑体系，取得国家科技进步二等奖等标志性成果，制定、修订国家标准、行业标准 130 余项，推动现代陶瓷工业体系的构建和陶瓷产业的升级发展。

景德镇陶瓷大学科研成果获奖一览表（截至 2018 年）

获奖年度	奖励类别	获奖等级	获奖成果名称	获奖人	
2008	国家科技进步奖	二等奖	高性能低膨胀陶瓷材料及其产业化	周健儿 马光华 顾幸勇 李月明 朱小平 汪永清 陈 虎 王德林 冯 青 刘 阳	
1999	江西省科技进步奖	三等奖	化学液相沉淀法制备镉红陶瓷颜料的研究	孙国梁 肖尊文 邓美兰 唐燕超 沈华荣	
2001	江西省科技进步奖	三等奖	新型纳米抗菌粉体材料及其推广应用研究	刘维良	
2005	江西省科技进步奖	二等奖	钛酸铝 - 堇青石质大规格蜂窝陶瓷	周健儿 汪永清 陈 虎 王德林 冯 青 顾幸勇 马光华 朱小平	

续表

获奖年度	奖励类别	获奖等级	获奖成果名称	获奖人	
2006	江西省科技进步奖	三等奖	陶瓷工业窑炉施工及验收规程	冯 青 陈功备 李 猛	汪和平 郭 立 蒋鉴华
2007	中国轻工业联合会科学技术进步奖	二等奖	纳米远红外粉体制备工艺与应用技术研究	刘维良 刘属兴 陈学文 刘春福	郭 立 陈建华 李毅坚 胡伯文
2007	中国轻工业联合会技创新奖	鼓励奖	新型钙长石质绝缘陶瓷材料的研制	顾幸勇 陈 虎 江伟辉	周健儿 陈云霞 李月明
2007	中国轻工业联合会科技创新奖	鼓励奖	陶瓷工业窑炉施工及验收规程	冯 青 陈功备 李 猛	汪和平 郭 立 蒋鉴华
2007	江西省科技进步奖	一等奖	低膨胀材料的研制及其应用	周健儿 顾幸勇 朱小平 陈 虎 冯 青 江伟辉	马光华 李月明 汪永清 王德林 刘 阳
2010	江西省自然科学奖	三等奖	钙钛矿型铁电铁磁材料的研究	江向平 曾 敏	李月明 朱志刚
2010	江西省自然科学奖	三等奖	环保型纳米陶瓷粉体产业化及其推广应用	刘维良 陈建华 陈云霞	李月明 刘属兴 陈学文
2010	中国轻工业联合会科技进步奖	二等奖	高纯氧化铌钽陶瓷坩埚	袁 勇 张建平 任立琴 江 文	占启安 朱 俊 胡敬跃 饶宗旺
2010	中国轻工业联合会科学技术进步奖	三等奖	高温空气燃烧技术在陶瓷梭式窑上的应用研究	吴先益 简喜辉 余正发	刘志耕 余少华 邓 苹
2011	中国轻工业联合会科学技术进步奖	三等奖	高技术莹玉瓷的研制与开发	李亚萍 占启安 张 璞	任立琴 刘敏芳 张建平

获奖年度	奖励类别	获奖等级	获奖成果名称	获奖人	
2011	江西省自然科学奖	三等奖	蛋白质元胞自动机图的构建及其应用研究	肖　绚　林卫中 邵世煌	
2011	江西省科技进步奖	二等奖	环保型系列硫硒化镉包裹颜料及其产业化	孙国梁　欧阳小胜 邓美兰　周曙光 唐燕超　王艳香 刘　阳　李月明 沈华荣　周林文 肖尊文	
2011	江西省技术发明奖	三等奖	环境友好型陶瓷透水砖的研制和开发	江伟辉　缪松兰 周健儿　顾幸勇 刘健敏	
2012	中国轻工业联合会科学技术进步奖	三等奖	采用文丘里喷咀的梭式燃气窑热能循环利用的研究	吴先益　徐锡保 邓　苹　余筱勤 刘志耕　刘敏芳	
2013	中国轻工业联合会科技发明奖	二等奖	以醇为氧供体的非水解溶胶—凝胶法制备钛酸铝超细粉的研究	江伟辉	
2013	江西省科技进步奖	二等奖	陶瓷产品几何设计关键技术研究及应用	冯　浩	
2016	江西省自然科学奖	二等奖	基于序列信息的蛋白质结构和功能类型预测	肖　绚　林卫中 吴志诚　王　普	
2016	第十八届中国科协年会全国科技工作者创新创业大赛	金奖	用于污水处理的高性能陶瓷分离膜	汪永清	
2017	中国轻工业联合会科学技术奖	三等奖	新型水系流延技术制备氧化锆陶瓷刀	罗凌虹　石纪军 程　亮　翁长根 孙良良　徐　序	
2017	中国轻工业联合会科学技术进步奖	三等奖	低膨胀抗强腐蚀镁铝复合基陶瓷材料及产品研究	李亚萍　任立琴 张　璞　刘敏芳 张建平　饶宗旺	
2002	江西省第十次社会科学优秀成果奖	三等奖	日本陶瓷受中国文化影响的演进	詹　嘉	

续表

获奖年度	奖励类别	获奖等级	获奖成果名称	获奖人
2006	江西省第十一次社会科学优秀成果	一等奖	《中国景德镇陶瓷文化研究丛书》	陈雨前
2006	江西省第十一次社会科学优秀成果奖	三等奖	现代陶瓷艺术史研究的心理图示	张甘霖
2007	江西省第十二次社会科学优秀成果奖	三等奖	中国现代陶艺批评理论的形式与方法研究	张甘霖
2009	江西省第十三次社会科学优秀成果奖	二等奖	污染密集产业转移及其实证研究	黄 勇
2011	江西省第十四次社会科学优秀成果奖	二等奖	康、雍、乾景德镇官窑瓷器设计艺术研究	宁 钢
2011	江西省第十四次社会科学优秀成果奖	二等奖	古陶瓷科技研究与鉴定	吴 隽
2011	江西省第十四次社会科学优秀成果奖	三等奖	《考工记》设计理念中的天人思想	陈丽萍
2011	江西省第十四次社会科学优秀成果奖	三等奖	试论日本陶瓷器皿中的特性——日本禅文化所影射出的陶瓷中"物"性的关系	张亚林
2011	江西省第十四次社会科学优秀成果奖	三等奖	景德镇雕塑瓷艺	曹春生
2011	江西省第十四次社会科学优秀成果奖	三等奖	景德镇陶瓷创意文化产业体系研究	黄 勇
2013	江西省第十五次社会科学优秀成果奖	三等奖	中日纹章及纹章瓷的比较研究	詹 嘉
2013	第六届高等学校科学研究（人文社会科学）优秀成果奖	三等奖	专著《古陶瓷科技研究与鉴定》	吴 隽
2013	江西省第十五次社会科学优秀成果奖	三等奖	宋代景德镇陶瓷窑业状况——蒋祈《陶记》研究	余 勇
2013	江西省第十五次社会科学优秀成果奖	三等奖	传承与变迁：民国景德镇瓷器发展研究	吴秀梅

获奖年度	奖励类别	获奖等级	获奖成果名称	获奖人
2013	江西省第十五次社会科学优秀成果奖	三等奖	语言模因与事件域认知模型——以人肉搜索事件的语言模因为例	卢军羽
2013	江西省第十五次社会科学优秀成果奖	三等奖	陶艺设计符号的语言结构	肖 绚
2014	江西省艺术科学规划项目优秀成果奖	一等奖	传统手工艺文化研究——以陶瓷、杭扇为例	吴秀梅
2015	江西省第十六次社会科学优秀成果奖	一等奖	康雍乾景德镇官窑瓷器设计艺术研究	宁 钢
2015	江西省第十六次社会科学优秀成果奖	三等奖	景德镇陶瓷人文景观	詹 嘉
2015	江西省第十六次社会科学优秀成果奖	二等奖	中国陶艺批评学	张甘霖
2015	江西省第十六次社会科学优秀成果奖	三等奖	昭陵博物馆藏唐代墓志纹饰研究	徐志华
2015	江西省第十六次社会科学优秀成果奖	三等奖	工业旅游：江西旅游业发展的新方向	熊 花
2015	江西省第十六次社会科学优秀成果奖	二等奖	让文化创意产业接上金融引擎	熊 花
2016	第六届中华优秀出版物奖	图书奖	中国景德镇传统陶瓷工艺	周健儿　黄山涯　祝桂洪　吴　隽　熊春华　陈　磊
2017	江西省第十七次社会科学优秀成果奖	一等奖	中国陶瓷设计史	张亚林
2017	江西省第十七次社会科学优秀成果奖	二等奖	产业转型升级视角下江西高职教育供给侧结构性改革研究	熊 花
2017	江西省第十七次社会科学优秀成果奖	二等奖	从身份变迁到粉彩传承——晚清以降景德镇粉彩艺术名家研究	任华东

景德镇陶瓷大学国家级教学成果一览表（截至 2018 年）

项目类别	项目名称	负责人	级别	时间	成 员	备注
教学改革课题	一般工科院校人才培养模式的研究与实践		国家级			
教学改革课题	一般高等院校理工科专业规范研究	周健儿	国家级	2005	景德镇陶瓷学院、北京石油化工学院、东华理工学院、辽宁工程技术大学	
教学改革课题	地方工科院校行业特色应用型人才培养体系的研究与实践	蔡付斌	国家级	2006	胡恩明　韩　文 胡林荣　王艳香 韩正炎　顾幸勇 何炳钦　洪志华 胡鸿豪　冯　青 李兴华　曾德生 柳炳祥　余孝平 蒋方乐　张　纯 鄢　涛　宁　钢 李月明　黄　勇 周永正　吴南星 金光浪　黄胜辉 江伴东　王戈毅 温　革　王曲波 王文生　李慧颖 阎　飞　徐远纯	
人才培养模式创新实验区	面向行业的艺与工结合的高层次艺术设计应用型人才培养模式创新实验区	吴　隽	国家级	2007		
教学成果奖	二十一世纪初一般院校工科人才培养模式改革的研究与实践	周健儿	国家级	2005	周健儿　胡国林 罗金明　朱小平 聂陶苏	

72

续表

项目类别	项目名称	负责人	级别	时间	成员	备注
教学成果奖	"三创合一，艺工商融合"艺术设计人才培养模式研究与实践	陈丽萍	国家级	2018	陈丽萍　宁　钢 冯　浩　邹晓松 康修机　陈云霞 张　纯　汪和平 吴　晟　李慧颖	
教学团队	无机非金属材料工程专业核心课程教学团队	周健儿	国家级	2009	顾幸勇　李月明 王艳香　曹春娥 江伟辉　江向平 朱志刚　陈云霞 胡　飞	
教学名师	教学名师	李砚祖	国家级	2003		
国家级工程实践教育中心	佛山欧神诺陶瓷股份有限公司		国家级	2012		
	佛山市顺德区乐华陶瓷洁具有限公司		国家级	2012		
	广东松发陶瓷有限公司		国家级	2012		
	伟业陶瓷有限公司		国家级	2012		
国家级实验教学示范中心	陶瓷材料工程实验教学中心	罗民华	国家级	2015		
卓越工程师教育培养计划	无机非金属材料工程专业		国家级	2011		
	能源与动力工程专业		国家级	2011		
	机械设计制造及其自动化专业		国家级	2011		
特色专业	无机非金属材料工程专业		国家级	2007		
	机械设计制造及其自动化专业		国家级	2009		
	陶瓷艺术设计专业		国家级	2010		

项目类别	项目名称	负责人	级别	时间	成　员	备注
专业综合改革试点专业	产品设计专业		国家级	2013		
精品视频公开课	走进陶瓷艺术殿堂——陶瓷艺术系列课程	何炳钦等	国家级	2013	何炳钦　张亚林　邹晓松　李磊颖　刘颖睿　黄　胜　陈丽萍	
教育部产学合作专业综合改革项目	陶瓷工艺学	汪永清	教育部	2016	汪永清　缪松兰　陈　虎　李家科　包启富	
"十一五"规划教材	无机材料测试技术	曹春娥等	国家级	2011	曹春娥　顾幸勇　王艳香　陈云霞	江西高校出版社
"十二五"规划教材	生活陶艺	黄　胜等	国家级	2014	黄　胜　李明珂　赵兰涛	中国民族摄影艺术出版社
创新创业教育	深化创新创业教育改革示范高校		教育部	2017		
	全国创新创业典型经验高校50强		教育部	2018		
创业孵化示范基地	景德镇大学生陶瓷创业孵化园		国家级	2015		
大学生实践教育基地	景德镇陶瓷学院——景德镇陶瓷股份有限公司艺术学实践教育基地		国家级	2013		

2. 景德镇学院

　　景德镇学院是一所公办全日制普通本科院校。学校前身为景德镇教育学院。1993年，学校改制为景德镇高等专科学校。2013年，升格为景德镇学院。

　　学院围绕对地方经济产业发展具有明显支持作用且具有优势的学科

专业群，把优势打造成特色，把特色打造成品牌，以特色引领学校发展。不断调整专业结构，适应地方发展需求，打造优势特色专业，对接景德镇"汽车、航空、陶瓷、旅游""3+1+X"特色优势产业链，构建以教师教育为基础，以陶瓷艺术为特色，多学科协调发展，构筑与服务地方经济社会发展相适应的专业体系，学院有本科专业28个，涵盖工学、理学、文学、法学、管理学、教育学、历史学、艺术学等8个学科门类。

景德镇学院设有实验实训中心6个，共120个实验室，有稳定的校外实习、实训基地99个，全日制在校生近1万人，面向全国29个省（市、自治区）招生。

2014年10月，学院在北京宋庄非洲小镇举办纪念中坦建交五十周年"走进非洲——景德镇学院陶瓷艺术作品展"，坦桑尼亚总统基奎特出席。2015年10月，中国景德镇国际陶瓷博览会上，学院成功举办"传承与创新——景德镇学院陶瓷艺术教育成果展"。2015年12月，在北京国家体育场鸟巢文化中心主办"瓷国之光——一带一路新篇章，学院与百国大使交流互动"，2016年8月18日，第四届丝绸之路新疆文化创意产业博览会在新疆国际会展中心开幕，学院组织以"瓷国之光'一带一路'新篇章，当景德镇瓷器遇上艾德莱斯"为主题的师生陶艺作品展。2018年，在中国景德镇国际陶瓷博览会期间，举办"传承与创新——学校的使命与担当首届中国陶瓷艺术教育""传承与超越——一带一路瓷都再出发"等国际论坛，获得良好的社会影响。

2017年，景德镇学院成功获得世界陶瓷领域唯一的联合国教科文组织"陶瓷文化保护与创新"教席。完成国家艺术基金——"陶瓷古彩与现代陶艺"创作人才培养项目，学院支持新疆阿克陶县土陶产业转型升级合作项目、支持上虞青瓷研修人才培养项目、与吉林省陶瓷艺术馆基本陈列建设项目等一批重大横向课题。2018年学院获教育部第一批中华优秀传统文化（陶瓷文化）传承基地。2019年3月，学院工艺美术专业（陶瓷艺术）

2019 年 9 月，搬入新址的景德镇学院开学

获批江西省一流特色专业。7月，学院"新时代陶瓷文化传承与创新的工艺美术人才培养模式研究与实践"项目获得第十六批江西省高校省级教学成果一等奖。"江西省陶瓷旅游产品设计研发基地""江西省非物质文化遗产传播基地"省科技厅软科学基地项目，展示学校的办学特色和优势。同时，学院与中国科学院植物研究所合作建有"江西省特色资源生物多样性重点实验室"。

至 2019 年，景德镇学院历届陶瓷艺术类毕业生中，获国大师荣誉称号 26 人、省级大师 190 余人、江西省工艺美术师 260 余人。教师设计作品获国家各类专利 200 余项，学生设计的作品获国家专利 60 余项。培养的大批毕业生服务于景德镇经济社会、教育等领域，为景德镇经济社会发展提供了强大的智力支持。

2019 年 9 月，景德镇学院整体搬迁至浮梁新校区，新校区占地 135 公顷，建筑面积 32 万平方米。

3. 景德镇陶瓷职工大学

景德镇陶瓷职工大学创办于 1978 年 11 月 20 日，前身为江西省陶瓷工业公司七二一工人业余大学。1999年6月28日，市委决定由景德镇市教育委员会接管景德镇陶瓷职工大学。1999年8月，学校的隶属关系正式改变，由景德镇市教育委员会接管景德镇陶瓷职工大学，学校列入市财政差额拨款单位。

2001年，"全国中小学陶艺培训基地"在陶瓷职工大学挂牌，学校的教学实习基地建设得到进一步加强。

2003年8月，根据景德镇地区高等教育发展的实际需要，整合地方高等教育资源，经中共景德镇市委、市人民政府研究决定，并报江西省人民政府批准，景德镇陶瓷职工大学成建制并入景德镇高等专科学校，共同筹建景德镇学院。

（二）职业教育

景德镇陶瓷职业教育以活跃、开放、实用的教育理念，用现代教育观念培养大量新型陶瓷产业人才，为景德镇陶瓷产业发展提供生产操作人力资源保障。

1. 江西陶瓷工艺美术职业技术学院

江西陶瓷工艺美术职业技术学院经省政府批准、国家教育部备案成立，主要从事陶瓷材料与工艺美术类教育教学的公办全日制普通高等职业院校，隶属于江西省教育厅，其前身为江西省景德镇陶瓷工业学校。2002年，经省政府批准，升格为公办全日制普通高等职业院校，更名江西陶瓷工艺美术职业技术学院。2010年，成为省级示范性高等职业院校。2011年，升格为副厅级事业单位。2015年被确立为景德镇陶瓷学院联合培养应用型本科人才试点院校；2017年被确立为国家优质高职院校立项建设单位，2019年被确立为江西省高水平高职院校和优势特色专业建设项目单位。

学院设置以材料工程技术类和工艺美术类为骨干专业，以陶瓷工程、

江西陶瓷工艺美术职业技术学院新校区效果图

陶瓷艺术设计、设计艺术、数字艺术为特色专业，兼有开设经济、管理等多个门类专业。主要面向江西经济社会发展培养材料工程技术和工艺美术类的高等技术技能型人才。

2. 景德镇第一中等专业学校

景德镇第一中等专业学校原为景德镇第六中学，是一所全日制公办国家级重点普通中等专业学校，属全额拨款事业单位，隶属景德镇市教育局，是江西省第一批达标中职学校。

2000 年，学校被评为全国重点职业高中，2003 年，顺利通过全国重点职业高中复评，2004 年，市教育局把第六中学更名为景德镇第一高级职业中学，2007 年，经省政府批准为景德镇第一中等专业学校。

学校共开设陶瓷工艺、计算机应用、美术绘画、电子商务、会计电算化等 5 个专业，其中陶瓷工艺和计算机应用专业成为省精品专业，2013 年陶瓷工艺专业被教育部、文化部、国家民委评为全国职业院校民族文化与创新 100 个示范点之一。

进入 21 世纪，学校每年培养陶瓷美术、陶瓷工艺人才 500 多人，毕业后输送到各地高等艺术院校，或从事陶瓷行业。2019年9月搬至景德镇西郊吕蒙新校区，占地13.3公顷。

（三）科研机构

21世纪以来，中国轻工业陶瓷研究所、江西省陶瓷研究所、景德镇市陶瓷研究所取得多项成果，对景德镇陶瓷文化、产业发展起到技术支撑。

1. 国家日用及建筑陶瓷工程技术研究中心

2003年12月5日，国家科技部批准以景德镇陶瓷学院为依托单位，通过整合科技资源，组建国家日用及建筑陶瓷工程技术研究中心。

中心拥有一支技术力量雄厚、学科专业齐全的科研队伍，中心建立一整套完善的管理制度，建立先进的研究室和中试基地，为科技创新、工程技术开发和成果推广奠定了坚实的硬件和软件基础。

中心以研究开发日用及建筑陶瓷行业基础性、关键共性技术为重点，通过自主创新和产学研结合，开展先进实用的工程化技术研究，为行业提供新材料、新技术、新工艺、新产品和新装备，通过以现代先进技术改造传统的陶瓷产业，推进陶瓷产业升级换代。中心的建立，为我国传统陶瓷行业构筑了一个集工程化技术研发、科技成果转化与孵化、标准化与检测、知识产权与咨询、人才培训与信息及学术交流为一体的科技创新平台。

2007年12月，中心通过科技部验收评估，并获得优秀。由于中心在科技成果转化和推广应用方面成绩突出，2008年8月，国家科技部批准中心为首批76个国家技术转移示范机构之一。

2016年3月，中心成功入选国家科技部第二批科技服务业行业试点单位（面向陶瓷产业集群的科技服务业试点）。荣获国家科技部颁发的"'十一五'国家科技计划执行优秀团队奖"、省政府"2009—2010年度全省科技创新'六个一'工程先进单位""优秀科技创新研发平台""第五届中国技术市场协会金桥奖先进集体奖"、2014 年江西省首届五星级"中小企业星级服务机构"等荣誉。

2. 中国轻工业陶瓷研究所

中国轻工业陶瓷研究所是我国陶瓷行业集科技开发、公益技术服务与艺术创作为一体的专业研究所,曾隶属于原国家轻工业部。1999 年 7 月,国家 10 个部委所属 242 个科研院所管理体制改革时,下放到地方管理,是具有事业法人资格地位,可独立对外交往的研究机构。

1999 年 5 月 20 日,根据国科发政字〔1999〕197 号文《关于印发国家经贸委管理的 10 个国家局所属科研机构转制方案的通知》,该所并入景德镇陶瓷学院。并于 7 月 1 日与国家轻工业局脱钩,实行属地化管理。11 月 6 日,该所由"中国轻工总会陶瓷研究所"更名为"轻工业陶瓷研究所"。2000 年 3 月,国内贸易部等五部委向社会公布,设在该所的"国家日用陶瓷质量监督检验中心"为商品质量仲裁检验机构,可为陶瓷企业、陶瓷经销商及消费者提供具有法律效力的商品质量仲裁检验服务。10 月,根据中央机构编制委员会办公室〔1999〕57 号文,该所由"轻工业陶瓷研究所"更名为"中国轻工业陶瓷研究所"。

2001 年 7 月,江西省科技厅赣发财字〔2001〕155 号文批准,同意以景德镇陶瓷学院为依托单位,中国轻工业陶瓷研究所、江西省陶瓷研究所、市特陶所为成员单位联合组建"江西省陶瓷工程技术研究中心"。

2006 年 4 月,江西省机构编制委员会办公室下发赣编办文〔2006〕54 号文《关于成立江西省陶瓷检测中心的批复》,同意成立"江西省陶瓷检测中心",与"中国轻工业陶瓷研究所"合署办公。

2008 年 7 月,根据国标委综合函〔2008〕78 号文,国家标准委批准成立全国日用陶瓷标准化技术委员会。秘书处承担单位为中国轻工业陶瓷研究所。检测标准中心组织专家主持修订《日用陶瓷器变形检验方法》《日用陶瓷器抗热震性测定方法》《日用瓷器》《建白日用细瓷器》《陶瓷泥料可塑性指数测定方法》等标准，参与修订《日用陶瓷器包装、标志、运输、贮存规则》和《骨质瓷器》等 8 项标准。

2011 年 12 月，该所为主起草的《日用陶瓷耐微波加热测试方法》国家标准与《日用陶瓷器抗釉裂测定方法》行业标准颁布，并在全国实施。2012 年，该所起草的《陶瓷器抗冲击试验方法》行业标准颁布，并在全国陶瓷行业内实施。

2017 年，由中国轻工业陶瓷研究所主办，全国陶瓷工业信息中心和《中国陶瓷》杂志社承办的《中国日用陶瓷年鉴（2017 年版）》举行首发式。该年鉴全面系统记述 2016 年中国日用陶瓷行业发展的现状，是集资料数据、信息情报为一体的多元化信息工具书。

中国轻工业陶瓷研究所科技成果一览（1999—2015）

项目名称	所获奖项	获奖时间
电磁灶耐热陶瓷面板的研制（省招标项目 89-11-5）	轻工部科技进步三等奖	1999 年度
日用瓷器 GB/T3532-1995	国家质量技术监督局科技进步二等奖	1999 年度
日用陶瓷铅、镉溶出量的测定方法	景德镇市科技进步三等奖	2005 年度
高纯氧化铌钽陶瓷坩埚	江西省优秀新产品一等奖	2007 年度
高纯氧化铌钽陶瓷坩埚	景德镇市科技进步二等奖	2007 年度
高抗热震高抗腐蚀坩埚	中国轻工业联合会科技创新鼓励奖	2007 年度
日用陶瓷铅、镉溶出量的测定方法	中国轻工业联合会科技创新鼓励奖	2007 年度
高纯氧化铌钽陶瓷坩埚研制	江西省科技进步三等奖	2008 年度
超耐热陶瓷炒锅	中国国家专利与名牌博览会奖金奖	2010 年度
高温空气燃烧技术在陶瓷梭式窑上的应用研究（省科技支撑项目）	中国轻工业联合会科技进步奖三等奖	2010 年度
高纯氧化铌钽陶瓷坩埚	中国轻工业联合会科技进步奖二等奖	2010 年度
高技术莹玉瓷的研制与开发（省重点攻关项目）	景德镇市科技进步三等奖	2011 年度

项目名称	所获奖项	获奖时间
高技术莹玉瓷的研制与开发（省重点攻关项目）	中国轻工业联合会科技进步三等奖	2011 年度
采用文丘里喷咀的梭式燃气窑热能循环利用的研究	中国轻工业联合会科技进步三等奖	2012 年度
增硬高强氧化铝陶瓷材料的研究与应用（省科技支撑项目）	景德镇市科技进步三等奖	2015 年度

3. 江西省陶瓷研究所

1985 年 5 月成立，由景德镇市陶瓷工业科学技术中心实验所、景德镇市陶瓷工艺美术研究所和景德镇市玉风瓷厂合并组建成立，隶属省轻工业厅。2000 年，业务归口省经济贸易委员会。江西省陶瓷研究所是省属应用型陶瓷科研机构，为正处级差额拨款事业单位。"国家日用及建筑陶瓷工程技术研究中心"副主任单位，"景德镇市窑炉学会""江西省陶瓷企业技术服务中心"依托单位，创有国内外发行的《陶瓷研究》杂志。

江西省陶瓷研究所拥有一支长期从事技术研发、技术服务、创意设计的人才队伍，先后承担国家部委、省级科研课题近百项，先后荣获部省级科技进步奖 12 项，其他科技成果奖 24 项，获国家发明专利、实用新型专利等 24 项。该所是"国家日用及建筑陶瓷工程技术研究中心"重要组成单位（副主任单位），也是国家发改委平台项目"江西省陶瓷产业公共服务平台"和"现代彩绘装饰设计服务平台"建设单位。建所以来，对国内外企业开展横向技术服务 300 余项。

江西省陶瓷研究所的陶瓷艺术蜚声国内外，先后研制开发出"现代民间青花艺术瓷""色釉综合装饰瓷""亚光和无光釉艺术瓷""釉下水墨绿色料"及"彩色珍珠釉"等技术成果。在全国陶瓷创作设计评比中，荣获金、银、铜奖 200 余项，获省、市级奖 300 余项，多次荣获团体冠军。国家级美术馆收藏作品 50 余件。

江西省陶瓷研究所研制的陶瓷节能窑炉技术在国内处领先地位，"海泰"牌窑炉具有建设部颁发的窑炉施工二级资质证书和窑炉专项设计乙级证书。研制的中、高温燃气节能间歇窑、双窑道燃气节能隧道窑、精细陶瓷连续式烧结炉及新型蓄热式烟气净化装置获国家专利 12 项，获省科技进步三等奖 4 项、全国发明博览会金奖及省新产品、市科技进步奖等多项。这些新产品选用先进、成熟、稳定可靠的窑炉结构配以适宜的烧成技术，并采用洁净液体或气体燃料，减轻了工人的劳动强度，提高了产品质量，还降低了企业成本，尤其是消除了对环境的污染，提高了劳动生产率，具有较高的创新性、很强的适应性，其价格仅为进口窑的一半左右，解决了高档艺术陶瓷以及精细陶瓷烧成工艺难题。推进了我国日用瓷和工业瓷产业的窑炉技术改造。

同时，江西省陶瓷研究所还承担景德镇市古窑民俗博览区复建景德镇市宋代龙窑、元代馒头窑、明代葫芦窑、明清"六式窑"（青窑、龙缸窑、火窑、色窑、爁熿窑及匣窑）和清代狮子窑共 10 座窑炉的设计论证工作，推进景德镇非遗项目的实施。

江西省陶瓷研究所获奖科技成果一览（1999—2015）

项目名称	鉴定时间	鉴定单位	主要研制人员	获奖时间及获奖等级
合成骨粉在陶瓷中的应用研究	1999 年	省轻工业厅	刘少平等	1999 年获景德镇市科技进步二等奖、1999 年获省科技进步三等奖
新型中、高温燃气节能间歇窑	2003 年	国家中小企业技术创新基金管理中心	李猛 洪亮 刘添泉 熊雪贞 张淑芳 余跃民 吴永开等	2004 年获江西省科技型中小企业技术创新基金优秀项目
精细陶瓷连续式燃气烧结炉中试	2008 年	国家创新基金	李猛 尹霞 余耀民 洪亮 刘添泉等	通过国家验收。2009 年获省科技进步三等奖、景德镇市科技进步二等奖、实用新型专利四项

续表

项目名称	鉴定时间	鉴定单位	主要研制人员	获奖时间及获奖等级
双层隔热保温餐具研制（新型隔热抗菌活化陶瓷产品开发和生产）	2009 年	省工信委	刘少平　尹　霞　张君良等	已鉴定。2010 年获江西省优秀新产品二等奖、2012 年获景德镇市科技进步二等奖、发明专利一项
低碳抗菌活化水陶瓷杯研制（新型隔热抗菌活化陶瓷产品开发和生产）	2009 年	省工信委	尹　霞　刘少平　张君良等	已鉴定。2010 年获江西省优秀新产品三等奖、2012 年景德镇市科技进步二等奖
磷石膏在陶瓷中的应用（适应快速烧成工艺）	2010 年	省科技厅	郭泰民　尹　霞　黄孝华等	获国家发明专利一项

4. 景德镇市陶瓷研究所

1993 年 5 月成立，是一所由市委、市政府直属的从事陈设艺术陶瓷和实用艺术陶瓷创作设计及工艺研究的差额拨款事业单位。至 2019 年，创作设计的艺术陶瓷作品，曾获国家、省、市陶瓷艺术创作设计评比金、银、铜奖和一、二、三等奖近 200 项，近百件作品被国内外重点艺术院、馆收藏。多次承担并完成国家、省市下达的重大创作设计任务。

1999 年，承担江西省人民政府下达的 1999 年昆明世界园艺博览会"江西瓷园"瓷工艺演示和陶瓷艺术家现场绘画表演任务，经过 6 个月努力工作，圆满地完成任务。为此，被江西省人民政府授予"特别贡献奖"。2004 年，为中共中央党校创作设计 8 件艺术瓷，全部陈列在中共中央党校大会堂，受到各方好评。

2005 年、2006 年，所长赖德全为中国社科院制作礼品瓷，分别赠送给英国皇家学术院祝贺该院成立 100 周年和俄罗斯社科院祝贺该院远东研究所成立 50 周年。

2007—2010 年，景德镇市陶瓷研究所组建景德镇市陶瓷艺术产业创新服务平台，并成立景德镇市和德陶瓷股份有限公司。2011 年，市陶研所被江西省文化厅授予江西省文化产业试验基地。承担国家级课题项目 2 项，省级 6 项，市级 10 项。

2012 年，国家重点项目"现代高档民间青花瓷技术开发"荣获江西省科技进步二等奖。2014 年，为庆贺中国航天发射"嫦娥 3 号"探月成功，该所赠送赖德全创作的 800 件名为"九天揽月嫦娥圆梦新纪元里程碑"的瓷瓶给中国航天部。

2018 年 5 月，市陶研所刘少倩、王超、温宁荣、于泓参加全国教育科学"十三五"规划教育部重要课题活动，国家重点课题"翻转陶艺传统教育与现代职业教育教学模式构建研究"荣获教研成果一等奖。同年，副所长刘伟参加上海世界顶尖科学家论坛交流会，并为 26 位全球顶尖科学家设计专属的 china 纪念瓷盘。

陶瓷文化交流平台

　　随着景德镇社会经济的发展，人们生活水平日益提高，对精神文化生活方面的需求越来越高，对景德镇传统陶瓷文化的弘扬、传承与创新提出了更高的要求。近年来，景德镇陶瓷文化交流平台建设风生水起，其中中国景德镇国际陶瓷博览会、陶瓷创意基地、陶瓷文化社团以及陶瓷文化研究平台的建设成果显著，在陶瓷经贸交流、陶瓷文化研究等方面做出了许多成绩。

　　2018中国景德镇国际陶瓷博览会开幕式上，全国人大常委会副委员长、民进中央主席蔡达峰宣布开幕，并与中共江西省委书记刘奇，中共江西省委副书记、江西省人民政府代省长易炼红，江西省人大常委会党组书记、副主任周萌，江西省政协副主席、民进江西省委会主委汤建人，商务部外贸发展局党委书记、副局长贾国勇，中国轻工业联合会副会长朱念琳，中共景德镇市委书记钟志生共同倒下金沙，启动瓷博会开幕仪式

（一）中国景德镇国际陶瓷博览会

2004 年起，景德镇打造中国景德镇国际陶瓷博览会。围绕打造国际贸易交流中心，实现陶瓷"买全球、卖全球"的目标，在省政府、国家商务部、中国贸促会、中国轻工联合会的大力支持下，瓷博会逐步走出一条"专、精、新、特"的发展之路，成为集陶瓷精品展示、陶瓷文化交流、陶瓷产品交易于一体的国际化陶瓷专业博览会，成为江西乃至中国与世界开展交流合作的重要特色平台。

2004—2018 中国景德镇国际陶瓷博览会

年份	展位数	成交额	境外参展国家和地区
2004	800	逾 2 亿元	日本、美国、意大利等 8 个国家和地区
2005	1096	内贸成交 2.5 亿元、外贸成交 6085 万美元	9 个国家和地区
2006	1200	内贸成交 5.21 亿元、外贸成交 8179.52 万美元	12 个国家和地区
2007	1200	内贸成交 6.17 亿元、外贸成交 1 亿余美元	16 个国家和地区
2008	1200	内贸成交 8.06 亿元、外贸成交 1.54 亿美元	16 个国家和地区
2009	1126	内贸合同 8615 万元、外贸合同 2836 万美元	19 个国家和地区
2010	1249	内贸成交 7.02 亿元、外贸成交 1.16 亿美元	日本、法国、德国、荷兰、越南、马来西亚等国家
2011	1649	内贸成交 8.01 亿元、外贸成交 1.32 亿美元	日本、法国、西班牙等 11 个国家和地区
2012	1759	内贸订货额 9.02 亿元、外贸订货额 1.52 亿美元	意大利、匈牙利、美国等 12 个国家和地区
2013	1908	内贸订货额 9.52 亿元、外贸订货额 1.60 亿美元	德国、韩国、朝鲜、日本、匈牙利、荷兰等 40 多个国家和地区
2014	1900	内贸订货额 10.06 亿元、外贸订货额 1.70 亿美元	英国、荷兰、日本、韩国等 12 个国家和地区
2015	2000	内贸订货额 10.50 亿元、外贸订货额 1.70 亿美元	德国、荷兰、英国等 12 个国家和地区

年份	展位数	成交额	境外参展 国家和地区
2016	2000	内贸订货额 12 亿元、外贸订货额 1.81 亿美元	韩国、日本、荷兰、美国、德国、西班牙等 13 个国家和地区
2017	1900	内贸订货额 10.94 亿元、外贸订货额 1.86 亿美元	德国、荷兰、英国、俄罗斯、土耳其、美国、日本、韩国共 23 家企业
2018	1900	内贸订货额约 11.69 亿元、外贸订货额约 1.99 亿美元	英国、德国、俄罗斯、意大利、土耳其、日本、韩国、朝鲜等国家

（二）高新技术陶瓷国际论坛

高新技术陶瓷国际论坛是江西省与国家科技部共建景德镇国家陶瓷科技城的一项主要内容，也是中国景德镇国际陶瓷博览会的一项内容。论

中国景德镇高技术陶瓷国际论坛

2011 年，首届世界陶瓷城市市长峰会在景德镇举行，时任景德镇市委副书记、市长刘昌林出席会议

瓷博会上，外国友人与展位工作人员交谈中

瓷博会上，高新技术陶瓷成果展激光雕刻

坛旨在把握国内外先进陶瓷最新热点动态，探讨有市场前景的研究开发项目和课题，促进国家先进陶瓷新材料的研究与产业的国际化合作。2005—2010年，论坛均由国家科技部和省政府共同主办，每届参加的国内外专家学者都在200人以上，发表和出版大量的专业学术论文，其中2006年、2007年发表的100多篇论文被EI（美国《工程索引》）收录。

（三）景德镇陶瓷创意基地建设

瓷都景德镇在历史上是中国瓷业中心，今天依然是全球陶瓷文化的创意交流中心。景漂、景归人才汇聚，新的理念在这里碰撞，新的平台不断建成，传统在城市的每一个角落再次焕发生机。陶瓷，让这座城市充满活力。

1. 陶溪川陶瓷文化创意园

陶溪川位于景德镇东城区，总体规划2平方千米，核心启动区占地13公顷，是以宇宙瓷厂旧厂房为基础改建而成，2016年10月正式运营。陶溪川·CHINA坊国际陶瓷文化产业园为江西省陶瓷工业公司投资数亿元兴建的一座集文化创意、购物、休闲、餐饮、娱乐等多种综合功能于一体的大型城市综合体，是中国首座以陶瓷文化为主体的一站式文化休闲娱乐旅游体验创意园区。

陶溪川在保护利用陶瓷工业遗产的基础上，通过结构改造、环境营造、文化塑造、活力再造，从工业制造业成功转型为文化创意产业，实现了传统与现代、文化与科技、生产与生活的深度融合。自陶溪川核心启动区开园以来，引进中央美术学院、北欧艺术中心、众上动漫梦工厂、猫空书吧、猫屎咖啡，以及陶瓷手工艺车间、陶瓷3D打印车间、文化主题酒店等173个项目。陶溪川内的陶瓷工业遗产博物馆，以场

俯瞰陶溪川文创街区

陶溪川春秋大集

夜幕下的陶溪川

景再现、实物、资料等形式，展示近现代景德镇陶瓷工业的工具、设备、窑炉、工艺流程、产品、史料，以及 391 名陶瓷工人口述史、6.9 万名瓷工"人事档案"，让游客纵览陶瓷工业遗产风貌。陶溪川国际工作室吸引 20 多国艺术家在此创作、学习、交流，构筑"艺术家之家"。

陶溪川陶瓷文化创意园先后获得国家级、省市级荣誉 30 余项，被列入文化部首批国家级文化产业示范园区创建资格、工信部首批国家工业遗产、中共中央台办"海峡两岸青年就业创业基地"等。陶溪川是景漂、大学生的报到处，是学习培训、创业就业、生活娱乐的造梦空间。形成周末创意集市、邑空间、线上陶溪川、邑客先锋等晋级模式，构筑了创新、开放、共享的双创平台。

2. 景德镇名坊园

名坊园坐落在景德镇陶瓷工业园区，2015 年 10 月 18 日建成开园。

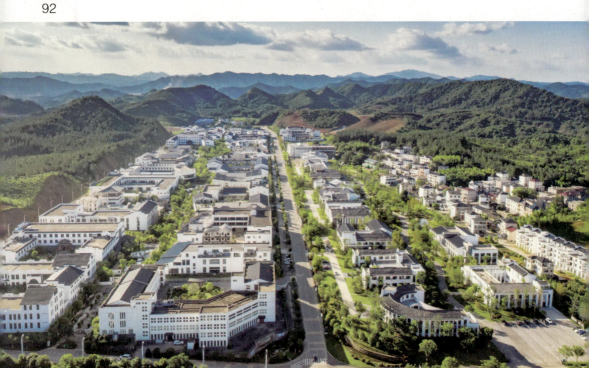

名坊园鸟瞰

名坊园内园林式陶瓷厂区

名坊园以"政府搭台，企业唱戏"为运作模式，以"海选"方式聚集散落在景德镇古街偏巷的名人名坊，吸纳全世界各产瓷区知名工坊和全国各大窑口传承人参与建设，致力于传承和保护中国陶瓷传统技艺，打造一个"浓缩版的景德镇"。

名坊园立足于"千年瓷都"景德镇的历史底蕴，挖掘中国陶瓷文化，适应世界潮流和现代时尚，追求陶瓷文化创意个性化。通过创新历史文化保护传承机制，抢救和保护濒临失传的中国陶瓷传统技艺，构建陶瓷文化产业经营新业态，打造一个既具有景德镇特色，又具有国际范的"手工制瓷基地"。

名坊园的建设秉承"生态园林""花园工厂""博物馆群""高端市场"

等理念，形成业界新载体、新平台和风向标，日益成为传承陶瓷文化、兴盛陶瓷产业、繁荣陶瓷工业旅游新的亮丽"区域名片"。

3. 三宝国际瓷谷

三宝国际瓷谷是景德镇市珠山区委、区政府依托三宝村、湖田村的生态、陶瓷、历史资源，聚集大量艺术家、设计师、国际创客等"景漂""景归"和本土匠人、企业，重点打造的陶瓷文化旅游产业聚集区，是传统手工瓷业与现代设计创新融合发展的陶瓷产业新高地。

2015 年，景德镇抓住新的历史时机，启动三宝国际瓷谷规划建设，依托资源优势，突出特色发展，全面谋篇布局，投资 26 亿元打造陶瓷文化旅游产业聚集区。至 2017 年，三宝发展多头并进，项目建设、品牌打造、人才引进、产业聚集齐发力，最终形成"乡村风情休闲区、陶瓷文化集聚区、china 小镇艺术体验区、山地生态养生度假区"四区合一的大景区格局。位于三宝瓷谷中后段的闲云涧·马鞍岭于 2018 年 3 月挂牌 AAA 级景区。

三宝瓷谷十里花溪

三宝国际瓷谷启动以来，集聚了100余家陶瓷作坊、企业、文化艺术机构，陶瓷文创产业发展呈现出勃勃生机。

位于三宝瓷谷中的三宝国际陶艺村，由旅加著名陶艺家李见深教授于1995年创建，是一个集陶瓷艺术研讨、交流和休闲旅游的场所，也是景德镇陶瓷文化国际交流的窗口之一，内设景德镇三宝陶艺研修院。陶艺村先后接待来自全世界的艺术家陶艺家和各界专家、学者友人和重要机构人员数千人。陶艺村代表中国的陶瓷文化交流出席、参与和组织一系列重大的国际陶艺盛事，包括2004年景德镇置镇千年庆典、澳洲国际陶艺大师创作交流展、挪威奥赛罗国际陶瓷艺术研讨会、欧洲陶艺中心、意大利帕克桑文化中心创作交流。

4. 景德镇乐天陶社

乐天陶社于2005年成立，是一个国际性的陶艺中心，坐落于雕塑瓷厂内，周边分布数百个手工作坊，泥料生产、釉料供应、窑炉搭烧、器具

雕塑瓷厂乐天创意集市

定制、瓷用毛笔、包装锦盒等生产工序配套齐全。大量的艺术家在此休闲创作，有拉坯艺人、泥雕艺人、模具工人、青花艺人、独立手工艺人等。

乐天陶社多年来致力于发展和推广国内外陶艺，提供国际艺术家驻场项目、教育中心、设计工作室、画廊和咖啡厅的服务。同时，陶社还配备有现代化的制瓷设备设施、擅长中英双语的工作人员，形成独特的艺术和工作氛围，成为国外艺术家在当地的聚集地之一，为国外艺术家入驻创作提供了平台。多次组织开展大型国内外艺术交流活动，拓宽了国内艺术家的视野。

5. 珠山东市

珠山东市由景德镇中国卫生洁具厂老厂房改造而成，总占地8公顷，建筑面积约为4万平方米。按国家AAAA级旅游景区规划，以保护陶瓷文化、汇聚陶瓷精英、展示陶瓷艺术、发展陶瓷品牌为主题，是一个集创作、文博、商贸、休闲、餐饮、旅游为一体的大型陶瓷综合体。内设十大瓷厂博物馆、陶瓷文化艺术交流中心、陶瓷技艺教育培训基地及会务会展中心、公和圃大酒店等。建筑风格以明、清时期仿古建筑为主调，尽现"珠山东市"丰富的人文历史风貌，让人们直观了解"珠山陶瓷"的发展脉络。

珠山东市

皇窑

珠山东市以实物展现文化，以文化传播历史，形成一个开放、互动、古今结合的全新景观，集参观、展览、创作、研讨、文博、商贸、休闲、餐饮、旅游、销售为一体，实行集中创作、集中展示、集中销售。

6. 皇窑

皇窑是景德镇佳洋陶瓷有限公司旗下陶瓷品牌，2009年创立，位于浮梁县湘湖镇。其产品主要包括历代官窑瓷器、礼品瓷、日用瓷等。是国家级非物质文化遗产（手工制瓷）生产性保护和研究示范基地、国家文化产业示范基地、国家AAAA级旅游景区。是全景再现、活态传承、真实演绎历代皇家御窑制瓷技艺的陶瓷文化旅游景区。

基地内有全面展示宋、元、明、清传统制瓷工艺的作坊；有规模化的现代高新技术制瓷生产线；有皇窑陶瓷文化研究院、景德镇国际陶瓷文化交流中心、古陶瓷鉴定咨询服务部、皇窑陶瓷艺术博物馆；有全国知名书画家陶瓷创作园；有全国高等美术院校陶瓷专业大学生实习基地、中小学生陶吧。

皇窑研学旅行基地经过多年实践，在中小学生陶艺体验研学旅行中更加成熟，皇窑研学旅行基地发扬景德镇千年陶瓷文化，弘扬景德镇陶瓷工匠精神，把景德镇的陶瓷文化展现给每一位研学的中小学朋友。

（四）景德镇陶瓷文化研究平台建设

景德镇有着深厚的陶瓷文化底蕴，各类陶瓷文化研究、创作、展陈机构众多，为陶瓷文化研究提供了多元化的平台。

1. 景德镇市陶瓷历史文化研究会

2014年11月28日，景德镇市陶瓷历史文化研究会成立。研究会积极开展陶瓷历史文化与现当代陶瓷艺术研究工作，挖掘陶瓷历史文化发展脉络，探讨陶瓷历史与现当代名人名企的社会影响和传承发展之间的关系。

2. 中国陶瓷文化研究所

2006年，中国陶瓷文化研究所成立，是江西省教育厅主管的省高校人文社会科学重点研究基地，依托单位为景德镇陶瓷学院。

3. 景德镇陶瓷大学古陶瓷研究所

2007年5月，景德镇陶瓷学院古陶瓷研究所成立。研究所主要从事古陶瓷与传统陶瓷的物理化学基础、陶瓷科技史、古陶瓷科技鉴定、古陶瓷工艺再现、陶瓷类文物保护与修复等方面的研究和探索，以及科学技术史和考古学硕士点的教学和学科建设工作。2016年随景德镇陶瓷大学更名为景德镇陶瓷大学古陶瓷研究所。

4. 联合国教科文组织"陶瓷文化保护与创新"教席

2017年5月13日，联合国教科文组织"陶瓷文化保护与创新"教席在北京钓鱼台国宾馆签订协议，这标志着联合国教科文组织"陶瓷文化保护与创新"教席正式落户景德镇学院，标志着世界陶瓷领域唯一一个教席由此诞生。"陶瓷文化保护与创新"教席落户景德镇，彰显中国优秀传统文化的自信，为我国赢得了世界陶瓷文化保护与创新领域的话语权，也体现中国高校促进世界文化遗产保护传承和创造力的时代担当。

5. 江西省陶瓷旅游产品研发设计基地

2014年，景德镇学院获批江西省科技厅"江西省软科学研究培育基地——江西省陶瓷旅游产品研发设计基地"。按照多学科融合、多团队协同、多技术集成的思路，重点进行陶瓷旅游文化研究、陶瓷旅游产品设计开发、陶瓷旅游经济研究，打造陶瓷旅游产品设计创意、研究开发、产品展示与转化平台。

6. 景德镇学院陶瓷文化艺术研究中心

景德镇学院陶瓷文化艺术研究中心是景德镇学院下属的从事陶瓷文化艺术研究的专门机构。陶瓷文化艺术研究中心立足景德镇陶瓷历史文化，对陶瓷"非物质文化遗产"进行收集、整理、保护、研究以及开发利用，并在此基础上重点研究地区文化建设需要解决的问题。

7. 景德镇学院海上丝绸之路研究院

经景德镇市政府批准，景德镇学院设立了海上丝绸之路研究院，其职能是整理和研究景德镇在丝绸之路中的历史价值与文化品质，积极策应国家"一带一路"倡议实施和地方政府的战略行动，以激发文化的内在活力，促进景德镇陶瓷文化和旅游业的发展。

8. 全国中小学陶艺培训基地

2001年，经国家教育部批准成立并授牌，是面向国内外青少年学生和陶瓷艺术爱好者开放的实训、实践场所。2018年，该基地占地21公顷，总建筑面积2.2万平方米。全国中小学陶艺基地是由教育部、财政部、发改委等六部委批准共建。基地借助景德镇深厚的陶瓷文化底蕴，开展一系列较有影响、特色鲜明的陶艺文体活动，积极探索服务广大青少年校外教育模式，先后为海内外30多万人次青少年提供陶艺培训和研学服务，持续展现陶瓷文明的内涵与魅力。

9. 珠山陶瓷研究所

2001年1月11日成立，经营范围包括：陶瓷、艺术陶瓷、礼品瓷及陶瓷原料等。珠山陶瓷研究所依托景德镇陶瓷学院，是一个集学术、科研、设计、创作、交流、生产等多学科为一体的文化创意基地。

10. 陶瓷刊物

《中国陶瓷》 由中国轻工业陶瓷研究所和全国陶瓷工业信息中心共同主办的国家级大型综合性陶瓷科技期刊。创刊于1959年，是陶瓷行业最早公开发行的科技期刊，发行面覆盖全国各省、市、自治区和世界20多个国家和地区。

《陶瓷研究》（双月刊） 创刊于1985年，杂志由江西省陶瓷研究所、江西省陶瓷科技情报站主办，为国内外公开发行的陶瓷专业综合性刊物。

《景德镇陶瓷》（双月刊） 创刊于1973年，隶属于江西省陶瓷工业公司，2002年转由景德镇市瓷局主办，后转入景德镇市陶瓷研究所。《景德镇陶瓷》面向世界，重点介绍宣传瓷都景德镇悠久的制瓷历史，精湛的制瓷工艺及其名优新产品、当代最新发展情况等。

《瓷器》杂志 瓷都晚报社于2008年10月创刊的一份陶瓷类生活杂志，宣传与弘扬景德镇陶瓷文化。其前身是《瓷都晚报·瓷周刊》，在每周《瓷周刊》的基础上发展成为独立装订的读本。

11. 陶瓷学术论著

伴随着陶瓷行业的快速发展，越来越多的文化学者、艺术理论工作者和著名作家关注陶瓷，特别是2000年以后，陶瓷理论学术研究和与陶瓷有关文学创作取得丰硕成果，如阎崇年、王鲁湘、方李莉、白明等著名学者及景德镇陶瓷大学、景德镇学院、江西陶瓷工艺美术职业技术学院等院校陶瓷教育理论工作者出版了大量陶瓷理论书籍，记录、传播、弘扬景德镇陶瓷文化。

作品名称	作者	时间	出版社	备注
明代景德镇民窑纪年青花瓷	彭明瀚	2018 年	文物出版社	入选 2018 年度"全国文化遗产优秀图书"
中国釉上彩史略	江建新	2015 年	文物出版社	
景德镇陶瓷考古研究	江建新	2013 年	科学出版社	
景德镇粉彩瓷绘艺术	李文跃	2004 年	江西高校出版社	国家"十五"规划重点图书
景德镇粉彩瓷	李文跃	2019 年	江西高校出版社	
中国陶瓷艺术制作大教本	朱辉球	2007 年	河北美术出版社	国家"十一五"规划重点图书
景德镇民窑	方李莉	2002 年	人民美术出版社	
传统与变迁——景德镇新旧民窑业田野考察	方李莉	2000 年	江西人民出版社	
飘逝的古镇——瓷城旧事	方李莉	2000 年	群言出版社	
世界现代陶艺概览	白 明	2001 年	江西美术出版社	
世界现代陶艺·中国卷	白 明	2002 年	新疆美术摄影出版社	
世界现代陶艺·外国卷	白 明	2002 年	新疆美术摄影出版社	
云霭之白	白 明	2010 年	江西美术出版社	获"金牛杯"优秀图书奖
景德镇传统制瓷工艺	白 明	2004 年	江西美术出版社	获"中国图书奖"
闪念	白 明	2016 年	知识出版社	
御窑千年	阎崇年	2017 年	生活·读书·新知三联书店	
"景德镇学"文库丛书	陈雨前 刘永红 蔡 锐 方 复 李文跃 周荣林 张学文 张 弘	2019 年	江西高校出版社	
景德镇陶瓷史	陈雨前	2018 年	江西人民出版社	

续表

作品名称	作者	时间	出版社	备注
中国景德镇学	陈雨前	2018 年	商务印书馆	
宋代景德镇青白瓷与审美	陈雨前	2012 年	世界图书出版公司	
中国古陶瓷文献校注	陈雨前	2015 年	岳麓书社	
中华大典·艺术典·陶瓷艺术分典	陈雨前	2015 年	岳麓书社	
中国古代陶瓷文献影印辑刊	陈雨前	2012 年	世界图书出版公司	
珠山八友题画诗注译	韩晓光	2019 年	江西人民出版社	
鱼眼逐景	余轩宇	2019 年	江西人民出版社	
我的父亲王隆夫	王安维	2018 年	江西美术出版社	
"景漂"故事——中国梦景漂梦陶瓷文化巡礼	余志华 金晓虹	2014 年	中国文联出版社	
景德镇文化研究	魏望来 韩晓光 吴远征 洪东亮	2017 年	中国文史出版社	
唐英咏景德镇诗歌注析	韩晓光	2017 年	江西高校出版社	
国之瑰宝——中国景德镇陶瓷文化精品	魏望来 黄康明 沈晓初 赵　纲	2017 年	江西美术出版社	
粉彩工艺及其艺术风格的演变	汪凌川	2017 年	江西高校出版社	
陶瓷大家：灵光独耀	吴维惠	2013 年	中国文联出版社	
瓷国之光	吴维惠	2013 年	中国文化出版社	
传承与创新——景德镇学院陶瓷艺术教育成果展	方　漫	2015 年	江西高校出版社	
景德镇雕塑瓷	方　漫	2016 年	江西高校出版社	
民间艺术欣赏	于　芳	2015 年	北京师范大学出版集团	
中国景德镇当代高温颜色釉妙韵	章朝辉	2013 年	世界图书出版西安有限公司	
中国陶瓷创意学初论	魏望来	2014 年	中国文史出版社	
中国陶瓷创意文集	魏望来	2014 年	中国文史出版社	

续表

作品名称	作者	时间	出版社	备注
高端收藏	冯绍华	2018 年	江西美术出版社	
遇见景德镇：老城旧事	艾春龙 魏望来	2019 年	广东人民出版社	
景德镇陶瓷文化读本——数字里的故事	魏望来	2019 年	江西高校出版社	
景德镇文化概论	魏望来	2019 年	武汉大学出版社	
瓷上中国	胡 平	2014 年	二十一世纪出版社	
瓷行天下	胡 辛	2017 年	江西美术出版社	获"2018 年度中国好书"
陶艺·当代雕塑	吕品昌	2011 年	文化艺术出版社	
长石矿物及其应用	董伟霞 顾幸勇 包启富	2010 年	化学工业出版社	
景德镇民窑制度研究	李兴华 李松杰	2010 年	江西高校出版社	
出版业中创意资源配置的历史演变	陈邦武	2010 年	江西高校出版社	
吉州窑彩绘瓷品鉴	刘晓玉	2010 年	江西美术出版社	
广东建筑陶瓷技术路线图	周健儿 程晓勤	2010 年	天津科学技术出版社	
广东日用陶瓷产业技术路线图	周健儿	2010 年	天津科学技术出版社	
品味荷兰·设计物语	于清华	2010 年	艺术家出版社	
陶瓷与综合材料研究	张亚林 江岸飞	2011 年	湖北美术出版社	
设计·探究	邹晓松 于清华 赵 震	2011 年	黑龙江美术出版社	
非氧化物陶瓷及其应用	刘 阳	2011 年	化学工业出版社	
产学合作知识共享研究	刘冰峰	2011 年	江西高校出版社	
热力学粒子群优化算法研究及其应用	徐 星	2011 年	天津大学出版社	

续表

作品名称	作者	时间	出版社	备注
中国陶瓷设计思想史论	周思中	2012 年	武汉大学出版社	
陶艺六讲	金文伟 杨　青	2012 年	北京工艺美术出版社	
美国陶艺现代性面孔	余　勇 邓和清	2012 年	江西美术出版社	
传承与变迁：民国景德镇瓷器发展研究	吴秀梅	2012 年	光明日报出版社	
宋代景德镇陶瓷窑业状况——蒋祈《陶记》研究	余　勇 邓和清	2012 年	江西美术出版社	
景德镇瓷塑艺术审美	曹春生	2012 年	江西美术出版社	
景德镇陶瓷器物中的人文美学精神	李兴华 黄吉宏 王秋雷	2012 年	江西高校出版社	
陶瓷雕塑造型艺术研究	陈丽萍 汪冲云	2012 年	江西美术出版社	
中国陶瓷科技十年（1996—2005）	周健儿	2012 年	武汉理工大学出版社	
宋代景德镇青白瓷与审美	陈雨前	2012 年	中国出版集团世界图书出版公司	
中国古代陶瓷文献影印辑刊(共30 卷)	陈雨前	2012 年	中国出版集团世界图书出版公司	
香炉造物艺术研究　战国至宋代的香炉 卷一	于清华	2012 年	北京工艺美术出版社	
陶瓷科技考古	吴　隽	2012 年	高等教育出版社	
中国陶瓷产业国基竞争力研究	左和平	2012 年	中国社会科学出版社	
中华文脉：中国陶瓷艺术·粉彩瓷	邹晓松	2013 年	黑龙江美术出版社	
中华文脉：中国陶瓷艺术·新彩瓷	邹晓雯	2013 年	黑龙江美术出版社	
中华文脉：中国陶瓷艺术·颜色釉瓷	陈　宁	2013 年	黑龙江美术出版社	

续表

作品名称	作者	时间	出版社	备注
香炉造物研究 元代至清代的香炉 卷二	于清华	2013 年	北京工艺美术出版社	
传统手工艺文化研究——以陶瓷、杭扇为例	吴秀梅	2013 年	光明日报出版社	
中国陶艺批评	张甘霖	2013 年	河北美术出版社	
清三代陶瓷艺术品鉴	刘晓玉	2013 年	社会科学文献出版社	
康雍乾景德镇官窑瓷器设计艺术研究	宁 钢	2013 年	清华大学出版社	
景德镇瓷业民俗与陶瓷民艺	齐 皓 张俏梅	2013 年	中国民族摄影艺术出版社	
景德镇陶瓷人文景观	詹 嘉	2013 年	科学出版社	
中韩日建盏文化比较研究	金银珍	2013 年	大光社图书出版	
陶瓷产业的多维度构建研究	王 敏	2014 年	光明日报出版社	
第三次工业革命与艺术教育变革	齐 皓	2014 年	江西美术出版社	
基于符号学的景德镇陶瓷文化景观研究	肖 绚 李兴华	2014 年	北京理工大学出版社	
岩石蠕变扰动效应理论及试验研究——岩石流变扰动效应试验测试系统	潘玉安 付志亮	2014 年	浙江大学出版社	
现代机械设计理论与方法研究	冯景华	2014 年	中国水利水电出版社	
新兴建筑陶瓷产业集群发展模式研究	黄 弘	2014 年	北京理工大学出版社	
景德镇陶瓷文化创意产业发展报告 2010	陈雨前 江 华	2010 年	中国出版集团世界图书出版公司	
瓷韵华彩——景德镇陶瓷馆藏珍	赵 纲	2016 年	文物出版社	
归来·丝路瓷典——明清外销瓷	王鲁湘 赵 纲	2016 年	江西美术出版社	

作品名称	作者	时间	出版社	备注
话说瓷都	何身德 邵 红	2016 年	江西美术出版社	
景德镇古窑址	李景春	2018 年	江西高校出版社	
明窑德官窑蟋蟀罐	刘新园	2002 年	江西美术出版社	

（五）陶瓷文化社团建设

21 世纪的景德镇，文化更加繁荣，诸多陶瓷文化社团成立，学术活动百花齐放，文化交流丰富多彩，成果丰硕。

景德镇市陶瓷文化社团选登

中国硅酸盐学会陶瓷分会	江西省陶瓷行业协会
景德镇陶瓷协会	景德镇市陶瓷企业家联合会
景德镇市美术家协会	景德镇市陶瓷评论家协会
景德镇民间文艺家协会	景德镇画院
景德镇书画院	瓷都画院
景德镇市女陶艺家协会	景德镇市侨联文化艺术交流协会
景德镇市书法家协会	景德镇市青年书法家协会

第三章

招商引企　产业集聚

1999 至 2019 年，景德镇陶瓷产业通过筑巢引凤，招商引资，一批批国内和世界知名品牌企业落户瓷都，改善、优化景德镇陶瓷工业结构，推动陶瓷工业逐步向高技术转型，为振兴景德镇陶瓷发挥积极而重要的作用。

陶瓷营商环境

栽下梧桐树，引得凤凰来。随着景德镇城市化建设的快速推进，城市品位和功能的不断提升，陶瓷生产基地的打造，以及各项陶瓷发展措施的出台，营商环境的软硬件方面有显著的提升。通过倾力打造亲商、安商、富商的沃土，为陶瓷产业持续健康快速发展，打下了坚实的基础。

（一）陶瓷产业投资优势

具有优越的区位优势 景德镇先后获得国家首批历史文化名城、全国双拥模范城、世界手工艺与民间艺术之都、全国社会治安综合治理优秀地市、中国优秀旅游城市、全国创建文明城市工作先进市、中国人居环境范例奖、国家园林城市、全国绿化模范城市、全国城市双修试点城市、国家陶瓷文化传承创新试验区等国家级殊荣，是江西"昌九景金三角"经济圈的重要组成部分，向东是杭甬经济圈连接上海，向北是南京合肥经济圈，向西是武汉经济圈，向东南是福建福州和闽南厦漳泉经济圈，交通网络便捷，形成航空、高铁、高速公路和水运立体式大交通格局。

具有完整的陶瓷文化体系 景德镇陶瓷文化源远流长、博大精深，文化特质鲜明，形成完整的、传承有序的景德镇陶瓷文化体系。是全球仅存的以单一陶瓷产业传承千年的城市，是世界上最早的工业化城市；是陶瓷文化遗产和陶瓷工业遗存历史最悠久、保存最完整、品位最高的城市。全市保存有御窑厂、高岭古矿、湖田窑等在内的瓷业遗址 151 处，以及老里弄 108 条，全国重点文物保护单位 9 处，非物质文化遗产生产性保护基地 8 家、非物质文化遗产保护名录 26 项。

具有全民共同参与的城市文化氛围　景德镇是一座因瓷而立的城市，市民从小就生活在陶瓷包围的城市环境中，基本都与陶瓷存在着千丝万缕的联系，依托陶瓷生活或从事与陶瓷相关的职业人员占市民总数的三分之一。全市 34 个陶瓷专业市场、近 7000 家陶瓷生产经营主体给予市民参与陶瓷文化传承广阔的空间，千余年的文化遗存和代代相传的陶瓷理念赋予了这座城市独特的文化品位，形成千余年来全民共同参与一个产业的格局。

具有海量的陶瓷专业技术人才队伍　景德镇自古就有"工匠八方来，器成天下走"之誉。2019 年，景德镇拥有各类陶瓷技能人才约 4.4 万人，景德镇陶瓷专业技术人才在数量及人才层次上与国内各产瓷区相比都占

110

风景如画的昌南里艺术中心

据优势。景德镇拥有被称为"陶瓷黄埔"的景德镇陶瓷大学以及其他 3 所陶瓷高等院校，景德镇陶瓷高校每年培养不同层次的毕业生 4000 多人，为景德镇及其他陶瓷产区提供了人才支撑。景德镇拥有国家日用及建筑陶瓷工程技术研究中心和国家、省、市三级陶瓷研究所等众多官方科研机构。从从业人数看，景德镇拥有陶瓷行业从业人员近 15 万人。

具有众多融合创新的支撑平台　景德镇在产业融合过程中，创新平台不断涌现，有国家级、省级文化产业示范基地 13 家和省级陶瓷众创机构 4 家，以及众多文化创意聚集区，为陶瓷创意创新夯实了基础，是全国范围内陶瓷跨界融合的典型代表。

具有完备的产业体系　景德镇陶瓷产业拥有所有品类的陶瓷及其衍生品，涵盖日用陶瓷、高技术陶瓷、艺术陶瓷、文化创意陶瓷、旅游文创陶瓷、建筑卫浴陶瓷以及陶瓷原料开采、加工，陶瓷机械、窑炉，陶瓷彩印、

包装，陶瓷花纸、颜料、金水，陶瓷电商、物流、陶瓷展贸、拍卖等相关配套产业。

具有融合创新的优良城市环境　2018 年以来，景德镇市结合"双创双修"工作，继续开展"退城进园"工程，从深层次抓环境，既重"面子"，更重"里子"，切实提升这座城市的品质、品位和品格，为产业发展提供更有利的条件，为营造引才、留才、用才提供了优良环境，让包括"景漂""景归"在内的所有人才在景德镇实现创新、创造、创业梦想。

（二）陶瓷产业投资政策制度

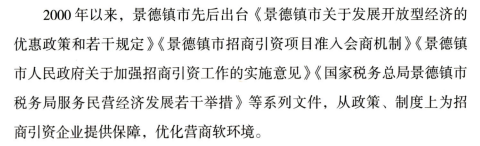

2000 年以来，景德镇市先后出台《景德镇市关于发展开放型经济的优惠政策和若干规定》《景德镇市招商引资项目准入会商机制》《景德镇市人民政府关于加强招商引资工作的实施意见》《国家税务总局景德镇市税务局服务民营经济发展若干举措》等系列文件，从政策、制度上为招商引资企业提供保障，优化营商软环境。

1. 产业政策

鼓励多样化投资形式　外商可采取合资、合作、独资、品牌买断、设备入股和租赁、"三来一补"等投资景德镇，鼓励市外大型企业（集团）、上市公司、产业带动性强的高新技术企业到景投资兴业，建立生产基地，设立经营机构。取消对外来投资者的入股比例规定，除国家明文规定的行业外，外来投资者均可控股或独资经营。

鼓励外商参与国企改制和资产重组　外商可以收购、兼并、参股、控股等方式，参与国企改制和资产重组。对国有企业的收购价经有关部门批准可以低于净资产评估值，收购资不抵债国有企业的，可先由出售方对超过企业总资产的债务和不良资产进行剥离，然后收购。

鼓励外来投资者以专利、专有技术、注册商标等无形资产到景投资以技术要素作为股权投资的，其作价金额占注册资本比例可达到35%；外来投资企业研究开发新产品、新技术、新工艺发生的各项费用，计入管理费用，享受新产品退增值税的政策优惠。依法保护外来投资企业的版权、专利权、商标权等知识产权。

2. 财税优惠

根据《景德镇市关于发展开放型经济的优惠政策和若干规定》，外来投资规模以上工业项目，首期投资额在 100 万美元或 1000 万元以上，经营期在 10 年以上的，由受益财政同级政府奖还前 5 年企业所得税地方留成部分，第 6 年至第 10 年由受益财政同级政府奖还企业所得税地方留成部分的 50%。

经有关部门认定为先进技术型的外来投资企业，首期投资额在 50 万美元或 500 万元以上，经营期在 10 年以上的，由受益财政同级政府奖还前 5 年企业所得税地方留成部分，第 6 年至第 10 年由受益财政同级政府奖还企业所得税地方留成部分的 50%。

外来投资工业企业增加注册资本　增资额在 100 万美元或 1000 万元以上，经营期不少于 5 年的，可由受益财政同级政府在 5 年内，奖还再投资部分已缴企业所得税地方留成部分，若再投资额在 100 万美元或 1000 万元以上，兴办、扩建产品出口企业或先进技术企业，经营期不少于 5 年的，由受益财政同级政府奖还再投资部分所缴纳的企业所得税地方留成部分。

在支持企业转型升级方面　企业在 2018 年 1 月 1 日至 2020 年 12 月 31 日期间新购进的设备、器具，单位价值不超过 500 万元的，允许一次性计入当期成本费用在计算应纳税所得额时扣除，不再分年度计算折旧。对企业因技术进步、更新换代快和常年处于强震动、易腐蚀的固定资产，以及重要行业、研发专用等固定资产，可缩短折旧年限，或采取双倍余额递减法、年数总和法及一次性扣除的固定资产加速折旧政策。

助推企业"走出去" 实施企业境外所得综合抵免政策，"走出去"企业境外所得在东道国缴纳的所得税额在我国应缴纳税额中可以抵免；"走出去"企业在境外设立的企业就分配股息前利润缴纳的外国所得税额中归属本企业的该项股息性质所得间接负担的部分，可以在我国的应缴税额中抵免；根据我国与其他国家签订的税收协定条款的内容，"走出去"在境外享受的减免所得税额，符合规定的，可视同已缴税款，在我国应缴税额中予以抵免。

3. 审批和收费政策

2000年7月18日，市政府办证服务大厅成立，全市行政许可事项及有关行政许可审批事项均进驻市政府办证服务大厅统一、集中、联合办理，市政府有关部门、市直有关单位在市政府办证服务大厅设立窗口并充分授权审批。外来投资项目综合审批，实行"一门受理、抄告相关、并联审批、

市领导深入陶瓷企业调研

景德镇市行政服务中心

限时办结"的"一站式"服务运作方式。建立并联审批责任制和追究制，公开并联审批的依据、条件、程序、时限和结果，对审批部门及其行政审批人员违反规定的，由有关部门进行通报，情节严重的，由纪检监察部门按相关规定予以处理。

严格规范对外来投资企业的审批办证和收费行为　所有审批办证收费全部列入市政府办证服务大厅监管，实行统一票据管理。涉及两个以上部门并联审批项目收费列入市政府办证服务大厅统一印制的"景德镇市投资与建设项目审批办证收费核查表"，实行并联审批收费"一单清"。所有收费单位必须按国家和省批准的收费项目和标准，并经市政府办证服务大厅监管公示后方可收费，否则企业有权拒交。未经市政府办证服务大厅同意，其他部门和单位不得对外来投资企业收取任何费用。

设立外商投资绿色通道　为外商提供无偿咨询代理服务、无偿专业代理服务和审批集中办理服务，综合审批、服务、协调、推进外来投资项目，使外来投资企业在设立和建设期间的行政审批事项均由绿色通道服务体系无偿代理。

城建、规划等建筑工程管理部门对符合规划法、满足城市总体规划要求、具备申报条件和相关资料齐全的外来投资企业，必须在4个工作日内分别办理好企业规划用地和工程建筑开工等手续；土地管理部门对属市本级土地审批权限内的用地项目，必须在4个工作日内办理好土地使用手续；供水、供电部门必须在办完有关手续后，分别在10个、20个工作日内保证供水、供电。城建、规划、国土、供水、供电等部门在为企业办理有关手续和施工过程中，必须严格执行国家及地方有关优惠政策，不得任意提高收费标准或变相增加收费项目。

2018年11月，市行政服务中心搬至景德镇市民中心办公。

陶瓷招商引企

2010年以后，随着景德镇城市化建设的快速推进，城市品位和功能的提升，陶瓷生产基地的打造，城市环境的改善和系列招商引资政策的出台，陶瓷产业的招商引资引企工作取得突破性进展，招入企业的规模与水平有了质的飞跃。2014年，景德镇全面实施工业生产、招商引资、城市建设"三大战役"，特别是2016年以来，全市坚持精准招商，紧紧围绕市委确定的"3+1"特色优势产业，以各县（市、区）、园区为载体，按照布局合理、产业协同的原则，重新梳理各园区功能定位、规划布局、产业导向及招商重点，变"广撒网"为"定向引"，着力在招大引强上取得新突破，产业定位更加清晰。坚持"引进来"与"走出去"相结合、大会招商与小分队招商相结合、"民企入景"与"央企入景"相结合、龙头企业招商与产业链招商相结合，不断创新方式、汇集合力，引进一批投资规模大、技术含量高、综合效益好的重大项目，推进陶瓷产业高质量跨越式发展。

（一）同心协力　精准招商

1.明确重点对象抓招商

扎实开展"三请三回"工作　认真落实《景德镇市"请乡友回家乡请校友回母校请战友回驻地"工作方案》，着眼于招商引资和招才引智，建立常态化工作机制，加强组织、政策、服务、经费、宣传保障。充分挖

景德镇高铁北站

掘乡友、校友、战友人脉资源，建立乡友、校友、战友名录库，着力搭建"资智回景"平台，推动一批合作项目，引进一批高端人才，充分展示景德镇对外开放的新姿态、新形象。

　　大力推进"三企入景"工作　　根据陶瓷产业布局，梳理对接企业名录，开展"行万里访百企"活动，大力推进"三企入景"。巩固港台和欧美日韩等外企招商，对接走访一批跨国公司、世界500强企业和重点外资企业，承接沿海外商投资企业产业转移，提升利用外资质量和效益。面向京津冀、长江经济带、粤港澳大湾区等国内发达地区国企和央企，利用央企入赣合作等平台，包装一批国企合作项目，吸引省外国企、央企来景开展多形式、多领域的合作发展。充分利用全国工商联十二届三次执委会议在江西省召开契机，以全国知名民营企业助推江西高质量跨越式发展为主题，上下联动，开展"请进来、走出去"系列招商活动，推动一批民企投资重大项目签约落户。

　　2. 突出重点产业抓招商

　　明确重点产业布局　　按照"3+1+X"产业体系总体方向，侧重引进陶瓷、创意设计、智能制造等产业。陶瓷产业继续向陶瓷工业园区集聚，重点引进高科技陶瓷、高端日用瓷、陶瓷新材料、功能陶瓷、陶瓷电商、陶瓷机械装备、彩印包装、设计及技术研发能力强的龙头企业。

景德镇机场

办好产业招商活动 本着"务实、精干、高效"原则，以促进产业合理布局、加快产业集群发展的要求开展招商。坚持内外结合、市县部门联动和横向协作等方式进行招商，积极参加省级层面重大招商活动，结合自身优势和产业特色，组织开展专题招商活动。在"走出去"的基础上，主动"请进来"。

3. 创新方式方法抓招商

加大园区投入力度 各园区加大投融资平台、公共服务平台、基础设施建设力度。加快标准化厂房建设，实现工业企业"拎包入住"。强化园区生产性和生活性服务业建设，切实降低商务成本。

设立产业引导基金 各县（市、区）、高新区、昌南新区根据本地主导产业和财政支撑能力设立产业引导基金，发挥财政资金的杠杆作用，撬动金融资本与社会资本的集聚，综合运用股权招商、资本招商、知识产权招商、资源招商，引进新技术、新产业，推动新经济发展。

招商引资、引技、引智相结合 紧扣高层次人才需求导向，优化网络招聘、定点招聘等传统引才模式，探索进名校访大所的方法路子，开展高层次人才资源合作与博士后招聘活动，着力推动"高精尖缺"人才到景创新创业。坚持以项目与人才智力匹配、产业与人才团队对接为目标，瞄准人工智能、电子信息、现代装备制造、现代农业、现代服务业等新兴产业，

景德镇四门之一，具有宋代建筑风格的西大门

景德镇四门之一，具有唐代建筑风格的北大门

强化柔性引智，实施校企联姻、强强联手，促进产业人才优势深度释放。

强化驻点委托招商　充分发挥在外商会、驻外办事处等平台资源作用，同时与国内外招商招才专业机构加强合作，建立全方位招商网络，全力引进一批大项目、好项目，并根据项目实际进资给予资金奖励。

4. 优化发展环境抓招商

建立招商项目会商制度　建立全市招商引资项目准入会商制度，协调解决重大招商项目落地准入问题，相关部门根据职能分工，切实加快对重大招商引资项目的评估审查，确保符合准入条件的招商引资项目快速落地。

完善招商优惠政策　依法依规、因地制宜制定招商引资优惠政策，允许对重大招商引资项目及园区"僵尸"企业处理采取"一事一议""一企一策"。凡是外地能够提供的优惠条件，都要千方百计提供。凡是依法依规签订的招商引资优惠政策必须及时兑现，充分运用财税、金融、产业

陶瓷智造工坊厂房

配套政策，促进外来企业投资落户、落户企业利润再投入以及本土企业做大做强。每年新增项目用地指标要优先支持招商项目和产业园区建设。

（二）补齐短板　做强产业

2001年之后，随着城市化建设的快速推进，陶瓷生产基地的打造，陶瓷产业开展对外开放和招商引资工作，以及一系列招商举措的实施，陶瓷产业招商不仅持续取得重大突破，而且形成牵头效应。招商工作不仅引进资金项目，同时引进新理念、新技术、新机制、新市场，促进产业结构的调整和振兴。

1.瞄准大型企业，做大陶瓷产业规模

2003年以后，相继引进法蓝瓷、台达陶瓷原料等一批台资和外资企业投资景德镇陶瓷，带动景德镇陶瓷出口，带来先进的管理理念。乐华洁

市领导深入陶瓷文化企业调研

具、金意陶、欧神诺等建筑卫浴陶瓷企业的落户，优化了景德镇陶瓷产业结构。陶瓷原材料企业台达，改进了景德镇陶瓷原料的工艺，给景德镇陶瓷原材料供应模式带来革命性的改变。2005 年，江西省陶瓷工业公司利用企业改制后入园的新企业开展招商引资引企，先后引进嘉加陶瓷有限公司、上海康德公司等企业。2006 年，景德镇相继引进三雄陶瓷等 20 家内外资企业投资陶瓷及配套项目，全年引入外资 900 万美元，内资 2 亿元。

2. 抓住沿海地区陶瓷产业转型的机遇，做强陶瓷产业

2007—2010 年，景德镇抓住广东、福建、江苏等沿海地区陶瓷产业转型的机遇，积极与广东、福建等产瓷区对接，开展引资引企工作，先后引进金意陶、乐华、欧神诺等一批大型建陶企业落户景德镇，其中亿元以上项目 7 个。2009 年，先后有汉索夫陶瓷、爱和陶乐华等 20 家项目签约落地，全市陶瓷招商引资实际引进外资 2203 万美元，引进内资 20.55 亿元。

2017 年，洛客科技落户景德镇

2018 年 4 月 19 日，由市瓷局与珠山区联合主办的"321 设·国际设计师节"举行，全国顶尖设计大咖汇集景德镇，共享设计时代成果

3. 引进高新技术企业，升级陶瓷产业

2010年之后，陶瓷招商部门认真梳理招商项目，加强沟通联系，在引进重大产业、高技术项目上重点出击，先后赴北京、唐山、宁波、上海、广州、佛山等地进行招商。2011年，全市陶瓷行业共有49个项目签约，实际完成进资49.6亿元。2012年，市瓷局赴北京、上海、香港、广州、佛山、深圳、海口、江阴、南昌等地进行招商，先后引入晶达新材料有限公司、高环陶瓷等一批高新技术陶瓷企业落户景德镇。

4. 引进创新创意新型企业，做活陶瓷产业

围绕创新创意陶瓷、高新技术陶瓷及陶瓷电子商务开展招商。2017年，陶瓷招商队先后赴上海、苏州、厦门、杭州、北京、北流等地开展招商活动20余次，考察对接中科院上海硅酸盐研究所、上海微系统及信息研究所以及国内知名日用瓷企业、高新技术陶瓷企业等。推动洛可可集团落户，为景德镇陶瓷搭建创客平台提供有力支撑，并且助推美国常青公司与洛可可集团的战略合作。同时，还引进天津瓷画慈与丰窑战略签约，北京华江与陶瓷大学、望龙、盛景瓷业等实力企业签约共同打造国际一流品牌，助推景德镇陶瓷品牌建设。

2018年，景德镇陶瓷围绕补齐产业链短板，为引进香港鼎沣集团等大型集团做基础性服务工作，争取"横琴·景德镇陶瓷城"落地和建设。促成冬奥会组委会与大瓷庄合作生产奥运用瓷。邀请知名赣商、深圳爱施德股份有限公司董事长到景考察，与陶瓷大学科研团队进行实质性接洽，引导陶瓷科研成果与资本对接。推动中科院上海微系统与信息技术研究所到景考察，与景德镇高新技术陶瓷企业进行交流，促进高新技术陶瓷企业与高校、科研院所开展项目合作，加快陶瓷科研成果孵化转化。

2003 年以来重点陶瓷招商引资项目一览表

序号	企业名称	主要产品	签约时间	资金来源
1	台达陶瓷原料有限公司	高档陶瓷原料	2003 年	台湾
2	法蓝瓷实业有限公司	高档礼品瓷	2003 年	台湾
3	东璟实业有限公司	西洋工艺瓷	2003 年	台湾
4	常青家园工艺品有限公司	家居工艺瓷	2003 年	美国
5	嘉加陶瓷有限公司	日用瓷	2005 年	日本
6	三雄陶瓷有限公司	日用瓷	2006 年	浙江
7	神飞特陶有限公司	95 氧化铝陶瓷	2006 年	浙江
8	乐华陶瓷洁具有限公司	卫生洁具、墙地砖	2007 年	广东
9	金意陶陶瓷有限公司	墙地砖	2007 年	广东
10	欧神诺陶瓷有限公司（特地）	墙地砖	2007 年	广东
11	圣泰陶瓷有限公司	琉璃瓦	2007 年	江苏
12	莱特陶瓷有限公司	墙地砖	2008 年	广东
13	爱和陶乐华陶瓷有限公司	墙地砖	2009 年	日本
14	汉索夫陶瓷有限公司	琉璃瓦	2009 年	福建
15	仕龙骨质瓷有限公司	骨质瓷	2009 年	河北
16	兴勤电子有限公司	电子陶瓷元件	2009 年	台湾
17	汉景达陶瓷有限公司	墙地砖	2010 年	福建
18	赛德陶瓷有限公司	马赛克	2010 年	广东
19	真如堂陶瓷有限公司	手工精品陶瓷	2010 年	广东
20	盛景瓷业有限公司	高档日用瓷	2010 年	广东
21	和川粉体技术有限公司	纳米氧化锆粉体	2010 年	广东
22	晶格陶瓷科技有限公司	陶瓷辊棒	2011 年	福建
23	汉光陶瓷有限公司	高档日用瓷	2011 年	上海
24	高环陶瓷科技股份有限公司	蜂窝陶瓷	2011 年	上海
25	百特威尔新材料有限公司	氧化铝陶瓷球	2012 年	浙江
26	大瓷庄瓷业有限公司	骨质瓷	2012 年	浙江
27	安华瓷业有限公司	日用瓷	2013 年	山东
28	晶达新材料有限公司	结构陶瓷元件	2015 年	上海
29	五花马陶瓷实业有限公司	高档日用瓷	2017 年	广东
30	华迅特陶有限公司	氮化硅结构陶瓷	2017 年	宁夏
31	洛客科技有限公司	工业设计	2017 年	北京

2003—2018 年景德镇陶瓷招商引资签约情况统计

年份	签约项目数（个）	签约金额（亿元）
2003、2004	31	7.05
2005	21	4.44
2006	16	5.30
2007	24	55.35
2008	12	24.16
2009	26	23.09
2010	25	33.77
2011	38	56.66
2012	59	115.62
2013	27	75.14
2014	31	72.68
2015	73	44.19
2016	26	63.60
2017	31	54.67
2018	52	103.10

|第三节|

|第三节|

陶瓷产业集群

1999 年至 2019 年，景德镇积极推动陶瓷产业转型发展，完善升级陶瓷产业链和陶瓷产品体系，创新机制，多管齐下，壮大陶瓷产业集群，做优做强陶瓷产业。

（一）高档日用陶瓷

20 世纪 90 年代后期，以景德镇陶瓷股份有限公司和江西省玉风瓷业有限公司为代表的景德镇陶瓷国有企业，工艺技术不断进步，产品档次不断提高，品牌影响力不断扩大，市场竞争力显著提升。

陶瓷股份有限公司主要有高档釉上、釉中彩瓷，包括西餐具、咖啡具、茶具，宾馆酒店用瓷、办公用瓷、礼品纪念瓷、国宴国礼瓷及抗菌瓷、新骨瓷、中温玻化瓷、白釉炻瓷等。2010 年产量 700 万件，产值 9900 万元，销售收入 9290 万元，利税 955 万元，"红叶"品牌为江西省著名商标。江西省玉风瓷业有限公司主要产品有"玉风"牌高档骨质瓷手绘餐具、茶具、咖啡具、办公用品，传统高白釉茶杯、茶具、咖啡具，高档陶瓷酒瓶、保健品器皿容器等。2010 年完成产值 5000 万元，上缴税收 364 万元。

2001 年，景德镇陶瓷股份公司先后顺利完成首批中南海用瓷和 APEC 会议用瓷。是年，景德镇陶瓷股份有限公司研制成功一种对细菌、酵菌有很好抗菌能力，对霉菌、真菌、藻菌有显著抑制效果，能长期保持日用瓷自身表面卫生的抗菌日用瓷，并投入批量生产，成为全国第一家生产抗菌

2018 年荣获巴拿马太平洋万国博览会金奖
的"红叶牌"釉中彩青花高温细白瓷系列产品

日用陶瓷企业。2003 年，景德镇陶瓷股份公司生产人民大会堂国宴用瓷；
2004 年，"奥运腰鼓杯"被北京奥组委选定为雅典奥运会礼品瓷；2005 年
制作美国前总统乔治·布什夫妇 60 周年钻石婚姻纪念礼品瓷；2009 年制
作中华人民共和国成立 60 周年庆典用瓷；2010 年制作"和平之歌"餐具
纪念联合国成立 65 周年；2018 年"舞动之花"餐具绽放平昌冬奥会。同年，
"红叶牌"釉中彩青花高温细白瓷系列产品在市瓷局的推荐下，荣获巴拿
马太平洋万国博览会金奖。

2008 年开始，为促进景德镇日用陶瓷设计水平提升，中国陶瓷工业
协会与市政府先后联合举办 2008 年首届景德镇日用陶瓷创新设计大奖
赛、2009 年"景德大成杯"全国青花玲珑及青花日用陶瓷创新设计大赛、
2011 年颜色釉陶瓷创新设计大赛等一系列日用陶瓷设计比赛，对景德镇
日用陶瓷设计水平的提高及日用陶瓷产业的发展起到积极作用。

2018 年 10 月 4 日，由景德镇陶瓷股份有限公司选送的参评产品"红叶牌"青花釉中彩高白细瓷系列产品荣获 2018 巴拿马太平洋万国博览会金奖。景德镇陶瓷股份有限公司党委书记、董事长周敏建应邀出席博览会，并代表公司向巴拿马太平洋万国博览会组委会赠送礼品——"青花牡丹 150 件花瓶"

2011 年，由江西省玉风瓷业有限公司研发的高档日用瓷"双层隔热保温餐具"和"低碳抗菌活化水陶瓷杯"分别获得江西省 2010 年优秀新产品二等奖、三等奖。

全市大力发展中高档日用瓷，支持生产工艺、技术、装备创新和产品艺术化发展，提高青花、玲珑、粉彩、颜色釉等传统名瓷的竞争力。重点扶持一批日用陶瓷企业做大做强，积极引导中小陶瓷企业加强战略合作，提升规模化生产和综合配

巴拿马太平洋万国博览会金质奖章

套能力。2012年,望龙陶瓷"高强超薄青花玲珑陶瓷生产线建设项目"及"高档青花玲珑瓷关键生产工艺装备技术研究项目"获国家项目资金补助,此项目是景德镇日用陶瓷第一次获得国家科技支撑计划立项支持。

2014年11月11日,为期一周的2014年亚太经合组织领导人非正式会议在首都北京圆满落幕。此次APEC会议中,由市瓷局组织提供的、代表着景德镇最高制瓷水平的57件精品艺术瓷、传统手工制瓷,被陈列于北京APEC会场的多个重要区域。2015年,市瓷局与北京天坛艺术馆会展中心紧密协作,首次集中公开展示APEC峰会上景德镇陶瓷艺术家创作的29件优秀作品及"金秋颐和"国宴餐具,并举行这套国宴瓷7种不同配套品种1000套限量纪念版的首发式。

2019年,在陶瓷工业园区,景德镇陶瓷集团中国景德镇瓷厂投资达5亿元的2000万件(套)日用陶瓷生产项目建成投产,产品涵盖中西餐具、咖啡具、茶具,宾馆、酒店系列用瓷,高档礼品、艺术瓷及高档窑具制品等。

景德镇陶瓷集团

2018年7月1日,景德镇陶瓷集团成立暨中国景德镇瓷厂新址揭牌仪式在陶瓷工业园区举行。市委书记钟志生向景德镇陶瓷集团授牌,市四套班子主要领导为中国景德镇瓷厂新址揭牌。

新组建的景德镇陶瓷集团整合景德镇陶瓷股份有限公司、江西省陶瓷进出口有限公司、景德镇国瓷馆陶瓷有限公司、景德镇金品陶陶瓷有限公司等多个国有企业单位,国家用瓷办公室、景德镇陶瓷协会为成员单位。"红叶陶瓷"获"原产地标记注册证书";注册商标"红叶"为"中国驰名商标";红叶陶瓷为"中国名牌"。

景德镇陶瓷集团是一家集高档陶瓷研发、设计、生产、销售和品牌推广于一体的现代化大型国有企业,现有员工800余人,其中高中级专业技术人才占36%。2018年6月28日完成注册登记,景陶集团是景德镇市全新打造的陶瓷产业"新航母"。

景德镇陶瓷集团生产车间"全国质量信得过班组"作业中

景陶集团国瓷馆内景

　　作为景德镇陶瓷集团的重要子公司——景德镇陶瓷股份有限公司是一家生产经营高档日用瓷、礼品瓷、艺术瓷及高档窑具的大型企业，集研发、设计、生产、销售于一体。其工艺技术和装备处于国内陶瓷行业领先水平，是江西省工业旅游示范点，景德镇日用陶瓷标志性企业，全国重要陶瓷出口基地，产品远销欧美等国家。

景德镇陶瓷股份有限公司历任主要领导一览表

姓名	职务	任职时间
刘明寿	董事长	1996.12
郝来春	董事长	1998.12
舒诗诚	党委书记、总经理	1996.12
余仰贤	党委书记、董事长	1999.11
王　耀	总经理	1999.12
王　耀	党委书记、董事长	2008.01
夏跃中	党委副书记、总经理	2008.01
周敏建	党委书记、董事长	2017.06

景德镇陶瓷集团有限责任公司历任主要领导一览表

姓名	职务	任职时间
周敏建	党委书记、董事长	2018.07
吴 浪	党委副书记、总经理	2018.07
王 耀	党委书记、董事局主席	2019.07
周敏建	党委副书记、董事长兼总经理	2019.07

（二）艺术、陈设陶瓷

艺术陶瓷主要是瓶、缸、罐、瓷雕、壁画、灯具等工艺美术品。按其装饰方法,可分为青花、玲珑、粉彩、新彩、颜色釉、综合装饰等几大类。

1999年以后,随着人民生活水平的提高,市场需求不断扩大,以部、省、市陶瓷研究所为代表的高档艺术瓷生产单位快速发展,以个体作坊为生产单位的樊家井、筲箕坞仿古艺术瓷市场迅速崛起,以个人名字命名的艺术家工作室在全市星罗棋布,以法蓝瓷、陶瓷股份公司为代表的规模企业,推动了艺术陶瓷生产工业化、日用陶瓷设计艺术化。

1999年,由景德镇市陶瓷研究所创作的超万件青花斗彩"百荷图"瓷瓶,作为省政府的贺礼,赠送澳门特别行政区政府。

2004年,在景德镇市千年华诞庆典前夕,江西省陶瓷研究所开发陶冶图、陶序图、景德风情、北京风情、龙珠阁、情悠悠、迎春报晓等系列彩盘、系列青花瓷盘展示了景德镇陶瓷的艺术特点。2005年4月,景德镇市陶瓷研究所创作的500件小口梅瓶"源""脉"作品,以中国共产党中央委员会的名义赠送中国国民党中央委员会、亲民党中央党部。12月,景德镇市陶瓷研究所创作的"天阔云作岸,山高人为峰"瓷板山水画由省政府赠送给神舟六号航天先进事迹报告团。是年,江西省陶瓷研究所新开发礼品瓷、旅游纪念瓷30多个品种,如"故宫"系列彩盘、"老北京民居风情"四方瓶、"红楼梦""三国演义"等彩盘以及生肖纪念瓷、高档茶具系列日用瓷等，投入市场达 60 多个品种。

2006 年，江西省陶瓷研究所新开发礼品瓷、旅游纪念瓷 30 多个品种，如"春晓""牡丹""指画""北京老房子"等系列瓷瓶，"双骏图"彩盘，"奋进"瓷板、笔筒，以及各种瓷瓶、瓷盘、生肖瓷雕、夜光盘、挂历等。10 月，景德镇市陶瓷研究所创作的釉上装饰"秋歌"圆型瓷板，作为省政府礼品，赠送菲律宾总统阿罗约；釉上装饰圆形瓷板作为中国社科院礼品，赠送俄罗斯科学院。2007 年，法蓝瓷实业有限公司开发欧洲市场的高档艺术瓷、日用陶瓷，打造由故宫博物院监制、法蓝瓷设计、法国工艺制作的顶级精品餐具组，共计 206 件作品，全球限量 200 套。2007 年，中国轻工业陶瓷研究所先后开发 3 个生肖"鼠"瓷雕、2 块瓷盘、6 块瓷板画共 11 件艺术礼品瓷，生肖"鼠"煲向省知识产权局申报版权。江西省陶瓷研究所新开发礼品瓷、旅游纪念瓷 40 多个品种，如大吉图、多寿图、平安图、松鹤图等瓷板；推出八一起义 80 周年纪念彩盘、奥运系列纪念瓷等，共 100 多个品种；设计和制作"俄罗斯中国年"国家领导人送普金中国茶礼瓷罐、欧亚部长级会议礼品彩盘等。

2009 年，全市共研发出新产品 430 套（件），主要产品有中华人民共和国成立 60 周年庆典专用瓷、上海世博会用瓷、国家大剧院礼品瓷、"千人旅游团"礼品瓷、鸭鸭集团订单瓷等。

2010 年，中国轻工业陶瓷研究所全年共研发新产品 6 种："兔迎盛世"和"玉兔祝福"生肖礼品瓷、"蝶飞玉兔翠杨风"生肖瓷板画、生肖兔系列耐热煲、陶瓷炒菜锅、陶瓷烧水壶、"兔板"。借用传统工艺、运用装饰新技法制作黑地描金龙凤梅瓶。利用一种新型材料研究制作"料胎珐琅彩瓷"。

2012 年，在市政府主导下，市瓷局牵头相关部门筹建景德镇市陶瓷检测评估中心，组建"古陶瓷评估鉴定技术专家委员会"和"现代陶瓷艺术品评估鉴定技术专家委员会"。2013 年，景德镇市陶瓷检测评估中心挂牌成立。

2017年，为纪念中日邦交45周年，由景德镇市陶瓷研究所创作的"樱红牡艳韵谐和"瓷瓶被中国友好协会作为礼品赠送给日本前首相鸠山由纪夫。

2019年9月，第十三届全国美展陶艺展在景德镇开幕，陶艺在实践、理论、艺术、展览等方面都有了非常大的提升，陶艺愈发成为时代精神载体，彰显独特的文化影响力。

从1999年到2019年的20年间，景德镇艺术瓷得到了快速发展，传统陶瓷装饰工艺的革新与不断丰富、高温颜色釉窑变工艺在瓷画领域中的广泛运用、民间青花在陶瓷艺术表现上的创新、陶瓷与环境艺术的跨界融合等，让景德镇引领着艺术陶瓷发展的潮流，出现了秦锡麟、王锡良、张松茂、周国桢、朱乐耕、何炳钦等诸多陶瓷艺术代表人物。此外，以龚循明为代表的"溯源团队"，通过探索陶瓷材料的本身语言来寻求更为丰富的艺术与时代的表现，和众多陶瓷艺术家一道，在传承中创新，在创新中发展。

（三）高新技术陶瓷

进入21世纪后，随着科技进步，高技术与陶瓷结合的领域、空间越来越广阔，极大促进了全市高新技术陶瓷的发展。

2004年，国家日用及建筑陶瓷工程技术研究中心投入近千万元资金添置科研设备，补充科研经费，聘请一批博士、硕士参与科研工作，申报科研项目11项，其中有5个项目当年出成果。2005年，在陶瓷科技园建设标准化厂房4万平方米，包括海畅法蓝瓷、新纪元精密陶瓷等23家企业入园办厂，其中有8家高技术工业陶瓷企业。

2008年10月，相继邀请中科院、清华大学、建材总院、上海硅酸盐

等静压机

烧结窑炉

研究所等科研院所的顶级高新技术陶瓷专家到景考察、讲座和项目推介。其中，中科院指定上海硅酸盐研究所牵头帮助景德镇制定高新技术陶瓷发展规划，有力推动高新技术陶瓷产业的发展。2009年，"景德镇高新技术陶瓷产业发展规划"在中科院上海硅酸盐研究所的大力支持下，历经市场调研、大纲编制、初稿、论证、修改、定稿等六大阶段，历时9个月，并经上硅所和市内专家的反复研讨、论证，五易其稿，7月正式定稿，并呈市委、市政府领导审阅，该规划为全市高新技术陶瓷指明发展方向。是年，为支持有市场、科技含量高、附加值高的陶瓷产业项目发展，景德镇多方筹集资金，兴建2.6万平方米的标准化厂房以成本价出售或优惠租赁，扶持企业发展。

2011年，依托国家陶瓷工程中心和陶瓷工业园区，大力发展新材料和高新技术陶瓷产业，重点扶持远红外陶瓷、兴勤电子等一批高新技术陶瓷项目和低膨胀陶瓷、陶瓷薄板等新材料项目的发展。2011年，海川特陶有限公司开发成功"纯电动/混合动力汽车高电压、大电流、大功率直流继电器用陶瓷"新产品，经江西省科技厅鉴定为国内领先水平，并投入批量生产，产品应用于宇通、金龙等国内纯电动或混合动力汽车。2014年，晶达新材料有限公司被认定为高新技术企业，是国家光伏产业定点大型

陶瓷材质的特殊结构件

金属化陶瓷产品

电真空陶瓷管

陶瓷生产基地，其光伏用陶瓷在国内具有很强的市场竞争力。

2015年，江西高环陶瓷生产的薄壁型、低膨胀系数堇青石蜂窝陶瓷催化剂载体，产品性能达到国际同等技术水平；和川粉体研发生产的纳米氧化锆粉体颗粒，产品各项性能指标达到日本同等技术水平；"陶瓷导体电阻及集成冷却装置"列入国家2015年工业转型升级强基工程，被江西省科技厅推荐为"国家十三五重点研发规划任务"。在压电陶瓷、真空陶瓷等基础上增加多孔陶瓷、耐磨陶瓷、介电陶瓷及陶瓷粉体，产品不断多元化，新成果、新产品、新装备亮点频出。陶瓷工业园区规划6.6公顷土地打造"高新技术陶瓷孵化器"，推进高新技术陶瓷朝着产业聚集、体系完善的方向迈进。

"十二五"期间，景德镇市委、市政府推动高新技术陶瓷产业的发展，将高新技术陶瓷作为陶瓷产业的核心竞争力来打造，依托部省共建景德镇国家陶瓷科技城和陶瓷产业技术创新战略联盟平台，着力培育高新技术陶瓷企业，用高新技术改造提升传统陶瓷产业，发挥科技支撑和引领作用。重点扶持结构陶瓷、功能陶瓷、纳米陶瓷粉体等高新技术陶瓷项目。通过引进增量，吸收国内外领先的高新技术陶瓷技术、人才及成果，加大与中科院、清华大学等国内重点科研院所的合作，先后引进晶达新材料、和川粉体等一批高新技术陶瓷企业，黑猫集团组建成立江西高环陶瓷科技股份有限公司，做大做强全市高新技术陶瓷产业。产品种类不断丰富，由原来的单一氧化铝陶瓷、压电陶瓷产品拓展到氧化铝、氧化锆、蜂窝陶瓷、电绝缘陶瓷、光通讯陶瓷等结构陶瓷，压电、压敏、热敏、介质、半导体、远红外等功能陶瓷，以及纳米粉体制备。

2016年，为促进全市陶瓷科技创新，加快陶瓷产业转型升级步伐，制定出台《景德镇市陶瓷工业发展局陶瓷科技创新支持办法》，从陶瓷发展基金中对全市陶瓷企业、院所的科技创新、技术进步、新产品开发项目给予创新基金支持，并对景德镇澐知味陶瓷文化有限公司的扩建胭脂红系列青花斗彩项目进行具体支持和帮助。

2018 年，市瓷局牵头景德镇陶瓷工业园区和景德镇陶瓷大学共同起草《景德镇陶瓷技术创新研发基地建设方案（草）》，得到文化和旅游部领导的肯定。举办陶瓷科技成果专场对接会，邀请知名赣商、深圳爱施德股份有限公司董事长到景考察，与景德镇陶瓷大学科研团队进行实质性接洽，引导陶瓷科研成果与资本对接。推动中科院上海微系统与信息技术研究所到景考察，与景德镇高新技术陶瓷企业进行交流，促进高新技术陶瓷企业与高校、科研院所开展项目合作，加快陶瓷科研成果在景德镇孵化转化。2018 年 12 月 13 日，中国陶瓷工业协会第七次会员代表大会召开，充分肯定红叶陶瓷在科技创新领域的贡献，授予景德镇红叶陶瓷股份有限公司"中国陶瓷行业科技创新型先进企业"殊荣。

景德镇高技术陶瓷产业发展方向及应用范围

材料领域	产品方向	应用范围
结构陶瓷	多孔陶瓷及净化设备	医药制备、水净化处理、废气净化处理、酿酒过滤、化工催化剂载体、工业窑炉保温、建筑材料隔热、热交换材料等
	透明陶瓷及灯具	金卤灯、集成电路基片、高压钠灯发光管、红外线光学材料、红外窗口、高温炉窗口等
	耐磨陶瓷	刀具、钻具、拉丝模、轴承等
	电绝缘陶瓷及整套装备	超高压绝缘瓷，高、中压电绝缘瓷，专用（铁路）直流电压绝缘瓷
功能陶瓷	压电陶瓷及器件、整机	频率器件、点火器件、电声器件、超声器件、计测仪器等
	介电陶瓷及装备	微波器件、陶瓷电容器、电阻器、滤波器件等
	电真空陶瓷及器件	陶瓷真空开关、陶瓷真空继电器、陶瓷真空电容器、陶瓷大功率真空发射管等
	远红外陶瓷	锅炉的加热、烤漆、木材、食品的加热和干燥，远红外保暖材料，运动训练康复，燃油炉灶节能，空气净化以及人体保健等

续表

材料领域	产品方向	应用范围
新能源材料	中温固体氧化物燃料电池单电池及电堆	为民用、商业、军事和交通运输等提供高质量的电源
	高性能锂离子电池及其阳极、阴极材料	电动工具、电动车辆、启动电源、小型设备等各种储能设备
原料	氧化铝粉体	多孔陶瓷材料、透明陶瓷材料、耐磨陶瓷材料、电真空陶瓷材料
	氧化锆粉体	耐磨陶瓷材料、多孔陶瓷材料

部分高技术陶瓷产业科研成果转化表

140

项目名称	承担单位	意向合作单位	政府服务部门
95 氧化铝陶瓷微波烧成、金属化产业化技术研究	景德镇市神飞特陶有限公司	清华大学 上海硅酸盐研究所	瓷局、科技局
550KV 高强棒型产业化技术研究	景德镇市华电高压有限公司	上海硅酸盐研究所	瓷局、科技局
高速等温抽屉窑、干法冷等静压产业化技术研究	景德镇市西马克电瓷有限公司	上海硅酸盐研究所	瓷局、科技局
陶瓷金属化、钎焊、真空封装产业化技术研究	景德镇市嘉华特陶有限公司	上海硅酸盐研究所	瓷局
等静压成型、高温隧道式氢炉金属化上釉烧成产业化技术研究	景德镇市景光特陶有限公司	上海硅酸盐研究所	瓷局
铁路用高强度棒形瓷绝缘子、高压隔离开关产业化技术研究	景德镇市南瓷绝缘子有限公司	上海硅酸盐研究所	瓷局
500KV 高压隔离开关、16KV 铁道棒型产业化技术研究	景德镇市开门子电瓷有限公司	上海硅酸盐研究所	瓷局
KC 压电陶瓷、高频谐振用压电材料、中高频器件、结构陶瓷，大功率超声压电材料产业化技术研究	景德镇市同惠电子有限公司	天津大学 上海硅酸盐研究所	瓷局、科技局

项目名称	承担单位	意向合作单位	政府服务部门
电气石远红外复相多孔陶瓷优化提升白酒陈酿的研究和应用	江西省陶瓷研究所	上海硅酸盐研究所	科技局
粉石英制备 Si_3N_4、的研究和应用（江西有 6 亿吨粉石英储量）	国家日用及建筑陶瓷工程技术研究中心	武汉理工大学上海硅酸盐研究所	科技局
高强致密低膨胀系列陶瓷材料的研究与开发	中国轻工业陶瓷研究所	上海硅酸盐研究所	科技局
新型针状莫来石合成技术研究及应用	国家日用及建筑陶瓷工程技术研究中心	上海硅酸盐研究所	科技局
球形半透明氧化铝灯泡的研制	中国日用及建筑陶瓷工程中心	上海硅酸盐研究所	科技局
n—p—p 连接非晶硅 pin 叠层太阳电池顶电池和底电池的研究	国家日用及建筑陶瓷工程技术研究中心	上海硅酸盐研究所	科技局
金刚石高频声表面波滤波器关键材料的制备研究	国家日用及建筑陶瓷工程技术研究中心	上海硅酸盐研究所	科技局
水系流延 $Al_2O_3/ZrO_2/BaTiO_3$ 等陶瓷基片及多层片式元器件技术的产业化研究	国家日用及建筑陶瓷工程技术研究中心	上海硅酸盐研究所	科技局
新型结构的高性能中温固体氧化物燃料电池电堆的研究	国家日用及建筑陶瓷工程技术研究中心	上海硅酸盐研究所	科技局

高新技术骨干龙头企业产品选介

江西高环陶瓷科技股份有限公司　主要产品为薄壁型堇青石蜂窝陶瓷催化剂载体（400孔～600孔/英寸2，0.10mm～0.15mm壁厚，膨胀系数＜10×10-7/℃）。

景德镇晶达新材料有限公司　主要产品为95%氧化铝、99%氧化铝、氮化硅、氧化锆等各种几何形状精密陶瓷零件，应用于光伏、电力、煤炭、机械等各种领域。

景德镇景华特种陶瓷有限公司　主要产品为氧化铝陶瓷和滑石瓷，应用于真空开关管（又称真空灭弧室）、真空发射管、真空电容器等真空器件。

江西景光电子有限公司　主要产品为金属陶瓷发射管、超高频电子管、微波小陶瓷管、工业高频加热管、中高压真空灭弧室、特种陶瓷等，应用于广播、电视、通讯、导航、电力、冶金、矿山、化工、工业高频加热等领域。

景德镇市特种陶瓷研究所　主要产品为堇青石蜂窝陶瓷系列、蜂窝活性炭及分子筛、高性能氧敏传感器及湿敏传感器、泡沫陶瓷、氧化铝系列陶瓷、水处理微生物用陶瓷载体、化工填料等。

景德镇和川粉体技术有限公司　主要产品为纳米氧化锆粉体以及光通讯用氧化锆陶瓷插芯，主要应用于电子、高温结构和功能陶瓷等领域。

景德镇海川特陶瓷有限公司　主要产品为电真空陶瓷管壳、耐磨耐高温结构陶瓷，应用于宇通、金龙、东风扬子江、恒通、海格等纯电动或混合动力汽车。

江西兴勤电子有限公司　主要产品为压敏电阻器、避雷器、负/正温度系数热敏电阻器、玻封二极管和温度传感器，应用于各类家用电器、电子设备、医疗设备及通讯装置。

景德镇佳奕新材料有限公司　主要产品为蜂窝活性炭系列、蜂窝陶瓷系列、泡沫陶瓷。

浮梁县嘉华工业陶瓷厂　产品种类有 95 瓷、75 瓷、滑石瓷、釉瓷等。生产各种规格的温控器用瓷座，各种保险丝用挡针管，陶瓷真空管外壳，放电管外壳，加热管外壳等。应用于电子机械、仪表、冶金等领域。

景德镇景光特陶有限公司　主要产品为 95% 氧化铝陶瓷，超高频电子管绝缘装置陶瓷件、微波输出窗陶瓷片、工业高频加热管陶瓷管壳、中高压真空灭弧室陶瓷管壳、陶瓷金属化等。

景德镇市天兴特陶有限公司　主要产品有滑石瓷、99%、95%、75%氧化铝陶瓷，可根据用户要求生产各种几何形状的结构陶瓷零件。

景华通达微波器件有限公司　主要产品为微波陶瓷材料和微波陶瓷器件（微波介质谐振器、微波介质滤波器、双工器等）。

景德镇市科宏特种陶瓷有限公司　主要产品为高纯坩埚、耐热瓷煲、生肖艺术瓷煲、高耐热陶瓷保健炒锅等，应用于日用、电子、冶金等领域。

景德镇珍宝特陶有限公司　主要产品为"珍宝"牌超耐热磁化锅。

（四）文化创意陶瓷

21 世纪初，景德镇抓住机遇，激发传统陶瓷文化活力，大力发展陶瓷文化创意产业，形成陶瓷产业新增长点，升级景德镇陶瓷产业群。

2019 年景德镇陶瓷文化创意企业（工作室）选登

景德镇市邓希平陶瓷有限公司	景德镇市福玉堂陶瓷有限公司
景德镇市蓝印子贸易有限公司	景德镇市象上陶瓷有限公司
景德镇市御圣窑陶瓷有限公司	景德镇市镇尚陶瓷有限公司
景德镇市民俗文化陶瓷有限公司	景德镇市阮氏陶瓷有限公司
景德镇市澟知味陶瓷有限公司	景德镇市藤町陶瓷有限公司
景德镇市灵动陶瓷有限公司	景德镇市饶玉陶瓷有限公司
景德镇市道生元陶瓷有限公司	景德镇市镇民陶瓷有限公司
景德镇市邢窑瓷业有限公司	景德镇市同道堂瓷文化传播有限公司
景德镇市三瑞堂陶瓷科技文化有限公司	景德镇市厚森陶瓷有限公司
景德镇市华维陶瓷有限公司	景德镇市红丰窑陶瓷有限公司
景德镇市名镇陶瓷有限公司	景德镇市上林湖青瓷有限公司
景德镇市苏氏陶瓷有限公司	景德镇市储善堂陶瓷有限公司
景德镇市明成坊陶瓷有限公司	景德镇市高艺园陶瓷有限公司
景德镇市景浮宫文化有限公司	景德镇市德源坊陶瓷有限公司

续表

景德镇市麟圃陶瓷有限公司	景德镇市瓷中磁陶瓷有限公司
景德镇市新立瓷笛有限公司	景德镇市白之玉陶瓷有限公司
景德镇市怡琅轩陶瓷有限公司	景德镇市瓷云社陶瓷有限公司
景德镇市源文陶瓷有限公司	景德镇市任氏山水陶瓷文化传播有限公司
景德镇市华海陶瓷有限责任公司	景德镇市晨松陶瓷有限公司
景德镇市木土陶瓷文化传播有限公司	景德镇市韵和陶瓷有限公司
景德镇市朝仁酒业有限公司	景德镇市索优特陶瓷有限公司
景德镇市诚德轩瓷业有限公司	景德镇市众达陶瓷有限公司
景德镇市宏林陶瓷有限公司	景德镇市曹达君陶瓷文化有限公司
景德镇市天峰陶瓷有限公司	景德镇市长晟科技有限公司
景德镇市舜瑶陶瓷文化发展有限公司	景德镇市善听陶瓷文化传播有限公司
景德镇市磊鑫陶瓷有限公司	景德镇市玉赋堂陶瓷文化有限公司
景德镇市泰德贸易有限公司	景德镇市精彩陶瓷颜料有限公司
景德镇市九石堂陶瓷文化传播有限公司	景德镇市碧野陶瓷文化发展有限责任公司
景德镇市呈美陶瓷文化有限公司	景德镇市星期天陶瓷艺术工作室
景德镇市鸿图陶瓷有限公司	景德镇市欧尚陶瓷有限公司
景德镇市金世爵陶瓷有限公司	景德镇市盛焰陶瓷有限公司
景德镇市丽质堂陶瓷有限公司	景德镇市维乐陶瓷有限公司
景德镇市展鹏瓷业有限公司	景德镇市蒲公英陶瓷有限公司
景德镇市盛燃陶瓷有限公司	景德镇市好泥巴陶瓷有限公司
景德镇市白璟玉陶瓷有限公司	景德镇市遥煌进出口贸易有限公司
景德镇市序强陶瓷有限公司	景德镇市天翼花纸有限公司
景德镇市延生陶瓷科技有限公司	景德镇市新瑞陶瓷有限公司
景德镇市祥义珠宝首饰有限公司	景德镇市永梦之佳香陶瓷有限公司
景德镇市麦琪陶瓷有限公司	景德镇市平行陶瓷厂（普通合伙）
景德镇市闲云居文化传播有限公司	景德镇市真如堂陶瓷有限公司
山云瓷谷里 / 崔迪陶瓷文化有限公司	三宝蓬
三宝国际陶艺村 / 一善门	湖田陶瓷
景德镇市唐白器陶瓷文化有限公司	愚窑 / 冯绍兴工作室
景德镇市现在三宝陶瓷文化有限公司	景德镇市瓷上功夫陶瓷有限公司

144

占绍陶艺实践基地	青雕希琢陶艺馆/上青坊文化传播有限公司
泥火丹青陶瓷艺术/景德镇画院	景德镇市小愚斋陶瓷文化传播有限公司
熊钢如工作室	景德镇市全象陶瓷文化传播公司
朱乐耕工作室	柯和根工作室
吴强工作室	郭文连、舒惠娟家庭工作室
宁钢陶瓷艺术馆	吕金泉陶瓷艺术馆
张亚林艺术工作室	拙玉斋
俞军工作室	邹晓松工作室
景德镇青花瓷艺术研修院	丁虹工作室
饶敏工作室	李林洪工作室
景德镇市锦龙瓷业发展有限公司	景德镇市澜川陶瓷文化传播有限公司
景德镇市宁封窑陶瓷文化发展有限公司	景德镇市泥之歌陶瓷有限公司
景德镇景之瑶陶瓷文化发展有限公司	景德镇市忆千年陶瓷艺术品有限公司
景德镇市大美至尚陶瓷文化创意有限公司	景德镇市鹤云陶瓷厂
景德镇市熊窑瓷业有限公司	景德镇市金土陶瓷文化有限公司
景德镇市水土宜陶文化发展有限公司	景德镇市大学生陶瓷创业孵化园发展有限公司

（五）建筑卫浴陶瓷

从 2000 年开始，鹏飞建陶等本土民营企业开始生产大规格地面砖。2004 年，建筑卫浴陶瓷产值 0.48 亿元，增长 17.07%。2007 年，引进广东乐华、金意陶等建筑卫浴陶瓷规模企业 16 家，景德镇建筑卫浴陶瓷爆发性增长。至 2010 年，建筑卫浴陶瓷产值 35.54 亿元，占全市陶瓷工业总产值的 22.18%。

2003 年 12 月 5 日，国家科技部批准以景德镇陶瓷学院为依托单位，通过整合科技资源，组建国家日用及建筑陶瓷工程技术研究中心，以研究开发日用及建筑陶瓷行业基础性、关键共性技术为重点，通过自主创新和产学研结合，开展先进实用的工程化技术研究，为行业提供新材料、新技术、新工艺、新产品和新装备，通过以现代先进技术改造传统的陶瓷产业，推进陶瓷产业升级换代。

2006年，国家日用及建筑陶瓷工程技术研究中心先后设立日用陶瓷研究、建筑陶瓷研究、热工及设备研究以及装备陶瓷研究等四个技术研发平台。2008年，金意陶、特地、乐华、圣泰等项目相继点火生产，成为陶瓷发展新的增长点。落户乐平基地的金翔建陶公司总投资1.2亿元，9月28日点火炼炉试产；特地陶瓷公司的第二条生产线投入生产，于10月30日出产品。

2009年11月，景德镇市筹建景德镇建卫陶瓷协会，制定"瓷质琉璃瓦国家标准"，并呈报国家有关部门批准。2009年，乐华公司1条洁具线4条墙地砖线投产，1条洁具线1条瓷片线正在建设中；特地公司投产2条瓷片线；金意陶投产4条仿古砖生产线；莱特陶瓷有限公司2条仿古砖生产线投产。

2011年，景德镇市瓷局与景德镇陶瓷学院、市科技局等单位和部门共同促成"国家日用及建筑陶瓷产业技术创新战略联盟"，全市18家日用陶瓷、建筑陶瓷和辅助材料生产企业加入。联盟以产业技术创新需求为导向，以形成产业核心竞争力为目标，致力于创新日用及建筑陶瓷行业产学研结合机制，提升我国日用及建筑陶瓷产业技术整体水平，形成联合研发、优势互补、利益共享、风险共担的长期、稳定的产学研利益共同体。

创意陶瓷

获得德国红点奖的胶囊杯

祥云陶瓷地毯

中国艺术研究院艺术创作研究院院长朱乐耕教授为韩国首尔麦粒音乐厅外墙创作壁画

2018 年规模以上陶瓷企业一览

序号	单位详细名称	序号	单位详细名称
1	景德镇市鼎昌陶瓷有限公司	49	景德镇常青家园工艺品有限公司
2	景德镇陶瓷股份有限公司	50	景德镇法蓝瓷实业有限公司
3	江西省玉风瓷业有限公司	51	景德镇德韵陶瓷文化发展有限公司
4	景德镇市鲲鹏陶瓷有限公司	52	景德镇市真如堂陶瓷有限公司
5	景德镇国韵青瓷有限责任公司	53	景德镇晶达新材料有限公司
6	景德镇瑞锦莱陶瓷有限公司	54	景德镇百特威尔新材料有限公司
7	景德镇市海飞瓷业有限公司	55	景德镇市瓷都电瓷电器有限公司
8	景德镇市欧意陶瓷有限公司	56	景德镇和川粉体技术有限公司
9	景德镇盛景瓷业有限公司	57	景德镇海川特种陶瓷有限公司
10	江西康安实业有限公司	58	江西兴勤电子有限公司
11	景德镇市中润陶瓷有限公司	59	景德镇珠山电瓷电器有限公司
12	景德镇艺廊陶瓷有限公司	60	景德镇同惠电子有限公司
13	景德镇市贝汉美陶瓷有限公司	61	浮梁县嘉华工业陶瓷厂
14	景德镇安华陶瓷酒瓶有限公司	62	景德镇市艺峰特陶工贸有限公司
15	景德镇合正陶瓷有限公司	63	景德镇景华特种陶瓷有限公司
16	景德镇高新东风陶瓷有限公司	64	景德镇天兴特陶有限公司
17	景德镇市星光陶瓷有限公司	65	景德镇佳奕新材料有限公司
18	景德镇南光陶瓷有限公司	66	景德镇市新纪元精密陶瓷有限公司
19	景德镇法柏陶瓷有限公司	67	景德镇神飞特种陶瓷有限公司
20	景德镇市宝瓷林瓷业有限责任公司	68	景德镇大川陶瓷材料有限公司
21	景德镇市东进瓷业有限公司	69	景德镇市汉景达陶瓷有限公司
22	景德镇诚德轩瓷业有限公司	70	景德镇盛雅陶瓷有限公司
23	景德镇市玉柏瓷业有限公司	71	景德镇欧神诺陶瓷有限公司
24	景德镇市隆弘陶瓷有限公司	72	景德镇金翔建陶有限公司
25	景德镇华德乐库陶瓷有限公司	73	景德镇圣泰陶瓷有限公司
26	景德镇恩达陶瓷有限公司	74	景德镇莱特陶瓷有限公司
27	景德镇广龙陶瓷有限公司	75	景德镇市卡地克陶瓷有限公司
28	景德镇市吕艺陶瓷有限公司	76	景德镇汉索夫陶瓷实业有限公司
29	清和陶瓷（景德镇）有限公司	77	景德镇金盛开建陶有限公司

续表

序号	单位详细名称	序号	单位详细名称
30	景德镇市望龙陶瓷有限公司	78	景德镇赛德陶瓷有限公司
31	景德镇市隆祥陶瓷有限公司	79	景德镇爱和陶乐华陶瓷有限公司
32	景德镇东璟实业有限公司	80	景德镇市鹏飞建陶有限责任公司
33	景德镇远景瓷业有限公司	81	景德镇乐华陶瓷洁具有限公司
34	景德镇嘉加陶瓷有限公司	82	景德镇金意陶陶瓷有限公司
35	景德镇市新平瓷业发展有限公司	83	景德镇市精彩大方花纸有限公司
36	景德镇金焰瓷业有限公司	84	景德镇市大成云祥陶瓷有限责任公司
37	景德镇东富盈瓷业有限公司	85	景德镇市富宝陶瓷原料有限公司
38	景德镇市三雄陶瓷有限公司	86	江西华林包装有限公司
39	景德镇博泰陶瓷有限公司	87	景德镇市永德胜彩印包装有限公司
40	景德镇市博大精工艺术陶瓷有限公司	88	景德镇东大包装有限公司
41	景德镇市鼎成瓷业有限公司	89	景德镇市翼龙陶瓷有限公司
42	景德镇市润玉陶瓷有限公司	90	景德镇台达陶瓷原料有限公司
43	景德镇市土鑫瓷业有限公司	91	景德镇市协和陶瓷花纸有限公司
44	景德镇逸品天合陶瓷有限公司	92	景德镇百陶会陶艺装备有限公司
45	景德镇景浮宫陶瓷文化有限公司	93	江西中景集团有限公司
46	景德镇华弘陶瓷企业有限公司	94	景德镇市中天鑫源陶瓷有限公司
47	景德镇景东陶瓷集团有限公司	95	景德镇市中景印机有限公司
48	景德镇佳洋陶瓷有限公司		

说明：表格排名不分先后

150

第四章

品牌创优　创新创意

　　进入新千年，景德镇市委、市政府出台多项措施，加大对景德镇陶瓷品牌建设的保护和支持力度，加强陶瓷品牌宣传，提升全社会品牌意识，以品牌兴瓷，质量强企，创新创优，做大做强景德镇陶瓷产业，提升景德镇陶瓷市场竞争力。同时，加大品牌保护力度，营造品牌成长的良好环境，为把景德镇打造成"冠领中国，代表江西走向世界，世界感知中国、认识江西的国际瓷都"世界品牌打下坚实的基础。

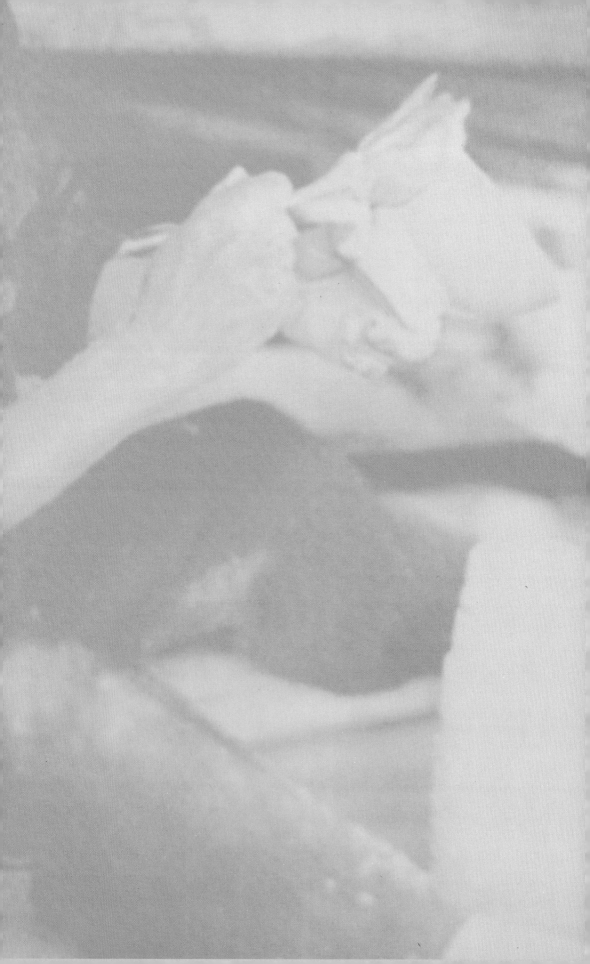

陶瓷品牌建设

2000 年以后，随着国有企业体制改革步伐加快，景德镇不断加快陶瓷市场开放力度。市委、市政府出台多项政策，多措并举，助推景德镇陶瓷品牌建设与发展，涌现了一批优秀的陶瓷企业与陶瓷品牌，先后获得中国驰名商标、江西省著名商标、景德镇市知名商标等称号，扩大了景德镇陶瓷品牌影响，提升了景德镇陶瓷产业核心竞争力。

（一）陶瓷品牌创建

1. 大力实施陶瓷品牌战略

大力扶持民营企业创立品牌　2005 年，景德镇市采取多种措施扶持中小民营陶瓷企业做大做强，首先扶持一批有实力的民营陶瓷企业，鼓励、支持他们创立品牌，做强做大。2007 年，景德镇市选择一批有规模、有潜力、有发展前景的陶瓷企业作为重点扶持的对象，通过政策倾斜、强化服务，支持帮助这些企业扩大产能、提高质量、提升品牌影响力。

积极推进陶瓷知识产权保护工作　2008 年，相继完成《景德镇市陶瓷知识产权暂行管理办法》和《景德镇市陶瓷知识产权发展战略规划》。2009 年，出台《景德镇陶瓷品牌发展战略实施意见》，并动员全市陶瓷企业参加 2009 年首届景德镇知名商标评选活动。2009 年共有 11 家陶瓷企业商标在国家商标局成功注册，6 家陶瓷企业商标被认定为江西省著名商标。在 2009 中国商标节上，"景德镇瓷器"商标与其他国内外知名品牌一

2019北京国际精品陶瓷展上，中国轻工业联合会、中国陶瓷工业协会领导参观景德镇展区

起荣获"2009消费者最喜爱的绿色商标"称号。2010年，景德镇召开"全市陶瓷品牌建设表彰大会"，对2009年度在品牌建设方面取得良好成绩的陶瓷企业进行表彰和奖励。

2.扩大全市陶瓷注册商标集群

2010年，全市共有陶瓷注册商标120件，比2009年新增61件。2月20日，景德镇青花、玲珑、粉彩、颜色釉四大传统名瓷商标在国家工商总局成功注册；编辑出版《景德镇品牌陶瓷》一书。2011年，帮助"市十大瓷厂博物馆""程飞陶艺"等，向国家工商总局商标局申报陶瓷注册商标。当年，全市共有陶瓷商标380件，有10户陶瓷企业（单位）的13件商标被认定为市知名商标。2012年，景德镇以陶瓷规模企业等为重点，开展创建"景德镇市知名商标"和"江西省著名商标"推荐工作。11月，全市被新认定"江西省著名商标"10件，推荐送审拟认定的"景德镇市知名商标"为7件。2013年，景德镇市陶瓷注册商标达550余件，市知

2019 北京国际精品陶瓷展上，外国驻华大使参观景德镇陶瓷展区

名商标发展到 35 件，省著名商标发展到 31 件，中国驰名商标 1 件。

3. 加快推进景德镇陶瓷品牌建设

2014 年，金坤陶瓷有限公司"金钰博"等 5 件商标被认定为江西省著名商标；景德镇四大传统名瓷、红叶等 11 件陶瓷商标被延续认定为江西省著名商标。2014 年，已有景德镇市知名商标 25 件、江西省著名商标 48 件、中国驰名商标 3 件。陶瓷注册商标由 2009 年的不到 50 件增加到 2014 年的 600 余件。2015 年，陶瓷注册商标增加到 700 件，其中，市知名商标 31 件、省著名商标 48 件、中国驰名商标 5 件。

4. 加大景德镇陶瓷"走出去"步伐

2009 年 11 月 30 日，市委、市政府在北京国家大剧院举办陶瓷主题展览"辉煌 60 年——景德镇陶瓷成就成果展"，600 件陶瓷精品展示景德镇陶瓷艺术的成就。2010 年 5 月 10 日，市委、市政府在上海展览中心举办中国瓷都景德镇——首届上海陶瓷成就展，展出陶瓷作品 900 件（套）。

"向中华人民共和国成立七十周年献礼"陶瓷艺术创作与设计大赛颁奖大会现场

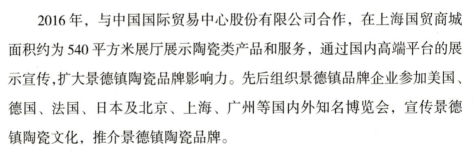

156

　　2016年，与中国国际贸易中心股份有限公司合作，在上海国贸商城面积约为540平方米展厅展示陶瓷类产品和服务，通过国内高端平台的展示宣传，扩大景德镇陶瓷品牌影响力。先后组织景德镇品牌企业参加美国、德国、法国、日本及北京、上海、广州等国内外知名博览会，宣传景德镇陶瓷文化，推介景德镇陶瓷品牌。

　　2017年5月13日，"归来·丝路瓷典"展在国家博物馆开展，来自"一带一路"沿线国家的数百件（套）景德镇生产的外销瓷亮相，展现陶瓷艺术的辉煌与魅力。7月，德国G20峰会期间，配合中宣部在柏林成功举办"感知中国·匠心冶陶"景德镇陶瓷文化展，在国际舞台上展示景德镇悠久的陶瓷文化与璀璨的陶瓷艺术。

　　2018年7月，习近平主席访问南非，在金砖国家领导人第十次会晤前夕，"感知中国·丝路瓷行"中国陶瓷文化展在南非约翰内斯堡非洲博物馆隆重开幕，来自景德镇的160件（套）陶瓷作品让参观的南非民众纷纷发出"这就是中国，这就是景德镇"的感叹。

2018 年 7 月 17 日，"感知中国·丝路瓷行"中国陶瓷文化展在南非约翰内斯堡非洲博物馆隆重开幕。图为南非朋友欣赏陶瓷创作技艺

2017 年 7 月 5 日，"感知中国·匠心冶陶"景德镇陶瓷文化展在德国柏林 KPM 皇家陶瓷工坊隆重开幕。图为德国朋友欣赏精美陶瓷作品

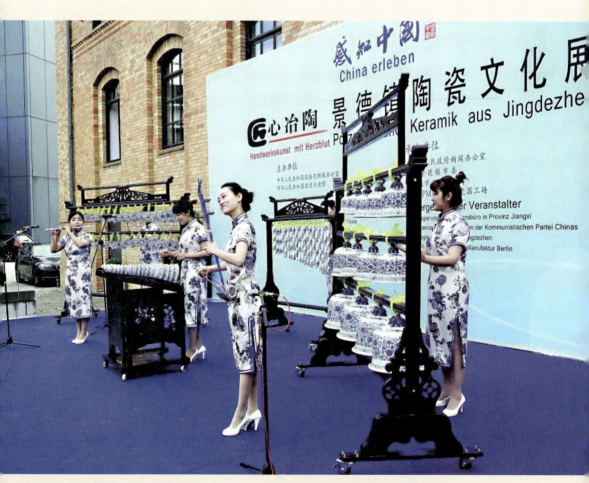

2017 年 7 月德国柏林举办的"感知中国·匠心冶陶"景德镇陶瓷文化展瓷乐队表演

（二）景德镇市知名商标

2009—2017 年全市知名商标认定一览

商标名称	核定使用范围	企业名称
红鑫	陶瓷	景德镇市红鑫陶瓷有限公司
景德	陶瓷	景德镇环球实业有限公司
永和春	陶瓷	景德镇市慧春陶瓷有限公司
望龙	瓷器、仿瓷器、日用瓷器、瓷器装饰品	景德镇市望龙陶瓷有限公司
古镇	陶瓷	景德镇市古镇陶瓷集团有限公司
图形（JD）	陶瓷	景德镇景东陶瓷集团有限公司
皇窑	瓷器	景德镇佳洋陶瓷有限公司
景德镇玲珑	瓷器	景德镇市陶瓷协会
景德镇青花	瓷器	景德镇市陶瓷协会
景德镇粉彩	瓷器	景德镇市陶瓷协会
景德镇色釉	瓷器	景德镇市陶瓷协会
贝玉	瓷器	景德镇市贝玉瓷厂
振中派	瓷器	景德镇市中振陶瓷经销部
金焰陶瓷	瓷器	景德镇市金焰瓷业有限公司
景德大成	瓷器	景德镇市景德大成陶瓷有限公司
CYPRESS	瓷器	景德镇市常青家园工艺品有限公司
景德镇昌南源陶瓷有限公司	日用瓷器、陶瓷、茶具（餐具）	景德镇昌南源陶瓷有限公司
逸品天合	瓷器、茶具、瓷器装饰品	景德镇市新昌景陶瓷有限公司
洪窑	家用瓷器、瓷器装饰品	景德镇文宇陶瓷有限公司
民间艺人	餐具、茶具、日用陶瓷	景德镇市玉竹陶瓷有限公司

续表

商标名称	核定使用范围	企业名称
玉赏	日用瓷器、茶具、瓷器装饰品	景德镇千千陶瓷有限公司
醉千年陶瓷	瓷器、茶具、瓷器装饰品	景德镇市醉千年陶瓷文化传播
圣恩惠	瓷器、茶具、酒具	景德镇恩达陶瓷有限公司
圣恩达	瓷器、茶具、酒具	景德镇恩达陶瓷有限公司
宁封窑	日用瓷器、瓷器装饰品、茶具	景德镇百花置业有限公司
盛景和窑	瓷器、瓷器装饰品	景德镇盛景瓷业有限公司
瑶里釉果	瓷土、制技术陶瓷用配料、陶瓷釉料	景德镇陶源矿业有限公司
德陶	电开关	江西德陶电器有限公司
金盛开	建筑用非金属砖瓦、波形瓦、瓦	景德镇金盛开建陶有限公司
闲云居	陶瓷装饰品、陶瓷	景德镇市闲云居陶瓷文化传播有限公司
古镇陶瓷	瓷器	景德镇市古镇陶瓷有限公司

（三）江西省著名商标

1994—2016 年全市获得省著名商标一览

商标名称	核定使用范围	企业名称
浮瑶仙芝	日用瓷器、瓷器装饰品、瓷艺术品	浮梁县浮瑶仙芝茶业有限公司
万年青	瓷器、日用陶瓷	景德镇市人民瓷厂
三角及图形	瓷砖	景德镇陶瓷厂
三蕾	装饰用花纸、金水、颜料	景德镇市三蕾瓷用化工有限公司
玉风	日用瓷器、瓷器装饰品	江西省玉风瓷业有限公司
景光	激光管、微波管、发射管、返波管、电子管	江西景光电子有限公司

续表

商标名称	核定使用范围	企业名称
景德镇及图形	瓷器	景德镇陶瓷协会
红叶	咖啡具、茶具、餐具等	景德镇陶瓷股份有限公司
珍宝	瓷器	吴锦源
龙珠阁及图形	瓷器	景德镇陶瓷文化旅游发展有限责任公司
百花	彩瓷	江西省陶瓷进出口公司
景赐坊	建筑陶瓷、瓷板	景德镇市鹏飞建陶有限责任公司
昌南	日用瓷器、日用陶器、瓷器装饰品、赤陶或玻璃塑像、玻璃艺术品	景德镇市逸品天合陶瓷有限公司
玉柏	家庭用陶瓷制品、瓷器、酒具、瓷器装饰品、用瓷器、盥洗室器具	景德镇市玉柏瓷业有限公司
望龙	瓷器、日用瓷	景德镇市望龙陶瓷有限公司
龍興	细颈坛、家庭用陶瓷制品、瓷器、仿瓷器、日用瓷器	景德镇市望龙陶瓷有限公司
皇窑	瓷器	景德镇佳洋陶瓷有限公司
红鑫	日用瓷器、瓷器装饰品、酒具	景德镇市红鑫陶瓷有限公司
法蓝瓷	瓷制的雕塑品、装饰品、摆饰品、艺术品、日用器皿（包括碗、盆、壶、缸）	景德镇法蓝瓷实业有限公司
古镇	茶具、日用瓷器、瓷器装饰品、酒具、家庭用陶瓷制品	景德镇市古镇陶瓷有限公司
图	陶瓷、瓷器	景德镇景东陶瓷集团有限公司
精誉	日用瓷器、啤酒杯、非酒具（托盘）、非贵金属茶具	景德镇市博大精工艺术陶瓷有限公司
FRANZ	瓷器、日用玻璃器皿、陶器、玻璃壁饰、浮雕玻璃	景德镇法蓝瓷实业有限公司
康安引领及图	电池充电电器、插头、插座盒其他接触器（电连接）、秤	江西康安实业有限公司
远洋威利及图	非金属耐火建筑材料、建筑用非金属墙砖、非金属建筑物	江西远洋威利实业有限公司
一鼎轩	瓷器、瓷器装饰品、日用瓷器	景德镇市瓷鼎陶瓷文化交流有限公司

160

续表

商标名称	核定使用范围	企业名称
图形 古玉陶瓷	日用玻璃器具、日用瓷器、瓷器装饰品	景德镇兆阳瓷业有限公司
皇玉	陶器、瓷器、日用瓷器	景德镇博泰陶瓷有限公司
熊建军窑	瓷、赤陶或陶瓷艺术品、日用陶瓷	景德镇熊建军珐琅彩瓷有限公司
图形 莱特	砖、瓷砖	景德镇莱特陶瓷有限公司
贝玉	瓷器、日用瓷、瓷器装饰品	景德镇贝玉陶瓷有限公司
千年博大	瓷器	景德镇市博大精工艺术陶瓷有限公司
三雄 sanxiong	瓷器、酒具	景德镇市三雄陶瓷有限公司
图形 青花恋	日用瓷、瓷器装饰品酒具	景德镇市青花恋瓷业有限公司
青语 QINGYU	日用陶瓷、茶具	景德镇市玉柏瓷业有限公司
诚德轩	日用瓷、茶具	景德镇诚德轩瓷业有限公司
图形 CYPRESS	玻璃瓶、瓷器、瓷器装饰品	景德镇常青家园工艺品有限公司
图形 亚派	瓷器、日用瓷	景德镇市新亚派陶瓷有限责任公司
洪窑	家庭用陶瓷制品、瓷器	景德镇文宇陶瓷有限公司
景赐坊第7021462号	建筑用非金属砖瓦、建筑用非金属墙砖、瓷砖	景德镇市鹏飞建陶有限责任公司
逸品天合	瓷器、茶具、瓷器装饰品	景德镇市新昌景陶瓷有限公司
圣泰	建筑用非金属砖	景德镇圣泰陶瓷有限公司
金 jinpinTao	瓷器、日用陶器、瓷器装饰品	景德镇金品陶瓷有限公司
金冠陶瓷	瓷、赤陶或玻璃艺术品、唐三彩	景德镇市金冠陶瓷有限公司
泥之歌陶瓷及图	瓷器、日用瓷器、瓷器装饰品	景德镇泥之歌陶瓷有限公司
振中派	家庭用陶瓷制品、陶瓷装饰品、日用瓷器	景德镇市振中陶瓷经销部

续表

商标名称	核定使用范围	企业名称
金兆	瓷器装饰品、家庭用陶瓷制品	景德镇市高新区金兆瓷厂
富玉	家庭用陶瓷制品、日用瓷器、瓷器装饰品	景德镇市吕艺陶瓷有限公司
精业	瓷器、日用瓷器、茶具	景德镇市精业陶瓷有限公司
九域	瓷器、日用瓷器、瓷器装饰品	景德镇市九域陶瓷文化艺术传播有限公司
永和春	瓷器、日用瓷器、瓷器装饰品	景德镇慧春陶瓷有限责任公司
宝瓷林	家庭用陶瓷制品、日用瓷器	景德镇市宝瓷林瓷业有限责任公司
金焰及图	瓷器、日用陶器、瓷器装饰品	景德镇金焰瓷业有限公司
金玉博	茶具、日用瓷器	景德镇金坤陶瓷有限公司
品鼎窑	家庭用陶瓷制品、日用瓷器	景德镇市瓷鼎陶瓷文化交流有限公司
景丰源	瓷器	景德镇市海格尔骨质瓷有限公司
发派	家用陶瓷制品、日用瓷器	景德镇市隆发陶瓷有限公司
陶忆	家庭用陶瓷制品、瓷器	景德镇昌江区周林平陶瓷工作室

（四）中国驰名商标

2000—2018 年全市获得中国驰名商标一览（陶瓷）

商标名称	核定使用范围	企业名称
景德镇	瓷器	景德镇陶瓷协会
红叶	瓷器	景德镇陶瓷股份有限公司
法蓝瓷	瓷器	景德镇法蓝瓷实业有限公司
玉风	瓷器	江西省玉风瓷业有限公司
昌南	瓷器	江西省陶瓷进出口公司 （2017 年 1 月 24 日转到景德镇逸品天合陶瓷有限公司）

景德镇部分陶瓷商标选登

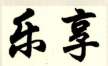
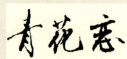

景德镇部分陶瓷商标选登

景德镇部分陶瓷商标选登

  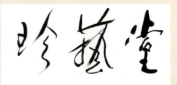

景德镇部分陶瓷商标选登

陶瓷品牌保护

拥有一大批具备竞争实力的景德镇陶瓷品牌，是景德镇陶瓷产业发展、走向市场的重要支撑。市委、市政府在积极推进品牌建设的过程当中，特别注重对景德镇陶瓷品牌、专利、版权的保护。景德镇市市场监督管理局、江西省陶瓷工业公司、景德镇市瓷局、景德镇陶瓷协会先后开展多项知识产权宣传活动，整治陶瓷市场，打击侵权行为，为陶瓷品牌发展创造良好的环境。

（一）品牌标准体系建立

在品牌建设过程中标准起着关键作用，随着陶瓷市场的变化、工艺创新以及技术的进步，景德镇陶瓷品牌标准体系也在不断完善。

1. 标准制定

2002 年，中国轻工业陶瓷研究所"釉下（中）彩日用瓷器"和"玲珑日用瓷器"两项国标被批准，从 12 月 1 日起实施。2006 年，中国轻工业陶瓷研究所标准化中心经上级主管部门批准，组建全国日用陶瓷标准化委员会，国家标准化委员会批准日用陶瓷标准化委员会秘书处设在标准化中心。当年制订和修订建白高级日用细瓷器、紫砂陶器 2 项国家标准和陶瓷颜料、印刷金膏 2 项行业标准。2008 年，中国轻工业陶瓷研究所检测标准中心组织专家修订《日用陶瓷器变形检验方法》《日用陶瓷器抗热震性测定方法》《日用瓷器》《建白日用细瓷器》《陶瓷泥料可塑性指数测定方法》等标准，参与修订了《日用陶瓷器包装、标志、运输、贮存规则》和《骨质瓷器》等 8 项标准。

2009 年，中国轻工业陶瓷研究所标准化中心承担全国日用陶瓷标准化技术委员会秘书处职能，完成 4 项国标、2 项行业标准的制订修订任务，完成 52 项行业标准复审，指导起草 12 项地方企业标准。检测中心投资近 40 万元添置原子吸收、白度计等仪器设备。2010 年，标准化中心完成 8 项国家标准和 5 项行业标准的编制修订工作，43 项日用陶瓷国家标准复审工作，并提出 12 项国家标准和行业标准计划。2011 年，中国轻工业陶瓷研究所完成 1 项国家标准和 10 项行业标准的制订修订工作，提出 5 项国家标准和 9 项行业标准计划，与山东、广东、江苏等地十多家陶瓷企业签订参与标准制修订合作协议。

2013 年，全国日用陶瓷标准化技术委员会共完成 16 项国家标准和行业标准的制修订工作，编制申报日用陶瓷国家标准 10 项和行业标准 7 项，编制《工业和通信业"十二五"技术标准体系建设方案——轻工陶瓷行业》、完成国家质检总局质检科研专项《日用陶瓷使用性能方法标准研究》项目。2014 年，中国轻工业陶瓷研究所引导企业参与国家标准和行业标准的制修订工作，帮助企业制定企业标准，结合标准的制修订工作开展多种形式的咨询服务。共制修订 10 项国家标准和行业标准，还有 4 项国家标准和 7 项行业标准进入日用陶瓷国家标准和行业标准制修订项目计划的编制申报。2014 年，由景德镇市瓷局牵头制定了《景德镇瓷器原产地保护标准》《地理标志产品·青花瓷器》《地理标志产品·玲珑瓷器》《地理标志产品·颜色釉瓷器》《地理标志产品·粉彩瓷器》，并经江西省质量监督局批准实施。2016 年，中国轻工业陶瓷研究所完成《日用陶瓷名词术语》等 6 项国家标准和行业标准的制修订、审查、报批等工作。

2017 年，中国轻工业陶瓷研究所完成《日用陶瓷名词术语》《日用陶瓷分类》《日用陶瓷缺陷术语》《陈设艺术瓷第 2 部分：器皿瓷》4 项国家标准，以及《普通陶瓷烹调器》《精细陶瓷烹调器》2 项行业标准报批；完成《玲珑日用瓷器》国家标准和《净水器用陶瓷滤芯》行业标准起草。发布实施标准 11 项。标准制订修订获得企业支持资金 8 万元，国标委拨款 8 万元。

2. 行业标准实施

1999 年 4 月，中国轻工业陶瓷研究所国家日用陶瓷质量监督检测中心实验室通过国家认可（授予实验室认可证书），国家计量认证和国家级质检中心审查认可"三合一"的复查，并对中心增加建筑陶瓷项目授权。2002 年 12 月，以中国轻工业陶瓷研究所为主起草的《精细陶瓷烹调器》行业标准颁布，并在全国陶瓷行业内实施。

2004 年 2 月，中国轻工业陶瓷研究所通过国家质检总局的"三合一"复查验收，5 月获国家质检总局授权室内装饰材料 3C 论证资质，对全国 53 项陶瓷行业标准进行复审及 5 项国家标准的制（修）订。2005 年 2 月，检测标准中心通过国家质检总局对实验室的复评审和扩项评审，质量体系运行得到评审专家肯定。9 月，建筑陶瓷放射性核素检测项目通过国家认监委实验室能力验证。2006 年 12 月，中国轻工业陶瓷研究所顺利通过国家质检总局认监委专家组对国家陶瓷质检中心"三合一"的评审验收。2007 年，中国轻工业陶瓷研究所配合景德镇陶瓷学院完成财政部高校特色专业实验室专家组对实验室的评审和科技部国家工程中心验收专家组的验收，国家陶瓷产品质量监督检验中心（江西）正式取得认可授权。

中国轻工业陶瓷研究所检测标准中心组织 2010 年全国日用陶瓷标准化技术委员会年会暨标准审查会在山东淄博举办，会期四天，会上通报了 2010 年年度工作报告，专题审查并通过了 13 项陶瓷国家标准和行业标准，并通过了 2011 年的标准制修订项目计划。

2011 年，以中国轻工业陶瓷研究所为主起草的《日用陶瓷耐微波加热测试方法》国家标准与《日用陶瓷器抗釉裂测定方法》行业标准颁布，并在全国实施。

2012年，中国轻工业陶瓷研究所起草的《陶瓷器抗冲击试验方法》行业标准颁布，并在全国陶瓷行业内实施。

3. 质量检测监督

2004年6月和9月，国家质检总局分别授权中国轻工业陶瓷研究所检测标准中心日用陶瓷和卫生洁具检测任务。2005年，中国轻工业陶瓷研究所与全国19家日用陶瓷企业和2家建筑陶瓷企业签订长期委托检验服务协议。2007年，中国轻工业陶瓷研究所先后完成国家质检总局下达的60组日用陶瓷、40组卫生陶瓷样品抽查任务。

2009年11月，市瓷局筹建景德镇建卫陶瓷协会，完成"瓷质琉璃瓦国家标准"制定并报国家有关部门。在省科技厅指导下，市瓷局、市科技局等部门共同推进"江西省陶瓷产业产学研技术创新战略联盟"工作。2010年，中国轻工业陶瓷研究所检测标准中心完成国家质检总局下达的卫生洁具抽检任务30组，日常委托检测任务3900组。

2013年，中国轻工业陶瓷研究所共完成日常委托检测任务4365组，参加北京中实国金国际实验室能力验证研究中心的化学成分分析测量审核，顺利通过国家认可委组织的实验室监督评审和由国家质检总局组织的国家质检中心能力建设现场验收。2014年，中国轻工业陶瓷研究所标委会顺利通过由江西省质监局组织的"2014年产品质量检验机构工作质量分类监管考核"，获得Ⅰ类实验室资质。2016年，中国轻工业陶瓷研究所完成《2016年陶瓷材质食品相关产品安全监控与生产监督管理技术规范》修改稿验证任务。

（二）品牌与专利保护

20世纪90年代以后，景德镇加强陶瓷品牌与专利的保护，制定多项政策，加大保护力度，从行政保护到依法保护，陶瓷品牌对产业的作用越大，品牌保护与专利保护的重要性也日益凸显。

2002 年 8 月，景德镇市知识产权局成立。对内称专利管理科，以专利代理和专利管理为主，调研知识产权保护工作，处理解决专利纠纷案件。2005 年 6 月 30 日，国家知识产权局批准景德镇为国家知识产权试点城市。11 月 28 日，国家知识产权局和市政府合作共建中国陶瓷知识产权信息中心，加强陶瓷知识产权保护与利用。2006 年后，景德镇加强品牌建设，在每年举办的中国景德镇国际陶瓷博览会上，由市商务局、科技局、工商局、版权局等成立保护知识产权投诉中心，开展保护陶瓷知识产权宣传，依法处理侵权纠纷，查处假冒违法行为。

2015 年，国家知识产权局批复同意设立中国景德镇（陶瓷）知识产权快速维权中心。这是全国第 8 家获批成立的知识产权快速维权中心。

1. 品牌保护

20 世纪 90 年代，随着陶瓷市场的不断变化，市委、市政府加强了对陶瓷商标、原产地域产品、知识产权等方面的保护，促进景德镇陶瓷市场持续健康有序发展。

商标保护　1999 年，针对景德镇陶瓷行业管理无章可循的局面，景德镇陶瓷协会成立，并承担"景德镇"证明商标的持有、管理、保护工作。在健全机构、充实人员后，加强有关管理办法的制定工作。先后制订实施《景德镇陶瓷行业管理办法》《景德镇牌证明商标管理办法》《"景德镇陶瓷艺术名人作品证书"管理办法》《景德镇陶瓷艺术作品证书管理办法》《"景德镇"陶瓷纸箱包装暂行规定》《关于对日用陶瓷常规品种制定和实施行业自律价的工作意见》《关于加强对冠以"景德镇"名称各项陶瓷展销、展评活动的管理办法》《关于陶瓷名牌产品、名人名作的发布规定》等多项管理办法。2001 年，景德镇陶瓷协会同市工商、公安、法院等执法部门，先后到珠山区杨家坞、里村方家山、朝阳路凤凰山等陶瓷生产集散地，

2011 年 10 月，市瓷局牵头开展陶瓷知识产权市场巡察

对违法使用"景德镇"注册证明商标的部分企业和个体私营业主进行查处。对重点陶瓷市场和重点企业进行检查，对 14 户陶瓷经营户下达责令改正通知书，收缴仿冒名牌陶瓷 300 多件（套），对 3 万多件（套）价值 20 多万元的假冒"景德镇"商标陶瓷进行查封。

2004 年，市委、市政府加大对侵权行为的打击力度，对未经许可，生产、经销"景德镇"陶瓷，以及以"景德镇"名义举办展销会等行为进行打击。2008 年 12 月，景德镇颁布实施《陶瓷知识产权保护办法》（市政府第 49 号令），建立陶瓷知识产权联席会议制度，成立联合执法办公室，建立执法办公室联络员例会制度，市瓷局、市工商局、市质监局、市知识产权局、市公安局、法院等 18 个有关部门参加。2009 年初，市政府制订《景德镇陶瓷品牌发展战略实施意见》。8 月，市瓷局协调市工商、质监、公安部门对市场假冒伪劣和侵犯"景德镇"注册商标的行为进行集中整治。是年，市工商局制订《景德镇市知名商标认定和保护办法》，提出市知名商标的申请、认定及保护管理等具体管理办法。

2010年3月，联合执法办公室牵头举办陶瓷知识产权保护活动，由市瓷局、工商、知识产权、版权、质监以及全市品牌企业选送30多块"陶瓷知识产权保护画板"，在中国陶瓷城、锦绣昌南和国贸广场等陶瓷市场进行巡回展出，普及识别景德镇"中国驰名商标""江西著名商标""景德镇市知名商标""中国名牌""江西名牌"等品牌的基本知识及办理使用程序，提高保护"景德镇"牌证明商标、四大传统名瓷商标的认识。2014年初，《景德镇陶瓷知识产权保护管理规定》初步形成。

2017年，在全市陶瓷企业中实施"双随机一公开"抽查，加大稽查办案力度，对陶瓷生产经营违法行为立案12起。其中，反不正当竞争类案件8起，合同类案件2起，商标类案件2起。加大产品检测力度，抽检批次从2016年的83批次到2017年的173批次。

原产地域产品保护 2005年4月15日，国家质监总局发布第63号公告，批准自即日起对景德镇瓷器实施原产地域产品保护，并就地域保护范围、质量技术要求、专用标志使用作明确规定，确定地域保护范围为景德镇市珠山区、昌江区、乐平市、浮梁县所辖行政区域。品种为青花瓷、玲珑瓷、粉彩瓷、高温颜色釉瓷、新彩瓷。7月15日，原产地域产品更名为地理标志产品。

2008年4月29日，市瓷局与北京市商业联合会选择北京景德镇艺术瓷器服务部等4家陶瓷经营店，授牌为景德镇陶瓷特约经销单位。2014年，《景德镇瓷器原产地保护标准》通过江西省质量技术监督局审定，2月正式颁布实施。《景德镇瓷器原产地保护标准》对景德镇瓷器的原材料、工艺流程等都进行了明确规定，为监管鱼龙混杂的市场和执法打假提供了依据，从源头上保证景德镇瓷器的质量和声誉。2015年，景德镇市制订《景德镇瓷器原产地保护标准》《景德镇陶瓷知识产权保护管理规定》等意见法规，规范景德镇陶瓷品牌保护工作。

知识产权保护　2000年6月，景德镇陶瓷协会加强行业管理，出版《景德镇陶瓷行业管理办法汇编》，收录景德镇陶瓷协会制订的《景德镇陶瓷行业管理办法》《"景德镇"牌证明商标办法》及《实施细则》《景德镇陶瓷艺术名人证书管理办法》《陶瓷专有产品证书管理办法暨实施细则》等，并分发至全市各陶瓷企业及陶瓷个体工商户。2002年，针对市场上假冒景德镇陶瓷品牌，违规进行国内外市场陶瓷展销，甚至以外地瓷冒充景德镇名瓷欺骗消费者的现象，市委、市政府多次组织有关部门联合对全市陶瓷市场进行整治。2004年起，每年瓷博会期间，在全市陶瓷经营户中开展"打击假冒伪劣，维护消费者利益"的专项整治活动，规范市场秩序。

2007年5月，开展打击假冒伪劣、商标侵权的陶瓷市场秩序专项整治，主要对象是国贸陶瓷广场及其周边商店、曙光路陶瓷市场、中国陶瓷城、豪德贸易广场。2008年4月，市政府相继制定《景德镇市陶瓷知识产权暂行管理办法》和《景德镇市陶瓷知识产权发展战略规划》。2009年，市政府制定《景德镇陶瓷知识产权保护管理办法》，启动联席会议制度、联络员例会制度。11月5日，召开全市陶瓷知识产权保护第一次联席会议。

2012年5月15日，市瓷局积极协同市公安局经侦支队开展收缴砸毁380件侵权假冒景德镇陶瓷名人名瓷行动。2013年，景德镇市陶瓷检测评估中心挂牌成立，初步搭建网络信息数据库平台。2014年5月1日，《景德镇陶瓷知识产权保护管理规定》正式实施。

2. 专利管理

专利申请　1999—2018年，景德镇重视对专利的保护，采取多项行动，为陶瓷企业发展保驾护航。全市专利申请量与授权量逐年增长，极大激发景德镇陶瓷市场的活力与创新力，专利成为景德镇陶瓷企业的核心资产，也是提高竞争力的重要手段。

景德镇拥有部、省、市属科研机构，拥有高等、中等陶瓷专业教育机构，是全国陶瓷科研高地，陶瓷科研人员密度为全国最大，研发体系也最完整，陶瓷科研方面的投入逐年增加，陶瓷专利申请量占全市总量的 60%。

年份	专利申请量	其中			专利授权量	其中		
		发明	实用新型	外观设计		发明	实用新型	外观设计
1999	32	3	12	17				
2000	29	2	12	15				
2001	34	1	7	26				
2002	53	6	3	44				
2003	47	7	17	23				
2004	41	7	9	25				
2005	90	15	12	63				
2006	164	27	46	91	53	3	28	22
2007	189	40	63	86	116	6	47	63
2008	192	38	63	91	149	11	59	79
2009	264	49	88	127	175	17	68	90
2010	313	63	103	147	284	18	92	174
2011	377	94	155	128	319	44	120	155
2012	566	133	238	195	363	40	190	133
2013	584	140	205	239	396	50	167	179
2014	1025	217	196	612	535	63	190	282
2015	1246	471	326	449	817	64	222	531
2016	1916	441	392	1083	884	82	238	564
2017	2492	387	756	1349	1329	151	359	819
2018	2613	655	1033	925	1895	157	692	1046

专利保护 2006 年 9 月 25 日，国家知识产权局批准景德镇建立中国陶瓷知识产权信息中心，并于 11 月 8 日正式投入运行；建立闽、浙、皖、赣四省九市专利执法协作网。按照商务部等四部委联合发布的《展会知识产权保护办法》和省知识产权局的要求，首次在 2006 中国景德镇国际陶瓷博览会上设立保护知识产权投诉举报中心，接受专利咨询 100 余人次，受理举报冒充专利案件 2 件及版权侵权投诉案件 2 件，均按规定处理。

2007 年，颁布《景德镇专利资助暂行办法》，对专利申请人给予适当资助。2008 年，组织国家级省级获奖项目、重大高新技术产业化项目、重点专利技术项目等参加江西省改革开放 30 周年科技创新与知识产权成就展，展示市科技创新与知识产权方面所取得的新成果、新成就。同时，在中国陶瓷知识产权信息中心开展陶瓷专利技术对接、洽谈会，开展陶瓷专利技术网上服务，为社会提供更便捷的信息服务。2013 年，全市五个县（市、区）、园区成立知识产权局。

2015 年，市知识产权局与中国陶瓷知识产权信息中心合作举办全市"知识产权实务培训班"。6 月，景德镇对潮州专利权人投诉的 2 件专利侵权案件，组织专利行政执法人员深入省内外企业、市场开展案件调查工作，并根据案情在市科技局首次举行案件口头审理，依法保护权利人的合法权益。同时，组织专利行政执法人员到金昌利商场、国贸陶瓷市场、中国陶瓷城进行专利行政执法检查，检查 150 余家陶瓷销售店面，查出 10 家店面销售涉嫌假冒专利产品，并立案处理；受理专利侵权投诉案件 3 件。

2017 年，景德镇国际陶瓷博览会期间，市科技局选派工作人员进驻现场，设立专门工作咨询台，每日组织人员对参展商户的专利产品开展巡查，共确认有效专利产品 30 余件，责令去除尚未授权专利产品的专利标识 3 件，立案查处假冒专利案件 3 起。在乐平市、昌江区、景德镇陶瓷大学等地开展知识产权培训班，全年培训次数 10 余次，覆盖培训企业、个人达 1000 余人次。同年，对中国陶瓷城、锦绣昌南、陶瓷大世界、陶瓷工业园区，以及景德镇市内商业密集区每月开展市场巡查活动，共开展执法巡查 50 次，累计出动执法人员 200 余人次，检查商业场所近 300 家、商品 2000 多种。全年共受理、处理专利侵权案件 15 件，查处假冒专利案件 40 件，同比增幅 120%，位居江西省第二，且全部结案。

陶瓷创新创意

进入 21 世纪，以景德镇陶瓷大学、中国轻工业陶瓷研究所、江西省陶瓷研究所及部分陶瓷企业为主的陶瓷科技研发不断进步，新产品、新工艺推陈出新。众多的陶瓷艺术家、景漂景归艺术家开办工作室，开展创作活动，景德镇瓷业进入新的发展时期。同时，随着"陶瓷＋"理念的树立与快速融入，瓷文化与其他文化的跨界融合，拓展了陶瓷文化发展空间。

（一）工艺与技术革新

2000 年以来，市场经济的发展和国际环境的变化，一方面带给陶瓷产业更为宽广的发展环境与机遇，另一方面也对其传统的生产、销售、管理方式带来冲击与挑战。在新的市场形势下，景德镇适应形势变化，不断进行陶瓷工艺革新，增强市场竞争力。

1. 材料研发

1998 年，景德镇市特种陶瓷研究所研制的防弹陶瓷装甲项目，被省科委列入省级科技攻关计划。1999 年 11 月、2000 年 1 月，防弹陶瓷及复合装甲作为防弹材料的更新换代产品，分别通过江西省科委主持的技术鉴定，填补国内空白。2000 年，与北京航空航天大学材料系联合研制成功中国第一把具有复合陶瓷装甲防弹能力的飞行员座椅，性能达到国际先进水平，防弹陶瓷装甲项目分别被列为国家经贸委技术创新项目、国家科技部中小企业技术创新基金项目、国家计委示范工程项目。2000 年 2

月 24 日，中国轻工业陶瓷研究所下属莱斯特公司承担的电饭煲耐热陶瓷内胆（1999 年江西省重点新产品试制项目），高抗热抗震、高抗腐蚀坩埚试制成功，通过省科委技术鉴定验收。2002 年，国家科技部《骨料合成生产工艺及生产线研究》项目通过网上申报验收。

2005 年，中国轻工业陶瓷研究所承担国家科技部项目"高性能镁铝尖晶石基复合陶瓷材料的研究"结题并申报验收。"微孔陶瓷精过滤及稀土激活复合抗菌过滤管中试"项目获得国家中小企业技术创新基金资助75 万元。2006 年，"包覆合成高强低膨胀陶瓷材料及产品的研究"达到低膨胀性能指标，中国轻工业陶瓷研究所与景德镇陶瓷学院合作的省重点攻关项目"大规格陶瓷臭氧发生器基板的研究"试制成功，其介电性能高于国内同类产品。

2007 年 11 月，开展氧化锆微粉对微晶陶瓷强度影响试验，完成科技部重点项目"高强度微晶陶瓷材料的开发研究"，并网上申报验收。2007年 3 月，市瓷局完成建卫陶瓷原料矿山的调查，建成景德镇市周边陶瓷原料实物样品及小试配方档案。先后编制《江西省景德镇市及周边地区建筑陶瓷原料工业化生产适用性及资源储量评估报告》《景德镇及周边地区高档抛光砖（玻化砖）陶瓷原料资源及工业化适用性情况报告》《景德镇及周边地区卫生洁具陶瓷原料资源及工业化适用性情况报告》《景德镇市陶瓷矿产资源开发利用现状的报告》《景德镇市大力发展陶瓷产业的可行性报告》《关于景德镇市铁路运输情况的报告》等基础性资料，以及《景德镇市电子陶瓷产品发展状况调研报告》《景德镇市电瓷产业发展状况调研报告》。5 月，在国家日用及建筑陶瓷工程技术研究中心、市国土资源局的配合下，进一步完善景德镇市周边陶瓷原料实物样品档案，完善《景德镇市及周边地区建筑陶瓷原料工业化生产适用性及资源储量评估报告》，编制《景德镇陶瓷产业投资市场分析报告》（中英文版）。

2008 年，景德镇陶瓷学院研究开发的高性能低膨胀陶瓷材料，克服低膨胀陶瓷材料在产品开发过程中存在的缺陷，具有工艺简便易行、产品性能优良、成本低、附加值高等优点，生产出高耐热陶瓷炊餐具、大规格蜂窝陶瓷、轻质筑炉耐火材料和高级低膨胀耐酸砖等，形成一批完整的低膨胀陶瓷产品生产技术。在国防安全、国民经济建设领域中有广泛的应用，获国家科学技术进步二等奖。2009年，中国轻工业陶瓷研究所项目"高技术莹玉瓷的研制与开发"和"增硬高强氧化锆陶瓷材料的研究与应用"通过省科技厅组织的技术鉴定验收，与会专家一致认为属国内领先水平。检测标准中心"陶瓷原材料及制品测试方法公共服务平台"项目得到国家科技部中小企业创新基金批准立项，项目经费70万元。2014年，中国轻工业陶瓷研究所2011年江西省科技支撑项目"低膨胀抗强腐蚀镁铝复合基陶瓷材料及产品研究"顺利通过江西省科技厅组织的验收。2017年，景德镇陶瓷大学陶瓷膜研究成果开始产业化进程。

2. 陶瓷技改

窑炉技改 1999年2月，江西省陶瓷工业公司下发"关于拆改企业煤烧圆窑计划安排"的通知，并实行厂长负责制。3月，与企业签订拆改煤烧圆窑保证书。有困难的企业通过新建煤烧梭式窑来满足生产。至年底，全系统先后新建焦化煤气梭式窑71座，液化气梭式窑21座。对原有的108座倒焰圆形煤窑，除耐火材料厂保留2座外，全部拆改。2002年，根据市人大《关于拆改煤烧隧道窑议案》和市政府《关于加快市区煤烧隧道窑拆改工作步伐的通告》精神，12月31日前完成全市21条煤烧隧道窑的拆改任务，一批选用焦化煤气和石油液化气作燃料的新型窑炉相继在华风瓷厂、红旗瓷厂、青花文具厂、红光瓷厂、为民瓷厂等企业建成，部分投入生产，效益良好。

2005年，陶瓷工业公司全系统共有煤烧烤花窑14条，其中光明瓷厂2条、红星瓷厂3条、红光瓷厂1条、曙光瓷厂2条、为民瓷厂2条、万能达瓷厂1条、美雕瓷厂1条、彩绘瓷厂1条、红旗瓷厂1条。由于煤烧烤花窑的拆改资金没有落实，改造工作进展缓慢，只有红旗、光明瓷厂各1条进行改造。2006年，全市1000余座燃气梭式窑分布在市区各个角落，大都存在严重的安全隐患。市瓷局、安监、消防等部门联合开展安全整治工作，拆、封燃气梭式窑203座，131户迁入新都民营陶瓷园，40余户签订合同在陶瓷工业园民营陶瓷苑购地建窑设厂。2010年，江西省陶瓷研究所设计建设景德镇市兴达瓷厂78米日用瓷隧道窑，成为景德镇市样板工程。

其他技改项目 2004年之后，全市每年都组织实施高新技术陶瓷材料的科技创新项目申报国家立项，其中创新基金陶瓷新材料项目获国家及省立项30余项。陶瓷技术创新获得国家级项目超过25项，省部级170多项。其中国家自然科学基金13项、国家科技部重大项目3项、创新基金5项。国家工程技术研究中心在建项目"国家日用及建筑陶瓷工程技术开发"获得300万元，环保高量溶体材料研究及应用获得112万元。2009年，望龙陶瓷"青花玲珑及青花传统特色陶瓷产业技术创新"、欧神诺陶瓷的"大规格超薄建筑材料"等15个项目共获得5094万元资金支持。

2010年，陶瓷项目争取国家资金2973万元，其中景德镇陶瓷股份公司的节水技改项目，获国家发改委422万元资金支持。景德镇振兴陶瓷开发有限公司、鹏飞建陶有限公司的陶瓷窑炉节能技术改造项目，分别获301万元、202万元资金支持。欧神诺陶瓷的高档日用陶瓷及高温硬质陶瓷材料产业化项目，获国家发改委480万元资金支持。神飞特陶的冷等静压低温烧结新型电真空氧化铝陶瓷元件产业化项目，获国家发改委372万元资金支持。景德镇大川陶瓷有限公司氧化钙陶瓷插芯精密注射成型用颗粒、景德镇新纪元精密陶瓷有限公司新型透明陶瓷发光管的制备与中试2个项目获科技部中小企业创新基金，分别获得70万元和90万元资金支持。

3. 生产工艺

成型工艺 2000年，景德镇陶瓷股份公司三厂改革工艺，应用滚压法生产，班产达到 1500 件，优等品率显著提高。2006 年，中国轻工业陶瓷研究所开发新产品电磁灶面板和工业坩埚进入市场，开发的蒸发皿、蒸发盘、堇青石质低收缩耐热陶瓷饭煲内胆，象形耐热煲和生肖耐热煲产销两旺。2016 年以后，3D 打印技术应用到陶瓷成型和设计领域，使得陶瓷生产更好地适应了小批量、个性化的市场需求。

烧造技术　进入 21 世纪，陶瓷烧造技术有极大的进步。1999 年 5 月，江西省陶瓷研究所研制的海泰牌高温燃气节能间歇窑，获省优秀新产品二等奖。该窑采用高档轻质复合材料，以液化石油气、天然气为燃料，具有升温高、稳定性好、易于操作、窑内上下温差小、占地面积小、安装灵活的优点，并获国家实用型新型专利和全国发明展览会铜奖。2001 年 4 月，由江西省陶瓷研究所承担的国家"九五"重点科技攻关项目——釉中彩烤花窑消化、吸收的子课题"釉中彩窑炉烧嘴的开发研制"通过验收，通过对陶瓷烧嘴结构和火焰性能，氮化硅结合碳化硅套筒、自动点火及火眼监控等关键技术的攻关，各项性能达到国际水平，实现烧嘴的系列化生产。

2002 年 11 月，国家知识产权局向海泰窑炉开发中心研制的双窑道燃气节能隧道窑颁发国家实用新型专利证书。12 月，为江西江维高科股份有限公司微晶玉石工程设计制作的 25 平方米全自控燃气梭式窑点火成功，各项指标达到规定要求，为江西省第一条全自动节能燃气梭式窑，设计年产量 20 万平方米。2007 年，中国轻工业陶瓷研究所完成部项目"轻烃燃料在工业窑炉上应用的开发研究"试验，完成部项目"陶瓷窑炉能耗评价标准体系的研究与建立"和市项目"0.5 立方米气、电两用梭式窑"。2007 年，江西省陶瓷研究所共开展纵向课题研究 8 项，包括"精细陶瓷连续式燃气烧结炉"项目通过省级鉴定，"陶瓷隧道窑预热带的改进结构""烟气净化及余热利用两用装置""多功能双层保温杯"3 项国家发明专利，并获中国国际专利与名牌博览会金奖。

2008 年，中国轻工业陶瓷研究所"机械排烟式热能综合利用节能梭式窑"获国家实用新型专利。江西省陶瓷研究所"陶瓷隧道窑预热带的改进结构"和"烟气净化及余热利用两用装置"，获得国家知识产权局实用新型专利授权。2009年，中国轻工业陶瓷研究所承担的国家级项目"陶瓷窑炉能耗评价标准体系的研究与建立"和"轻烃燃料在工业窑炉上应用的研究"结题。2010年，中国轻工业陶瓷研究所省级项目"采用文丘里喷嘴的梭式燃气窑热能循环利用的研究"通过科技厅专家组鉴定，认为属国内首创，达到国内领先水平。12月9日，江西省陶瓷研究所国家科技部创新基金项目"精细陶瓷连续式烧结炉中试"，通过省级验收。

2012年，中国轻工业陶瓷研究所"采用文丘里喷嘴的燃气窑热能循环利用的研究"获中国轻工业陶瓷联合会科技进步三等奖。2012年，江西省陶瓷研究所"海泰"牌窑炉取得建所以来最好成绩，全年共承接连续式窑炉4条、间歇窑炉4台、陶艺设备2批。由"海泰"窑炉公司负责设计的宋代龙窑在中国景德镇国际陶瓷博览会期间试烧一次成功。

2014年，中国轻工业陶瓷研究所的高温空气燃烧技术在陶瓷梭式窑上的应用研究获市级科技进步一等奖。

1999—2000年景德镇烧造技术科技成果项目一览

年份	成果名称	项目来源	成果完成单位
1999	特高型陶瓷节能环保型窑炉	省科委	中国直升机设计研究所（景德镇）
2000	优质复合相结合 sic 窑具三合一配套高档窑具	市经贸委	高档窑具厂
2000	精细陶瓷连续式燃气烧结炉研制	省/市科委	省陶研所海泰窑炉开发中心

2000—2010年陶瓷烧造技术市级项目一览

年份	项目名称	承担单位	管理部门
2000	采用文丘里喷嘴的梭式燃气窑的自动控制装置	中国轻工业陶瓷研究所	市科委
2003.1—2004.9	梭式窑全工况仿真系统的开发及微波陶瓷烤花窑研制	景德镇陶瓷学院	市科技局

年份	项目名称	承担单位	管理部门
2003.3—2003.12	可变操作方式多用燃气窑炉研制	景德镇陶瓷学院	市科技局
2003.1—2004.4	颜料专用梭式窑的研究	江西陶瓷工艺美术职业技术学院	市科技局
2005.5—2007.6	网络化辊道窑控制系统及液化气梭式窑自控装置与安全系统研制	景德镇陶瓷学院	市科技局
2005.7—2006.12	高稳定性氧化锆窑具	江西省玉风瓷厂	市科技局
2005.6—2006.2	气烧祭红瓷工艺研究	市建国陶瓷厂	市科技局
2005.5—2006.2	高温窑变结晶釉马赛克中试研究	市申达陶瓷厂	市科技局
2006—2008	B4C防弹陶瓷无压烧结技术研究	景德镇陶瓷工业园区	市科技局
2007.6—2008.6	青花玲珑瓷中温烧成研究	市东辉瓷厂	市科技局
2007	热循环低排节能梭式窑的研究及产业化	中国轻工业研究所	市科技局
2008	陶瓷产品连续式燃气烧结炉中试	江西省陶瓷研究所	市科技局
2008	热循环低排放技术在燃气梭式窑中的应用研究	中国轻工业陶瓷研究所窑炉开发中心	市科技局
2009	陶瓷燃气窑炉热能综合利用的研究	市国艺瓷业有限公司	市科技局
2009	采用蓄热式燃烧技术的节能梭式窑的研究	中国轻工业陶瓷研究所窑炉开发中心	市科技局
2009	梭式窑富氧燃烧与节能减排技术的应用研究	景德镇市华电高压电瓷有限公司	市科技局
2009	专家系统在陶瓷窑炉烧成中的应用研究	景德镇陶瓷学院	市科技局
2009	基于故障树的陶瓷窑炉故障诊断专家系统	景德镇陶瓷学院	市科技局
2010	嵌入式系统在窑炉多点温度控制中的研究与应用	景德镇市瓷局、江西陶瓷工艺美术职业技术学院	市科技局
2010	精细陶瓷连续式烧结炉研制	景德镇市金鹰陶瓷有限公司	市科技局

装饰材料 2002 年 5 月，景德镇陶瓷学院与省火炬高新技术发展总公司合作，共同开发陶瓷产品 CAD 集成系统，在国内率先研发出陶瓷坯釉料配方 CAD 系统、陶瓷产品缺陷分析多媒体咨询系统等多项陶瓷设计软件，被列入国家 863/CIMS 单元目标产品项目，列入国家科技型中小企业创新基金项目。是年，中国轻工业陶瓷研究所国家"九五"重点科技攻关项目"高档日用陶瓷烧成及装饰工艺技术的研究""96-614"等 5 个专题均通过专家评估和验收。"三基色荧光粉坩涡的研制"顺利试制出一种新材质，"凝胶注模成型工艺在多种陶瓷材料中应用研究"成功应用在各种特种陶瓷及耐热陶瓷成型上，MA 材质的坩涡已推向社会试用和小批量生产，市场前景良好。2003 年 11 月，江西省陶瓷研究所釉中彩中温瓷通过省级鉴定，其特点是花纸颜料经烤烧后熔入釉中，无铅、镉溶出，抗机械摩擦，耐微波炉烤烧，能保色泽晶莹艳丽；12 月，中温玻化瓷通过省级鉴定，产品坯料成型性能好，烧成温度低，符合国际高档日用细瓷标准。

2005 年，江西省玉风瓷厂、陶瓷股份公司运用陶瓷产品 CAD 集成软件设计新产品和新画面，新产品增加率 60%，产品及花面质量大为提高，"玉风牌"产品荣获国家免检产品称号。2006 年，中国轻工业陶瓷研究所开发出"宝蓝、钻蓝、孔雀绿"3 种颜料，为新建琉璃瓦企业提供了工艺支持。2009 年，景德镇陶瓷学院科研团队经过 10 年的科技攻关，研发出拥有自主知识产权的高性能纳米抗菌粉体、纳米远红外线粉体、纳米光催化粉体，建立相关的应用基础理论。产品具有抑菌、自洁和氧化降解有害物质以及活化水等功能，耐热温度达 1300℃，用于陶瓷釉的红外线法向辐射率为 90%，抗菌率为 99.90%，解决影响全国环保功能纳米陶瓷材料制造的技术瓶颈。产品先后在景德镇市、兴国县、山东淄博、河北唐山、广东等产瓷区的 8 家企业实施工业化生产，出口美国、日本和欧洲。累计销售收入达 20 亿元，实现利税 3.80 亿元，创汇 2070 万美元。2009 年，成果获省科技进步三等奖。

综合技术 2006 年，江西省陶瓷研究所与国家日用和建筑陶瓷工程中心联合申报省科技支持重大、重点项目"景德镇日用陶瓷标准化坯釉料产业化技术开发""吸收 CO_2 新型陶瓷材料的研究和开发"，利用"微孔陶瓷精过滤及稀土激活复合抗菌过滤管"技术，完成家用净水器的设计、样品试制，成功研制家庭直接饮用水净化装置，每分钟可过滤饮用水 3 升左右，并申报实用新型专利和"源头"注册商标。2007 年，开展国家创新基金项目"微孔陶瓷精过滤及稀土激活复合抗菌过滤管中试"，完成陶瓷滤芯成型工艺试验，建成过滤管中试线，次年通过省级验收并正常生产。2008 年，中国轻工业陶瓷研究所"高纯氧化铌钽坩埚"获省优秀新产品一等奖、省科技进步三等奖、市科技进步一等奖。3 月，江西省陶瓷研究所新产品"双层隔热保温餐具"面市，并申请发明专利，获中国国际专利与名牌博览会金奖。

2009 年，中国轻工业陶瓷研究所省级项目"高技术莹玉瓷研制与开发"和"增硬高强氧化铝陶瓷材料的研究与应用"通过省科技厅组织鉴定验收。"高纯氧化铌钽坩埚"和"高温空气燃烧技术在陶瓷梭式窑上的研究"分别获得中轻联科技进步二、三等奖，"高纯氧化铌钽坩埚"和"高耐热陶瓷炒锅"入选《江西省自主创新产品目录》。2010 年，中国轻工业陶瓷研究所共申报各级项目 18 项，其中部项目 11 项、省项目 1 项、市项目 6 项。中央与地方共建高校特色优势学科实验室项目"陶瓷装饰材料实验室"，省项目"陶瓷出口企业检测服务平台""年产 2.5 万件高纯氧化铌钽陶瓷坩埚生产线技术改造"，市级"节能低温低膨胀陶瓷的研究""日用陶瓷从冰箱到微波炉及从冰箱到烤炉适用性检测方法的研究"等项目获批立项。"高技术莹玉瓷的研究与开发"获科技进步奖三等奖；"采用高温空气燃烧技术的陶瓷梭式窑""高纯氧化铌钽坩埚"分别获得实用新型专利、国家发明专利授权；"超耐热陶瓷炒锅"获中国国际专利与名牌博览会金奖。2010 年，江西省陶瓷研究所国家级项目"江西省陶瓷产业公共服务平台"

为全国中小型陶瓷企业开展技术研发、产品设计、技术信息等服务。

1999—2003 年全市陶瓷加工工艺成果项目一览

年份	成果名称	项目来源	成果完成单位
2000	合成骨粉在陶瓷中的应用研究	省科委	江西省玉风瓷厂
2003	釉中彩高档日用瓷规模化生产工艺	市科技局	陶瓷股份公司
2003	高档日用瓷传统色釉装饰	市经贸委	陶瓷股份公司

2000—2010 年陶瓷加工工艺类市级项目一览

起止年限	项目名称	承担单位	管理部门
2000	陶瓷原料物理分析快速检测技术研究	景德镇市原料总厂	景德镇八达陶瓷技术研究所
2002—2003	釉中彩高档日用瓷规模化生产工艺研究	景德镇瓷厂	市科技局
2002.11—2004.5	基于 WEB 的陶瓷全自动液压压砖机 CAD/CAE 信息集成系统	景德镇陶瓷学院	市科技局
2003.3—2003.12	高岭石石山盆景工业化生产工艺研究	景德镇市生产力促进中心	市科技局
2004.9—2005.7	日用高档陶瓷釉中彩技术推广	景德镇陶瓷股份公司	市科技局
2006—2007	全生料制备微晶玻璃陶瓷复合板材	江西陶瓷工艺美术职业技术学院	市科技局
2006—2008	水热法分解锆英砂制备纳米锆系陶瓷颜料	景德镇高等专科学校	市教育局
2006—2007	凝胶注模成形制备氧化锆陶瓷	景德镇高等专科学校	市教育局
2006—2007	紫外和红外区高反射率陶瓷材料的制备	景德镇市和兴陶瓷研究所	市科技局
2005—2007	废水处理用陶瓷膜生物反应器的研究	景德镇市技术开发服务公司	市科技局
2006—2008	新型热膨胀连续可调 NZP 族陶瓷材料的合成	景德镇陶瓷学院	市科技局
2007.8—2008.10	注射成型技术的产业化应用	景德镇新纪元精细陶瓷有限公司	市科技局

起止年限	项目名称	承担单位	管理部门
2007.8—2008.12	元宋陶瓷研究及仿制技术的开发应用	景德镇市佳洋陶瓷有限公司	市科技局
2008	大规模陶瓷产品干燥过程热传质的研究	景德镇陶瓷学院	市科技局
2008	陶瓷模具快速成型开发与制造集成系统的研究	景德镇陶瓷学院	市科技局
2008	基于贝斯网络的陶瓷产品缺陷分析研究	景德镇市瓷局、江西陶瓷工艺美术职业技术学院	市科技局
2008	微孔陶瓷精过滤及稀土激活复合抗菌过滤管产业化	景德镇市瑞祥创新陶瓷有限公司	市科技局
2008	日用陶瓷装饰艺术化与现代制作工艺结合研究	市陶瓷研究所	市科技局
2009	玲珑眼打孔填釉一体制备青花玲珑特色陶瓷	景德镇望龙陶瓷有限公司	市科技局
2009	磷石膏在建筑陶瓷生产中的应用研究	江西省陶瓷研究所	市科技局
2009	流延法制备织构化钛酸铋基无铅压电陶瓷	景德镇陶瓷学院	市科技局
2009	玻璃丝废料在陶瓷釉料中的应用研究	中国轻工业陶瓷研究所	市科技局
2009	天然硼硅钙制备无铅低温生料釉的研究及应用	景德镇市科宏特种陶瓷有限公司	市科技局
2009	大规格超薄建筑陶瓷板材产业化	景德镇欧神诺陶瓷有限公司	市科技局
2009	稀土辅助成孔制备多孔陶瓷产业化	景德镇环球永隆特种陶瓷有限公司	市科技局
2009	溶胶—共沉淀法制备包裹性硅铁红陶瓷颜料	景德镇陶瓷学院	市科技局
2010	氧化锆陶瓷插芯精密注射成型用颗粒	景德镇大川陶瓷材料有限公司	市科技局
2010	莫来石晶须增强超高温精细陶瓷辊	景德镇诺耐技术陶瓷有限公司	市科技局

续表

起止年限	项目名称	承担单位	管理部门
2010	陶瓷碳化钛晶须增强渣冶金复合轧辊	景德镇金太冶金有限公司	市科技局
2010	金属陶瓷与梯度陶瓷改进工艺研究	景德镇市艺峰特陶工贸有限公司	市科技局
2010	基于 AL 的陶瓷产品缺陷分析方法研究	景德镇陶瓷学院	市科技局
2010	中温玲珑瓷用釉料研究	景德镇陶瓷学院	市科技局
2010	冷等静压低温烧结新型电真空陶瓷元件产业化	景德镇神非特种陶瓷有限公司	市科技局
2010	陶瓷液压机的计算机辅助设计	景德镇陶瓷学院	市科技局
2010	氧化铝陶瓷等静压成型生产机应用	景德镇景华特陶有限公司	市科技局
2010	陶瓷 CAD 技术推广应用	市陶瓷设计研究中心	市科技局

1999—2010 年陶瓷新品开发科技成果项目选介

年份	成果名称	项目来源	成果完成单位
1999	新技术陶瓷	省科委	中国直升机设计研究所（景德镇）
	高性能复相 AL_2O_3 防弹陶瓷石板	省科委	市特陶所北航材料系
	高性能 B4C 防弹陶瓷石板	自选	市特陶所北航材料系
2000	高抗热震·高抗腐蚀钳埚	省科委	景德镇莱斯特种陶瓷有限公司
	日用象牙瓷	省经委	市南光陶瓷有限公司
2001	薄壁型高孔密度堇青石蜂窝陶瓷	自选	市特种陶瓷研究所
	瓷芯棒硅橡胶铁道棒型复合绝缘子	省经委	市蓝天公司
2002	介电常数 21 微波陶瓷材料	市科委	陶瓷材料学院
	SMD 陶瓷滤波器（455KHZ/450KHZ）压电元件	市经贸委	同惠电子有限公司
2003	多功能陶艺机	市科技局	景德镇陶瓷学院
2004	微孔陶瓷精过滤及稀土激活复合抗菌家用纯净饮用水装置	自选	江西省陶瓷研究所

续表

年份	成果名称	项目来源	成果完成单位
2004	彩色釉中彩中温瓷／色釉釉中彩中温日用瓷／化妆土釉中彩中温日用瓷	市经贸委	环球陶瓷工程中心
2005	微孔陶瓷精过滤及稀土激活复合抗菌过滤管	自选	江西省陶瓷研究所
	注射成型制备性能氧化锆基结构陶瓷制品	自选	新纪元精密陶瓷有限公司
	污水处理高活性孔梯度悬浮陶瓷制品研究	市级发展	景德镇陶瓷学院
	2CG-20微波陶瓷介质材料	省经贸委	景华通达微波器件有限公司
	钛酸铝荃复相高温耐热陶瓷材料	市级	江西工艺美院
2006	氧化锆复相陶瓷外螺旋轴套	自选	景德镇新纪元陶瓷
	氧化锆荃陶瓷内螺旋轴衬	自选	景德镇新纪元陶瓷
	纳米环保陶瓷刀	自选	景德镇新纪元陶瓷
	具有隔水功能全闭孔泡沫陶瓷绝热材料研制	自选	景德镇新纪元陶瓷
	环境友好型固定化微生物悬浮陶瓷载体研制	自选	景德镇陶瓷学院
	光催化透明陶瓷膜在照明灯上的应用研究	自选	景德镇陶瓷学院
	广播发射机用CKTB型陶瓷真空电容器	自选	省科研所
	瑞雪瓷	自选	景德镇陶瓷股份公司
	12KN铁道棒形瓷绝缘子	省经贸委	市南瓷绝缘子有限公司
	交流牵引线路用棒形悬式瓷新品绝缘子	省经贸委	市南瓷绝缘子有限公司
	8KN铁道棒形瓷绝缘子	省经贸委	市南瓷绝缘子有限公司
	高温废气净化装置的开发	省科技厅	景德镇陶瓷学院
	低温日用细瓷	省科技厅	国家日用及建筑陶瓷工程技术研究中心
	中低温烧结高档日用细瓷产业化开发研究	省教育厅	国家日用及建筑陶瓷工程技术研究中心
	环境友好型陶瓷透水砖的研制与开发	省教育厅	国家日用及建筑陶瓷工程技术研究中心
	陶瓷墙地砖四色粉体彩印机及配套技术研制	市级发展	国家日用及建筑陶瓷工程技术研究中心

续表

年份	成果名称	项目来源	成果完成单位
2007	大规格高性能钛酸锶钙复相陶瓷荃板的研究	自选	景德镇陶瓷学院
	高纯氧化铌钽陶瓷坩埚	自选	市科宏特种陶瓷股份有限公司
	中温裂纹釉系列花瓶文具	省级	环球陶瓷集团有限公司
	中温金属釉陈设瓷	省级	环球陶瓷集团有限公司
	高温窑变结晶釉马赛克	省市级	景德镇市申达陶瓷瓷厂
	高居里温度压电陶瓷材料研究	市科技局	景德镇陶瓷学院
2008	电力载波式智能陶艺瓷	市级	景德镇陶瓷学院机电系
	加水分解注光通信器件用纳米氧化锆粉体	省科技厅	景德镇和川粉体技术有限公司
	工业窑炉新型耐火材料热物理性能研究	省科技厅	景德镇陶瓷学院
	网服碳化硅多孔陶瓷的制备及性能研究	市科技局	国家日用及建筑陶瓷工程技术研究中心
2009	无铅无毒害粉彩颜料的研制	市科技局	景德镇陶瓷学院
	粉彩颜料用无铅熔剂的研究	市科技局	景德镇陶瓷学院
	无机富集氧发泡技术制备真空孔特种陶瓷	省科技厅	市环球陶瓷
	R32 微波陶瓷介质材料	自选	市伟信电子科技有限公司
	高技术莹玉瓷的研制与开发	省科技厅	中国轻工业陶瓷研究所
	增硬高强氧化铝陶瓷材料的研究与应用	省科技厅	中国轻工业陶瓷研究所
	新圣透明陶瓷发光管	自选	市新纪元精密陶瓷有限公司
	氧化锆陶瓷插芯精密注射成型用颗粒	省科技厅	景德镇大川陶瓷材料有限公司
	低温共烧 Ca-Li-Sm-Ti 系高介电常数微波介质陶瓷的研制	市科技局	景德镇陶瓷学院
2010	低温烧结新型电真空氧化铝陶瓷元件工业化大生产的研究	市科技局	神飞陶瓷有限公司
	氧化铝陶瓷基片水系流延制备技术研究	省科技厅	景德镇陶瓷学院
	无铅压电陶瓷材料的器件应用研究	市科技局	景德镇陶瓷学院

190

续表

年份	成果名称	项目来源	成果完成单位
2010	高性能纳米陶瓷材料开发及制备技术	省科技厅	市新纪元精密陶瓷有限公司
	高新技术陶瓷产品的注射成型制备新技术	省科技厅	市新纪元精密陶瓷有限公司
	低温快烧硅质系列园林瓷	省工信委	曙光瓷厂
	纳米环保低温釉	省工信委	翼龙陶瓷有限公司
	辊道窑网络控制系统的研发	市科技局	景德镇陶瓷学院

4. 陶瓷包装工艺

陶瓷是易碎品，陶瓷包装兼具保护、美观和宣传介绍的功能，历来都是陶瓷产业的一个重要环节。随着社会的发展，对陶瓷产品提出了高档化、礼品化的要求，陶瓷包装也经历多次变革，是景德镇陶瓷发展的重要组成部分。

1999年，市泰风包装公司从北京引进高档装帧纸礼品包装盒，并成功与玉风瓷厂合作生产十二生肖瓷盘礼盒，开创景德镇陶瓷精品包装风格。2000年，市春涛包装设计研究所成立。随着每年景德镇国际陶瓷博览会的举办，各类高档陶瓷礼品包装得到了很好的发展机遇。景德镇民营陶瓷包装企业在陶瓷包装改进中得到快速发展，装帧纸包装、彩印礼品包装、木制包装、竹制包装及各类创新创意的品牌包装、个性包装、系列包装层出不穷。

21世纪初，景德镇一些高档艺术瓷、茶具开始采用实木木盒包装，一套（件）一个木盒，内置发泡塑料定型置放。瓷板类产品在实木装框的基础上，高档产品采用红木制框，雕饰花纹，大型瓷板还配置饰以各种刻花纹样的木座。为减少木材消耗，适应集约化运输和客户要求，景德镇设计研制出蜂窝纸板生产机械设备，并生产蜂窝纸板、纸箱、托盘及瓦楞纸板集装化托盘式包装。此包装产品，抗压强度高，包装时劳动强度低，运输装卸标准规范。2002 年,国家主席江泽民访问美国,用"红叶"牌"吉祥如意"146 头中西餐具作国礼赠送布什总统。当时,景德镇设计的国礼包装箱在外交部礼宾司众多包装样品中一举夺魁。2008 年在全国首创手推式陶瓷餐具礼品包装箱,并获国家发明专利。

2010 年以后,景德镇陶瓷包装行业在满足保护与美观功能的同时,开始探寻一条创新创意的文化之路。在材质方面,打破了原有单一材料,综合运用木、竹、金属、布等,使陶瓷包装呈现多元化。在设计方面,将传统与时代审美相融合,使陶瓷包装呈现艺术化、个性化。在内涵上,追求跨界融合,形成瓷"元素 +"的形态。此外,景德镇陶瓷包装行业梳理与研究陶瓷包装文化,2015 年全国第一家陶瓷包装历史博物馆在景德镇建成并对外开放。10 月,赵水涛编辑出版了景德镇第一部包装专著《陶瓷包装演绎史》。

至 2019 年,景德镇陶瓷包装紧跟市场,继续向多品种、多材质、多工艺和创意性、文化性、品牌性、独特性、生态性、环保性相融合的方向发展。

1999—2019 年国家、省、市科技进步奖一览表

国家级科技进步奖获奖项目				
获奖时间	项目名称	获奖单位	主要完成人	获奖等级
2008 年	高性能低膨胀陶瓷材料及其产业化	景德镇陶瓷学院	周健儿　马光华　顾幸勇 李月明　朱小平　汪永清 陈　虎　王德林　冯　青 刘　阳	二等奖
省级科技进步奖获奖项目				
获奖时间	项目名称	获奖单位	主要完成人	获奖等级
1999 年	化学液相沉淀法制备镉红陶瓷颜料研究	景德镇陶瓷学院		三等奖
1999 年	利用废匣钵及劣质原料制造耐热陶瓷	景德镇陶瓷学院		三等奖

续表

1999年	合成骨粉在陶瓷中的应用研究	江西省陶瓷研究所	刘少平等	三等奖
1999年	高白釉玉风2号杯研制	江西玉风瓷厂		三等奖
2001年	微孔碳化硅过滤管、过滤板	市兰天工业陶瓷有限公司	谢 争　黄兴明　夏天三 黄国强　余 平	三等奖
2001年	新型纳米抗菌粉体材料及其推广应用研究	景德镇陶瓷学院	刘维良	三等奖
2002年	釉中彩"黄万寿"	景德镇陶瓷股份有限公司	邵徽刚　胡谋浪　孙 飞 谭宝铭　余水林	三等奖
2004年	钛酸铝－堇青石质大规格蜂窝陶瓷	景德镇陶瓷学院	周健儿　汪永清　陈 虎 王德林　冯 青　顾幸勇 马光华	二等奖
2004年	陶瓷产品CAD集成软件的研发	景德镇陶瓷学院、江西省火炬高新技术发展总公司	章义来　周玖成　彭永康 黄如春　张战成　陈树芳	三等奖
2005年	陶瓷工业窑炉施工及验收规程（CECS166：2004）	国家工程技术研究中心	冯 青　汪如平　陈功备 郭 立　李 猛　蒋鉴华	三等奖
2005年	钛酸铝－堇青石质大规格蜂窝陶瓷	景德镇陶瓷学院	周健儿　汪永清　陈 虎 王德林　冯 青　顾幸勇 马光华　朱小平	二等奖
2006年	JN43-80型顶装焦炉改为捣固焦炉新技术开发	市开门子陶瓷化工集团有限公司	郝来春　黎景平　吴小平 汪卫华　吴克建　刘松清 陈文星　朱健崖	二等奖
2007年	低膨胀陶瓷材料的研制及其应用	景德镇陶瓷学院、修水康顺瓷业公司、萍乡市美景环保陶瓷有限公司、江西拓扑工程有限公司	周健儿　马光华　顾幸勇 李月明　朱小平　汪永清 陈 虎　王德林　冯 青 刘 阳　江伟辉	一等奖
2007年	注射成型制备高性能氧化锆基结构陶瓷制品	景德镇市新纪元精密陶瓷有限公司	谢志鹏　曾中华　罗杰昌 吴 波　胡 俊	三等奖
2008年	精细陶瓷连续式燃气烧结炉研制	江西省陶瓷研究所海泰窑炉开发中心	李 猛　尹 霞　余耀民 吴永开　洪 亮　江国良	三等奖
2008年	高纯氧化铌钽陶瓷坩埚研制	市科宏特种陶瓷有限公司	袁 勇　匡国珍　戴和平 朱 俊　任立琴　占启安	三等奖
2009年	环保型纳米陶瓷粉体产业化及其推广应用	景德镇陶瓷学院、市鹏飞建陶有限公司、兴国纳米科技有限公司、市良昆纳米工程技术中心	刘维良　李月明　陈建华 刘属兴　陈云霞　陈学文	三等奖

续表

2011年	环保型系列硫硒化镉包裹颜料及其产业化	景德镇陶瓷学院	孙国梁　欧阳小胜　邓美兰 周曙光　唐燕超　王艳香 刘　阳　李月明　沈华荣 周林文　肖尊文	二等奖
2012年	焦炉烟道废气余热加收利用	景德镇开门子陶瓷化工集团有限公司	蔡景章　盛旺喜　吴小平 黄春生　黎景平　樊金顺	三等奖
2013年	高性能、大尺寸陶瓷增强蜂窝活性炭	景德镇佳奕新材料有限公司	陈大博　吴国强　齐昌春 周海松　余琴仙	三等奖
2013年	陶瓷产品几何设计关键技术研究及应用	景德镇陶瓷学院	冯　浩	二等奖
2016年	光通信用氧化锆精密陶瓷材料	景德镇大川陶瓷材料有限公司	廖祖光　詹智诚　刘智华	三等奖

194

市级科技进步奖获奖项目（2011—2017年度）

获奖时间	项目名称	获奖单位	完成人员			获奖等级
2011年	非水解溶胶 - 凝胶法制备钛酸铝粉体的研究（技术发明奖）	景德镇陶瓷学院	江伟辉　刘健敏　魏恒勇 刘建军　冯　果　胡　紫 包镇红　虞澎澎　苗立锋			一等奖
2011年	高技术莹玉瓷的研制与开发（省重点攻关项目）	中国轻工业陶瓷研究所				三等奖
2011年	无铅压电、介电功能材料及应用研究（自然科学奖）	景德镇陶瓷学院	李月明　沈宗洋　王竹梅 廖润华			二等奖
2011年	JPK-31/067型陶瓷真空继电器	江西万平真空电器有限公司	汪国富　于荣爱　郭　炼 应金鹏			二等奖
2011年	焦炉烟道废气余热回收利用	开门子陶瓷化工集团有限公司	蔡景章　盛旺喜　吴小平 黄春生　黎景平			二等奖
2011年	3CX1500D3型陶瓷发射管	江西景光电子有限公司	俞燕飞　刘　伟　曹关平 刘新发　毛　杰			三等奖
2011年	中南海第二代专用瓷	景德镇陶瓷股份有限公司	王　耀　江贵生　汪大海 洪　蕾　杨　鹏			三等奖
2012年	新型水系流延制备陶瓷薄膜及厚膜技术的研究（技术发明奖）	景德镇陶瓷学院	罗凌虹　吴也凡　石纪军 程　亮　孙良良			二等奖
2012年	双层隔热保温餐具研制（新型隔热抗菌活化陶瓷产品开发和生产）	江西省陶瓷研究所	刘少平　尹　霞　张君良等			二等奖

续表

2012 年	低碳抗菌活化水陶瓷杯研制（新型隔热抗菌活化陶瓷产品开发和生产）	江西省陶瓷研究所	尹 霞	刘少平	张君良等		二等奖
2012 年	高性能、大尺寸陶瓷增强蜂窝活性炭	景德镇佳奕新材料有限公司	陈大博 周海松	吴国强 余琴仙	齐昌春		三等奖
2012 年	国牡丹盛世 186 头釉中彩餐具	景德镇陶瓷股份有限公司	洪 蕾 江贵生	王 耀 汪大海	邓必春		三等奖
2013 年	大功率射频烘干发生器用振荡管	江西景光电子有限公司	何朝阳 曹关平	张志然 黄红军	付振中 曾河平		三等奖
2013 年	年产 3000 吨氧化镁陶瓷插座孔板	江西康安实业有限公司	邵东林 肖 江	刘国栋	廖雄威		三等奖
2013 年	增硬高强氧化铝陶瓷材料的研究与应用	中国轻工业陶瓷研究所	任立琴 张建平	李亚萍 占启安	刘敏芳 张 璞		三等奖
2014 年	高温空气燃烧技术在陶瓷梭式窑上的应用研究	中国轻工业陶瓷研究所	熊国亮 于重湛 徐锡保 刘志耕	邓 苹 段建华 曾志钢 胡志强	余少华 范文婷 刘敏芳		一等奖
2014 年	光通信用氧化锆精密陶瓷材料	景德镇大川陶瓷材料有限公司、景德镇隆基光电科技有限公司	廖祖光 李 毅	詹智诚 林晓燕	刘智华		二等奖
2014 年	用于出口的小型化真空开关用真空灭弧室	景德镇景光精盛电器有限公司	黄 炜 王 颖	姚陆通 胡慧萍	沈世铭 胡 斌		三等奖
2014 年	纯电动/混合动力汽车高电压、大电流、大功率直流继电器用陶瓷	景德镇海川特种陶瓷有限公司	骆方金 俞 韬	王登明 沈 波	杨建霞 龙庆华		三等奖
2015 年	高封接强金属化陶瓷	景德镇景光精盛电器化有限公司	姚陆通 陈舒庆	王 颖 沈世铭	胡镇平 胡慧萍		一等奖
2015 年	耐高温白色纳米远红外陶瓷粉及其制备方法（技术发明奖）	景德镇安华陶瓷酒瓶有限公司	刘维良	刘硕奇			三等奖
2015 年	增硬高强氧化铝陶瓷材料的研究与应用（省科技支撑项目）	中国轻工业陶瓷研究所					三等奖

（二）跨界融合

陶瓷是景德镇的传统优势产业，随着人们生活水平的提高，日用陶瓷进入大众审美时代，特别是个性化、定制化消费需求的到来，以及"陶瓷+"的理念树立与快速融入，为陶瓷产品、陶瓷企业、陶瓷产业提供了广阔的市场空间，形成景德镇独特的"陶瓷文化+"现象。

1. 陶瓷与茶文化

景德镇素有"一瓷二茶"之称，所辖浮梁县拥有1400年悠久历史，自古以瓷茶文化闻名于世。瓷茶文化的融合，促进景德镇陶瓷产业的发展，尤其以日用瓷为主的陶瓷生产企业和手工制瓷作坊抓住机遇，形成了茶器产业。2000年以来，景德镇注册的陶瓷企业有数千家，其中茶器企业占据半壁江山，茶器已经成为景德镇陶瓷产业发展的新生力量，走出一条生活艺术化的发展之路。茶器市场遍布景德镇城区，东有陶溪川、陶艺街、明清园，西有锦绣昌南、中国陶瓷城，南有新都民营陶瓷园，中有国贸、金昌利、景瀚、华阳等多家大型陶瓷市场，诸多以茶器为主的品牌企业如雨后春笋般兴起，各类瓷茶文化活动络绎不绝。茶器产品琳琅满目，成为重要的旅游纪念品。

世园会茶叶罐"红翡绿翠清如许"

生活中的瓷茶文化意境

2015 年 12 月 27 日，陶溪川与读陶文化共同主办，由景德镇市已未文化有限公司承办的"读陶·溪梦"大型雅集活动在景德镇陶溪川美术馆举行，12 家知名茶具企业驻场泡茶，以雅集展现人文生活及态度，表达人文茶席的意境。2019 年 5 月 1 日，2019 中国（景德镇）国际茶·器产品博览会在江西景德镇开幕，博览会以"茶说千年·瓷语世界"为主题，吸引了国内外 500 余家企业参展。

2. 陶瓷与酒文化

陶瓷酒具是景德镇日用陶瓷主要品种之一，酒与瓷的结合，形成景德镇特色的瓷酒文化。进入 20 世纪，随着中国经济水平的发展和景德镇陶瓷产业不断转型升级，景德镇陶瓷酒具生产从单一的器物生产到契合酒文化，进行创新、创意设计，形成了集生产、设计、创意、文化艺术为一体的酒器产业群，如三雄陶瓷、隆祥陶瓷、中润陶瓷等一大批以陶瓷酒器生产为主的陶瓷企业，产品几乎涵盖全国知名酒业品牌，景德镇青花、玲珑、粉彩、颜色釉等陶瓷技艺与酒融合，成为中国日常生活中的一道美丽风景。

3.陶瓷与体育文化

陶瓷与体育文化的跨界融合，是景德镇陶瓷文化创意的一大特色。

2008 年，第二十九届夏季奥林匹克运动会在北京举行，景德镇市推出系列北京 2008 年奥运会特许商品，包括"奥运纪念瓷""奥运饰品瓷""奥运日用瓷""奥运陈设艺术瓷""奥运珍藏纪念瓷"等 5 大类 83 个品种 162 款奥运特许商品。同时，江西省陶瓷研究所为国家体育总局设计生产第二十九届奥运会中国冠军纪念花瓶等。

2018 年 8 月，在印尼雅加达举办的第十八届亚运会上，由景德镇市瓷局组织、景德镇中润陶瓷生产的亚运国礼大放异彩，并作为国礼赠送给亚运会参赛各国嘉宾。亚运国礼由景德镇的名瓷和九江产名茶结合，景德镇陶瓷大学教授、博士生导师、中国陶瓷艺术大师何炳钦创意设计，把陶瓷之雅韵、国茶之醇香，礼献给来自亚洲各国朋友。

2018 年 9 月 23 日，由《瓷都晚报》团队主创的"千名陶艺家迎省运众创吉尼斯荣誉大型创作活动"在江西省第十五届运动会主场馆景德镇市体育中心举行，1131 名陶艺家在同一时间、同一地点、同一材质上创作，在吉尼斯世界纪录大中华区总经理马可先生、吉尼斯世界纪录认证官吴晓红女士的见证下，成功创下"千名陶艺家手绘花瓶（Most people painting vases simultaneously）"全新吉尼斯世界纪录 TM 称号。

江西省第十五届运动会开幕式上充满了景德镇陶瓷文化元素

2018 年 9 月 23 日，吉尼斯世界纪录大中华区总经理马可先生现场为景德镇颁发吉尼斯证书

2018 年 10 月 28 日至 11 月 5 日，江西省第十五届运动会在景德镇举行，陶瓷文化成为省运会的一大特色，首创中国体育奖牌史上第一套景德镇《东方瓷韵》"四大名瓷"陶瓷装饰图案与金属材质相结合的江西省第十五届运动会系列奖牌。瓷文化元素贯穿第十五届省运会开、闭幕式。吉祥物为一对活泼可爱的卡通人物组成，其中男的叫瓷娃"德德"，女的叫瓷娃"青青"。作品以景德镇瓷器为蓝本，"德德"昵称源于景德镇城市名中的"德"字，"青青"昵称源于景德镇的青花瓷。10 月 15 日，江西省第十五届运动会火种采集仪式和火炬传递活动举行，火炬采集仪式融入景德镇陶瓷民俗文化，火炬为富有地域特色的陶瓷火炬，1000 余名火炬手参与火炬传递。

4. 陶瓷与影视文化

电影电视剧

2000 年以后，银幕荧屏上出现一系列以景德镇陶瓷文化为题材的影视剧，如纪录片《景德镇》、电影《青花》、电视连续剧《青花》等，2016年启动景德镇微电影大赛，通过影视形式，宣传陶瓷文化。

纪录片《景德镇》 2018 年 8 月 27 日，由中央电视台拍摄制作的纪录片《景德镇》在央视首播，全片由《起城》《御窑》《商帮》《远方》四集组合而成，分别从渊源、与皇权的关系、商业力量以及世界陶瓷贸易四个方面来点读古今景德镇的重要瞬间，探寻景德镇从一个中国传统农业乡村演变成一个世界知名的手工业和商业城市的发展之路。

纪录片《匠心冶陶》 为国家级非物质文化遗产数字化保护项目，纪录片《匠心冶陶》以景德镇厚重的陶瓷历史文化和优秀的传统制瓷技艺为拍摄主线，是进行陶瓷文化保护和传承的重要载体。纪录片由景德镇市委宣传部牵头组织制作，历经近 4 年时间完成拍摄，先后有 135 名制瓷工匠出镜。该纪录片采集素材达 4000 多分钟，总共 18 集，总片长 300 多分钟。2018 年 10 月 22 日，在景德镇中国陶瓷博物馆举行首发式。

电影《青花》 由上海电影集团公司上海电影制片厂、上海四海天地文化发展有限公司联合出品的剧情电影，桑华执导，李云良编剧，杨子、李若彤等主演。2005 年 4 月 22 日在中国内地正式上映。影片入围 2005年第十二届北京大学生电影节。

电视剧《大瓷商》 2008 年拍摄，2009 年 12 月 23 日首播，共 35 集。《大瓷商》讲述的是民国初年景德镇制瓷商人陶昌南波澜起伏的一生，以及中国瓷文化和制瓷业在那个时代背景下的艰难成长和发扬光大。由中视传媒股份有限公司、北京阳光盛通文化艺术有限公司、天津电影制片厂联合出品的民国电视剧。由吴子牛导演，夏雨、伊能静、刘德凯及宁静领衔主演，在全国演出后引起巨大反响。

电视剧《青花》 25 集电视剧《青花》是由武汉电视台与上海文广集团于 2004 年合作拍摄的电视剧，由平江锁金执导，赵雅芝、斯琴高娃领衔主演，刘卫华、李建群、戴娆、孙铁等主演。是瓷都景德镇千年华诞之际的献礼巨片，也是第一部展现青花瓷器独特魅力的传奇电视剧。

微电影

2016年景德镇举办首届微电影大赛。由景德镇市委宣传部、景德镇市旅游发展委员会、景德镇市文广新局、景德镇日报社、景德镇市广播电视台、瓷都晚报社联合主办，瓷都晚报社承办的影视文化活动，通过形式简单、短小精悍、百姓喜闻乐见的微电影传播形式，讲述瓷都故事，展示、宣传瓷都景德镇新形象，让更多的人认识景德镇、了解景德镇、爱上景德镇。到2019年，已成功举行两届，陶瓷是微电影获奖作品的主要题材之一。

国家用瓷　国家礼宾瓷

国礼文化是景德镇陶瓷血脉中抹不去的基因，多年的匠心传承与创新赋予景德镇打造国礼的文化底蕴。中华人民共和国成立以后，景德镇承制了众多国家用瓷与国家礼宾瓷，增进了与世界各国的联系与友谊。从20世纪50年代的中华人民共和国成立十周年用瓷，到20世纪70年代以后的党和国家领导人出访用瓷，以及21世纪的钓鱼台及人民大会堂用瓷、驻外使领馆用瓷、APEC峰会用瓷等，不断书写景德镇陶瓷见证历史、走向世界的新篇章。

（一）国家用瓷

"古典园林"餐具　中南海用瓷。该产品以我国传统青花瓷的色调为基础，运用江南园林建筑的表现手法，极具中华民族的古典之美。

"绿金富贵"餐具　2001年11月APEC峰会专用瓷。绿色象征和平，寓意亚太地区和亚太经合组织祈盼和平的良好愿望。

"吉祥如意"餐具　中南海专用瓷。2002年被选为国家领导人访美馈赠美国总统布什的礼品。表现吉祥如意的设计寓意和对美好生活的向往。

"国宴牡丹"餐具　人民大会堂专用瓷。以釉中彩工艺技术制作，花面正中上方红色国徽熠熠生辉。在众多人民大会堂用瓷中首次被命名为"国宴瓷"。

"国泰民安"餐茶具　2009年中华人民共和国成立60周年大庆庆典

专用瓷。运用寓意吉祥的回纹和龙纹作为边饰，中心画面为国花牡丹纹样，与"60"徽标交相辉映。

"欣欣向荣"茶杯　2012年12月十八大纪念瓷。花面设计以国花牡丹为主体，主题鲜明。

"如意"餐具　2014年11月APEC峰会瀛台用瓷。设计以明黄色为主基色，传统如意卷莲纹为主花头。

"国艳"餐具　2014年11月APEC峰会招待各国政要夫人专用瓷。设计吸取了国旗配色，鲜艳的中国红搭配五角星的明黄。

"中国梦"双层茶杯　2015年12月上海合作组织成员国总理第十四次会议专用瓷。内层装饰由中国传统的牡丹花和隶书的汉字中国梦构成。外部用现代釉中彩装饰工艺缀以蓝色边饰。

"水影"玲珑餐具　2016年9月中国杭州G20峰会纪念瓷。以景德镇传统玲珑为基调，花面辅助彩色花丛连缀，"玲珑眼"镶嵌G20图标。

"金色牡丹"餐具　2017年10月京西宾馆招待十九大代表专用瓷。餐具花面设计以金色花纹装饰，并配以鲜艳的朵花，色彩鲜艳亮丽。

"舞动之花"餐具　2018年2月平昌冬季奥运会中国运动员代表用瓷。花面采用釉中彩花卉与釉上彩会徽装饰，主图案设计用舞动的彩带表达奥运会运动的律动和友谊之纽带的寓意。

"缠枝牡丹"餐具　2018年9月APEC峰会人民大会堂金色大厅招待各国政要专用瓷。手绘青花工艺，花面设计参考了大会堂内饰的窗花、护栏、灯饰等图案及经典花纹进行设计。

"芙蓉"餐茶具　2019年元月全国政协年会用瓷。白胎瓷器是用一新瓷种——强化玉质瓷的制备方法制做而成。花面设计采用现代朵花装饰，是传统风格与现代简约风格的完美结合。

青花福玲珑杯　2019年4月钓鱼台国宾馆招待用瓷。胎体选用高白特制配方制作，雕刻玲珑眼后填以透明釉料，经高温烧制而成，玲珑孔处通透性强。

"掐丝珐琅双面开膛墨彩山水"盖碗 2019 年 4 月第二届"一带一路"国际合作高峰论坛专用瓷。花面设计结合镶金工艺，掐丝珐琅彩代表清代宫廷制瓷技艺的最高水平，造型古朴优雅。

"龙纹"餐具 2019 年 5 月习近平总书记考察江西时专列用瓷。花面采用现代工艺釉中彩装饰相结合，缀以蓝色边饰。

"子孙万代"玉壶春瓶 2014 年 11 月 APEC 峰会用瓷，被存放于雁栖湖主宴会厅。该瓶撇口，长颈，溜肩，圈足。器型饱满，釉面莹白如玉。口沿描金，内施松石绿釉。通体绘葫芦纹，藤蔓连绵缠绕。

仿清乾隆洋彩四季平安山水图套瓶 仿清乾隆洋彩四季平安山水图套瓶被存放于国际会议中心。纹饰为锦上添花轧道工艺，锦地凤尾草传统吉祥纹样，四面绘有春夏秋冬四季山水的图案，隐喻"四季平安"。

青花玲珑"丝路杯" 青花玲珑"丝路杯"被选为国宴用瓷，用来招待英国前首相特蕾莎·梅和丈夫菲利普·梅。采用景德镇四大名瓷之青花工艺和玲珑工艺的结合。

"国色天香"胭脂红对杯 2018 年 6 月 20 日，"国色天香"对杯为习近平总书记夫妇在钓鱼台会见朝鲜劳动党委员长金正恩夫妇时所用的陶瓷品茗雅器。

"九域归一"茶器 2019 年 1 月 10 日，中朝两国领导人再次会晤，在北京饭店会晤桌前摆放着"九域归一"茶器。

（二）国家礼宾瓷

珐琅彩"友谊长存""永久和平"灯笼对瓶 2011 年 10 月 31 日，国家主席胡锦涛在对奥地利国事访问期间，将此对瓶作为国礼赠予奥地利总统菲舍尔。

"八珍供御"宝石蓝描金皮球花咖啡具　2017年，国家主席习近平访俄，"八珍供御"宝石蓝描金皮球花咖啡具被作为国礼赠予俄罗斯总统普京。器形隽雅高贵，八棱周正意寓八方平安，四海升平。

"金玉祥和 四海归心"天球瓶　2019年3月，国家主席习近平访问法国时，胭脂红扒花描金粉彩图案丝路祥瑞天球瓶"金玉祥和 四海归心"被选为国礼赠予法国总统马克龙。

"丝路祥瑞"茶器　2018年1月31日至2月2日，英国首相特蕾莎·梅对中国进行正式访问，"丝路祥瑞"茶器被选为国礼赠予特蕾莎·梅。

胭脂红扒花描金瑞雪丰年文具　2018年5月10日，国务院总理李克强在东京皇宫会见日本天皇明仁，胭脂红扒花描金粉彩雪景文具被选为国礼赠予明仁天皇。

胭脂红青花斗彩龙凤呈祥文具　2018年4月10日，国家主席习近平在海南省博鳌国宾馆会见新加坡总理李显龙，胭脂红青花斗彩龙凤呈祥文具被选为国礼赠予李显龙。

胭脂红青花山水扒花描金秦权壶茶具套组　2016年1月，国家主席习近平访问伊朗时，将此套茶器赠予伊朗总统鲁哈尼。该套茶具在青花瓷基础上，加入珐琅彩胭脂红，通过不同温度的六次釉上、釉下分别烧造成型。

胭脂红青花山水描金扒花如意壶茶具套组　此套茶器作为国家主席习近平出访美国的国礼，赠予美国总统特朗普。

贺寿瓶　2007年10月制作，通过国家外事部门赠予泰国国王普密蓬·阿杜德。

扒花玲珑瓷盘　2015年12月制作，通过国家外事部门赠予俄罗斯总理梅德韦杰夫。

"雄风"虎图罐　2016年6月制作，通过国家外事部门赠予俄罗斯总统普京。

"和美天下"玲珑瓷花瓶　2017年，玲珑瓷"和美天下"被选为国礼，李克强总理赠予俄罗斯总理梅德韦杰夫。

"硕果"瓷瓶　2019年4月15日，全国人大常委会委员长栗战书在人民大会堂将五彩葡萄瓷瓶"硕果"赠予萨尔瓦多国民议会第一副议长奥兰特斯。

金玉祥和　四海归心

古典园林——中南海专用瓷

绿金富贵——2001年APEC峰会专用瓷

人民大会堂专用瓷

吉祥如意——中南海专用瓷

国庆**60**周年
庆典专用瓷

2009 年，国庆 60 周年庆典专用瓷 "国泰民安"

2014 年 11 月，APEC 峰会瀛台用瓷——"如意"

2014 年 11 月，APEC 峰会招待各国政要夫人
专用瓷——"国艳"

2016 年 9 月，中国杭州 G20 峰会纪念瓷——
"水影"

2018 年 2 月平昌冬季奥运会中国运动员代表
用瓷——"舞动之花"

2015 年 12 月，上合组织成员国总理第十四次会议专用瓷——"中国梦"杯

2019 年 4 月，第二届"一带一路"峰会（钓鱼台国宾馆）专用瓷——"掐丝珐琅双面开膛墨彩山水"盖碗

国色天香丰瑶对杯

八珍供御

210

于集华创作的"硕果"国礼瓷

第五章
文化遗产　传承保护

遗产是财富，也是宝贵的资源。景德镇在一千七百余年瓷业生产史、近六百年御窑烧造史、一百余年陶瓷工业发展历程中，留下了大量丰厚的陶瓷文化遗存。进入新时代，景德镇以更大力度、更实举措厚植人文，深度挖掘千年陶瓷文化底蕴，以开放、创新理念提高陶瓷文化产业发展质量和效益，构建景德镇陶瓷新型文化体系，让景德镇陶瓷文化遗产"活"起来。

传统制瓷工艺传承与保护

景德镇手工制瓷工艺是景德镇千年陶瓷发展传承下来的特色文化遗产，是一代又一代陶瓷人智慧的结晶。自宋以来，景德镇陶瓷在汇集全国各地名窑技艺的基础上，形成自己的特色，并自成体系。2000年后，景德镇通过创新思维，创新举措，多层面、全方位对传统手工制瓷技艺进行了传承保护，让手工制瓷在科技飞速发展的新时代里，继续闪耀着其价值的光芒。

龙缸出窑

（一）部分传统手工制瓷技艺介绍

景德镇制瓷业经过上千年的发展，专业分工精细化，"共计一杯功力，过手七十二，方克成器。其中微细节目，尚不能尽也"，手工制瓷工艺体系完善。采矿、淘洗、制不（读音 dun）、练泥、陈腐、拉坯、利坯、画坯、施釉、烧窑、画红、烧炉、选瓷、包装等一系列工序环环紧扣，专业化程度不断提高，各环节各步骤都有身怀绝技的能工巧匠。

1. 景德镇传统瓷窑作坊营造技艺（国家级）

景德镇传统瓷窑作坊营造技艺是一种以通过砌窑、修窑、抹泥等步骤最终完成传统瓷窑的技艺，是景德镇市地方传统瓷业建筑及营造技艺。2006 年 5 月 20 日，景德镇传统瓷窑作坊营造技艺被列入第一批国家非物质文化遗产名录传统技艺类。

2. 景德镇手工制瓷技艺（国家级）

景德镇手工制瓷技艺工序繁杂，其核心工序包括拉坯、利坯、画坯、施釉和烧窑等。2006 年 5 月 20 日，景德镇手工制瓷技艺被列入第一批国家非物质文化遗产名录传统技艺类。2009 年 10 月，"景德镇传统手工制瓷技艺"通过评审，正式申报联合国 2010 年"非物质文化遗产代表作名录"。

景德镇市陶瓷非物质文化遗产项目列表

项目名称	级别	类别	申报地区
景德镇传统瓷窑作坊营造技艺	国家级	传统手工技艺	江西省（第一批）
景德镇手工制瓷技艺	国家级	传统手工技艺	景德镇市（第一批）
景德镇民窑陶瓷美术	省级	民间美术	景德镇陶瓷文化遗产研究保护中心
景德镇瓷业习俗	省级	生产商贸习俗	景德镇市
景德镇传统粉彩瓷制作技艺	省级	传统手工技艺	景德镇陶瓷文化遗产研究保护中心
景德镇（浮梁）传统水碓营造技艺	省级	传统手工技艺	浮梁县

续表

项目名称	级别	类别	申报地区
景德镇传统青花瓷制作技艺	省级	传统手工技艺	景德镇陶瓷文化遗产研究保护中心
景德镇传统颜色釉瓷烧制技艺	省级	传统手工技艺	景德镇陶瓷文化遗产研究保护中心
景德镇瓷用毛笔制作技艺	省级	传统手工技艺	景德镇市珠山区
景德镇传统雕塑瓷制作技艺	省级	传统手工技艺	景德镇陶瓷文化遗产研究保护中心
景德镇传统制瓷柴窑烧成技艺	省级	传统手工技艺	景德镇陶瓷文化遗产研究保护中心
景德镇民间瓷乐艺术	市级	民间音乐	景德镇陶瓷民俗博物馆
景德镇传统陶瓷书法	市级	民间美术	景德镇市
景德镇传统制瓷原料加工配制技艺	市级	传统手工技艺	景德镇陶瓷文化遗产研究保护中心
景德镇传统制瓷工具制作技艺	市级	传统手工技艺	景德镇陶瓷文化遗产研究保护中心
景德镇传统特殊工艺瓷制作技艺	市级	传统手工技艺	景德镇陶瓷文化遗产研究保护中心
景德镇传统玲珑瓷制作技艺	市级	传统手工技艺	景德镇陶瓷文化遗产研究保护中心
景德镇传统珐琅彩瓷制作技艺	市级	传统手工技艺	景德镇陶瓷文化遗产研究保护中心
景德镇传统古彩瓷制作技艺	市级	传统手工技艺	景德镇陶瓷文化遗产研究保护中心
景德镇传统影青瓷烧制技艺	市级	传统手工技艺	景德镇市
景德镇传统釉里红瓷烧制技艺	市级	传统手工技艺	景德镇市
景德镇传统薄胎瓷制作技艺	市级	传统手工技艺	景德镇市
景德镇陶瓷乐器制作技艺	市级	传统手工技艺	景德镇市
景德镇瓷业祭拜习俗	市级	民俗	景德镇陶瓷民俗博物馆
景德镇传统瓷业语言词汇	市级	民俗	景德镇陶瓷民俗博物馆
景德镇中秋烧太平窑节俗	市级	民俗	景德镇陶瓷民俗博物馆

拉坯

挖足

利坯

蘸釉

吹釉

（二）传统手工制瓷技艺传承与保护

2003 年 10 月 17 日，联合国教科文组织通过《保护非物质文化遗产公约》，正式命名并公布"非物质文化遗产"保护的五项基本内容，"传统手工艺"名列其中。

陶瓷手工技艺的创造和传承（主要是瓷器）是世界了解中国文化的独特视角。2006 年，中国第一批国家级非物质文化遗产名录正式公布，"陶瓷手工技艺"位列 89 项传统手工艺制作之首，"景德镇手工制瓷技艺"又位列瓷器类榜首。

按照《公约》对"'非遗'保护范围"及"保护"的划定和界定，对应"传统手工艺"一项，景德镇传承下来的陶瓷非物质文化遗产主要指"传统陶瓷手工技艺"及"相关的工具、实物、工艺品和文化场所"。保护的各种措施包括："遗产各个方面的确认、立档、研究、保存、保护、宣传、弘扬、传承（主要通过正规和非正规教育）和振兴。"

在各方保护力量中，政府扮演重要角色。2005 年 3 月，景德镇市成立"景德镇民族民间文化保护工程市级中心"（2012 年 3 月改称为"景德镇市非物质文化遗产研究保护中心"），并制定下发《景德镇市民族民间文化保护工程实施方案》。

2006 年，制定《景德镇市非物质文化遗产普查工作计划（方案）》，非物质文化遗产普查、登记、申报评选的工作逐步展开。至 2014 年 3 月，包括陶瓷手工技艺在内，景德镇市共申报、评选、登记在册 49 个市级以上非物质文化遗产项目，包括国家级非物质文化遗产项目两个："景德镇手工制瓷技艺"（2006 年第一批国家级"非遗"项目，编号为：Ⅷ–7）和"景德镇传统瓷窑作坊营造技艺"（2006 年第一批国家级"非遗"项目，编号为：Ⅷ–29）；省级非物质文化遗产项目 22 个，其中有 15 个与陶瓷手工技艺相关；市级非物质文化遗产 25 个项目中与陶瓷手工技艺及文化相关的有 8 个，分别是景德镇传统瓷业语言词汇、景德镇传统珐琅彩瓷制作技艺、景德镇特种工艺瓷制作技艺、景德镇釉里红瓷制作技艺、景德镇制瓷工具制作技艺、景德镇制瓷原料加工配制技艺、景德镇瓷业祭拜习俗、景德镇中秋烧太平窑习俗。

景德镇市级以上与陶瓷传统手工制瓷技艺相关的非物质文化遗产项目（25 项）占当地"非遗"项目（49 项）的 51%，尤其是国家级和省级项目所占比例分别达到 100% 和 68.1%，陶瓷技艺与文化在景德镇地区非物质文化遗产中占有绝对地位。

2008 年 9 月 8 日，市政府第 36 次常务会议通过《景德镇市传统制瓷技艺代表性传承人认定与管理暂行办法》，其中第四条对景德镇传统制瓷技艺代表性传承人的保护政策和措施如下：（一）景德镇传统制瓷技艺代表性传承人由市政府颁发荣誉证书并授牌。（二）对代表性传承人创建的非物质文化遗产保护传承基地、传习所等给予宣传、奖励以及优先参加市里重大陶瓷文化艺术活动等支持。（三）代表性传承人及其学徒，可以根据技艺传承情况推荐进入市属相关企业单位。（四）对列入国家、省、市级的代表性传承人，政府按月分别给予特殊技艺补贴。

2011 年，首批公布的 41 个国家级生产性保护基地中，景德镇市古窑瓷厂、景德镇佳洋陶瓷有限公司位列其中。

2012 年 3 月，景德镇市非物质文化遗产研究保护中心正式成立，是全省各设区市文化系统中首个单独成立的"非遗"机构，主要承担全市非物质文化遗产的普查、研究、保护、交流、展览等职能。机构的设立、文件的制定为景德镇陶瓷"非遗"的保护提供最基本的组织、政策保障，"非遗"传承项目及传承人的认定、立档，则初步勾勒出景德镇陶瓷传统手工技艺保护对象的轮廓。

2012 年，景德镇市又陆续成功申请 4 个省级、6 个市级陶瓷"非遗"生产性保护基地。对于国家级保护基地，政府每年给予 20 万元的资金，用于补助开展非物质文化遗产的研究和保护工作，基地每年要提交研究成果。政府支持基地长期聘用国家级、省级、市级"非遗"传承人，并鼓励他们带徒传授技艺。

2014 年 12 月 1 日，联合国教科文组织通过其官方网站宣布，中国江西景德镇荣膺"世界手工艺与民间艺术之都"，成为该组织"全球创意城市网络"正式会员。"全球创意城市网络"与物质文化遗产名录、非物质文化遗产名录并列为联合国教科文组织三大名录。是年，景德镇成功承办"2014 年中国文化遗产日主场城市活动"。

2015 年 8 月 27 日，以展现传统手工制瓷工序为内容的 60 座青铜群雕，在景德镇市珠山大桥两侧集体亮相，为老城区增添一道亮丽的风景线。为弘扬陶瓷文化、提升城市品位，景德镇于 2014 年 7 月筹备制瓷工序群雕创作事宜，历经一年多时间最终得以完成。制瓷工序群雕共制作两套，另一套由景德镇市陶瓷博物馆收藏。

2016 年 7 月 1 日，《景德镇传统制瓷工艺》由江西省质量技术监督局、江西省标准化研究院、景德镇市市场和质量监督管理局审定通过，属景德镇传统制瓷工艺的首个地方标准。2017 年 9 月 26 日上午，文化部、教育部"景德镇手工制瓷技艺（2017 年第一、二期）"非遗研修班结业典礼在景德镇陶瓷大学湘湖校区国际学术报告厅举行。

2017 年，大型景德镇传统手工制瓷技艺纪录片《匠心冶陶》全部拍摄制作完毕。是年，由国家体育场鸟巢文化中心、北京文化产权交易中心联合主办的"筑梦鸟巢 留住传世技艺"2017 鸟巢非物质文化遗产邀请展，在国家体育场鸟巢文化中心开幕，景德镇手工制瓷技艺代表作品在展会上展出。

2019 年 2 月，景德镇陶瓷大学、景德镇名坊园邓希平陶瓷有限公司、景德镇市青瓷艺术研究院等单位入选 2019—2021 年度江西省非物质文化遗产研究基地名单，江西陶瓷工艺美术职业技术学院入选 2019—2021 年度江西省非物质文化遗产传承基地名单，冯绍兴陶瓷有限公司、景德镇滢知味陶瓷文化有限公司等多家陶瓷企业入选 2019—2021 年度江西省非物质文化遗产生产性保护示范基地名单，景德镇市福熙堂陶瓷有限公司等单位入选 2019—2021 年度江西省非物质文化遗产传播基地名单。

2008 年至 2019 年，景德镇形成非物质文化遗产传承人才梯队，有国家级非物质文化遗产代表性传承人 10 人，省级非物质文化遗产代表性传承人 68 人，市级非物质文化遗产代表性传承人 393 人。

国家级非物质文化遗产代表性传承人

姓　名	项目名称	项目类别	说　明
余云山	景德镇传统瓷窑作坊营造技艺（挛窑）	传统技艺	2009 年第三批
曹开永	景德镇手工制瓷技艺（手工剐坯）	传统技艺	2009 年第三批
王炎生	景德镇手工制瓷技艺（手工做坯）	传统技艺	2009 年第三批
陈圣发	景德镇手工制瓷技艺（手工利坯）	传统技艺	2009 年第三批
蓝国华	景德镇手工制瓷技艺（景德镇传统古彩瓷制作技艺）	传统技艺	2012 年第四批
邓希平	景德镇手工制瓷技艺（景德镇传统颜色釉瓷烧制技艺）	传统技艺	2012 年第四批
朱丹忱	景德镇手工制瓷技艺（景德镇传统陶瓷书法）	传统技艺	2012 年第四批
傅长敏	景德镇手工制瓷技艺（景德镇传统粉彩瓷制作技艺）	传统技艺	2012 年第四批
黄云鹏	景德镇手工制瓷技艺（景德镇传统青花瓷制作技艺）	传统技艺	2012 年第四批
李文跃	景德镇手工制瓷技艺（景德镇传统粉彩瓷制作技艺）	传统技艺	2012 年第四批
胡家旺	景德镇传统瓷窑作坊营造技艺（把桩）	传统技艺	2018 年第五批

省级非物质文化遗产代表性传承人

姓　名	项目名称	项目类别	说　明
余云山	景德镇传统瓷窑作坊营造技艺（挛窑）	传统技艺	2008 年第一批
曹开永	景德镇手工制瓷技艺（手工剐坯）	传统技艺	2008 年第一批
王炎生	景德镇手工制瓷技艺（手工做坯）	传统技艺	2008 年第一批
陈圣发	景德镇手工制瓷技艺（手工利坯）	传统技艺	2008 年第一批
何国平	景德镇手工制瓷技艺（手工拉坯）	传统技艺	2008 年第一批
孙同鑫	景德镇传统青花瓷制作技艺	传统技艺	2008 年第一批
王华民	景德镇传统青花瓷制作技艺	传统技艺	2008 年第一批
江海南	景德镇手工制瓷技艺（手工刹合器）	传统技艺	2008 年第一批
余和柱	景德镇传统瓷窑作坊营造技艺	传统技艺	2008 年第一批
冯宗森	景德镇传统制瓷柴窑烧成技艺	传统技艺	2008 年第一批
冯上论	景德镇传统制瓷柴窑烧成技艺	传统技艺	2008 年第一批
江　汉	景德镇传统粉彩瓷制作技艺	传统技艺	2008 年第一批
袁西北	景德镇手工制瓷技艺（琢器拉坯）	传统技艺	2011 年第二批
周腊秀	景德镇手工制瓷技艺（圆器画坯）	传统技艺	2011 年第二批
汪申芳	景德镇手工制瓷技艺（圆器画坯）	传统技艺	2011 年第二批
陈繁国	景德镇手工制瓷技艺（琢器画坯）	传统技艺	2011 年第二批
朱丹忱	景德镇传统陶瓷书法	传统技艺	2011 年第二批
徐建建	景德镇传统雕塑瓷制作技艺	传统技艺	2011 年第二批
聂福寿	景德镇传统雕塑瓷制作技艺	传统技艺	2011 年第二批
张　军	景德镇传统雕塑瓷制作技艺	传统技艺	2011 年第二批
孙立新	景德镇传统青花瓷制作技艺	传统技艺	2011 年第二批
邓希平	景德镇传统颜色釉瓷烧制技艺	传统技艺	2011 年第二批
刘晓玉	景德镇传统颜色釉瓷烧制技艺	传统技艺	2011 年第二批
胡家旺	景德镇传统制瓷柴窑烧成技艺（把桩）	传统技艺	2011 年第二批
余恂铨	景德镇传统制瓷柴窑烧成技艺（驼坯）	传统技艺	2011 年第二批
盛松柏	景德镇瓷用毛笔制作技艺	传统技艺	2011 年第二批
李兆麟	景德镇手工制瓷技艺（画红）	传统技艺	2011 年第二批

续表

姓 名	项目名称	项目类别	说 明
钟振华	景德镇手工制瓷技艺（半刀泥刻花装饰）	传统技艺	2011 年第二批
孙燕明	景德镇手工制瓷技艺（高温颜色釉配彩绘）	传统技艺	2011 年第二批
邵继柏	景德镇手工制瓷技艺（青花油料配制技艺）	传统技艺	2011 年第二批
蓝国华	景德镇传统古彩瓷制作技艺	传统技艺	2011 年第二批
李文跃	景德镇手工制瓷技艺（墨彩）	传统技艺	2011 年第二批
黄云鹏	景德镇传统青花瓷制作技艺	传统技艺	2011 年第二批
熊建军	景德镇传统粉彩瓷制作技艺	传统技艺	2011 年第二批
陈培火	景德镇传统雕塑瓷制作技艺	传统技艺	2011 年第二批
江建民	景德镇手工制瓷技艺（青花釉里红）	传统技艺	2011 年第二批
傅长敏	景德镇传统粉彩瓷制作技艺	传统技艺	2011 年第二批
钟福洪	景德镇手工制瓷技艺（雕刻）	传统技艺	2011 年第二批
田 峰	景德镇民窑陶瓷美术	传统美术	2011 年第二批
于文来	景德镇手工制瓷技艺（圆器剐坯）	传统技艺	2011 年第二批
余祖兴	景德镇传统瓷窑作坊营造技艺（挛窑）	传统技艺	2011 年第二批
张松茂	景德镇传统粉彩瓷制作技艺	传统技艺	2016 年第三批
江和先	景德镇传统粉彩瓷制作技艺	传统技艺	2016 年第三批
汪家旺	景德镇传统粉彩瓷制作技艺	传统技艺	2016 年第三批
宁 钢	景德镇传统粉彩瓷制作技艺	传统技艺	2016 年第三批
陈其松	景德镇传统粉彩瓷制作技艺	传统技艺	2016 年第三批
范双梅	景德镇传统青花瓷制作技艺	传统技艺	2016 年第三批
黄晓红	景德镇手工制瓷技艺（琢器画坯）	传统技艺	2016 年第三批
郑 勇	景德镇传统青花瓷制作技艺	传统技艺	2016 年第三批
辛 婷	景德镇传统青花瓷制作技艺	传统技艺	2016 年第三批
涂金水	景德镇传统雕塑瓷制作技艺	传统技艺	2016 年第三批
张正海	景德镇传统雕塑瓷制作技艺	传统技艺	2016 年第三批
张吟玲	景德镇传统雕塑瓷制作技艺	传统技艺	2016 年第三批

续表

姓　名	项目名称	项目类别	说　明
吴江中	景德镇手工制瓷技艺（大件器制作）	传统技艺	2016 年第三批
陈　军	景德镇手工制瓷技艺（青花釉里红）	传统技艺	2016 年第三批
宁勤征	景德镇手工制瓷技艺（颜色釉综合装饰）	传统技艺	2016 年第三批
黄丽萍	景德镇手工制瓷技艺（墨彩）	传统技艺	2016 年第三批
冯绍兴	景德镇手工制瓷技艺（琢器拉坯）	传统技艺	2016 年第三批
周庆伦	景德镇手工制瓷技艺（琢器利坯）	传统技艺	2016 年第三批
余春煌	景德镇手工制瓷技艺（印坯）	传统技艺	2016 年第三批
李海林	景德镇手工制瓷技艺（釉下五彩）	传统技艺	2016 年第三批
占香生	景德镇传统施釉	传统技艺	2016 年第三批
江员发	景德镇手工制瓷技艺（古陶瓷修复）	传统技艺	2016 年第三批
邱　含	景德镇手工制瓷技艺——青花釉里红		2016 年第三批

市级非物质文化遗产代表性传承人

姓　名	项目名称	项目类别	说　明
王炎生	景德镇手工制瓷技艺（手工做坯）	传统技艺	2008 年第一批
陈圣发	景德镇手工制瓷技艺（手工利坯）	传统技艺	2008 年第一批
胡家旺	景德镇传统制瓷柴窑烧成技艺（把桩）	传统技艺	2008 年第一批
陈培火	景德镇传统雕塑瓷制作技艺	传统技艺	2008 年第一批
邓邵平	景德镇手工制瓷技艺（琢器做坯）	传统技艺	2008 年第一批
洪国忠	景德镇手工制瓷技艺（琢器利坯）	传统技艺	2008 年第一批
龚田根	景德镇传统粉彩瓷制作技艺	传统技艺	2008 年第一批
李文遥	景德镇传统古彩瓷制作技艺	传统技艺	2008 年第一批
汪申芳	景德镇手工制瓷技艺（圆器画坯）	传统技艺	2008 年第一批
邹宝林	景德镇传统粉彩瓷制作技艺	传统技艺	2008 年第一批
曹开永	景德镇手工制瓷技艺（手工剐坯）	传统技艺	2009 年第二批
何国平	景德镇手工制瓷技艺（琢器做坯）	传统技艺	2009 年第二批
袁西北	景德镇手工制瓷技艺（琢器做坯）	传统技艺	2009 年第二批
乐厚生	景德镇手工制瓷技艺（琢器利坯）	传统技艺	2009 年第二批
周庆伦	景德镇手工制瓷技艺（琢器利坯）	传统技艺	2009 年第二批
何胜其	景德镇手工制瓷技艺（琢器雕镶）	传统技艺	2009 年第二批

续表

姓 名	项目名称	项目类别	说 明
洪金玲	景德镇手工制瓷技艺（琢器雕镶）	传统技艺	2009 年第二批
江海南	景德镇手工制瓷技艺（剎合坯）	传统技艺	2009 年第二批
陈金保	景德镇手工制瓷技艺（配釉）	传统技艺	2009 年第二批
李彩云	景德镇手工制瓷技艺（配釉）	传统技艺	2009 年第二批
吴桂娥	景德镇手工制瓷技艺（琢器搨釉）	传统技艺	2009 年第二批
范国卿	景德镇手工制瓷技艺（琢器搨釉）	传统技艺	2009 年第二批
周腊秀	景德镇手工制瓷技艺（圆器画坯）	传统技艺	2009 年第二批
李兆麟	景德镇手工制瓷技艺（画红）	传统技艺	2009 年第二批
李永峰	景德镇手工制瓷技艺（画红）	传统技艺	2009 年第二批
颜冬梅	景德镇手工制瓷技艺（画红）	传统技艺	2009 年第二批
章鹤翔	景德镇手工制瓷技艺（画红）	传统技艺	2009 年第二批
严亮华	景德镇手工制瓷技艺（画红）	传统技艺	2009 年第二批
杨继生	景德镇手工制瓷技艺（画红）	传统技艺	2009 年第二批
朱丹忱	景德镇传统陶瓷书法	传统技艺	2009 年第二批
熊建军	景德镇传统粉彩瓷制作技艺	传统技艺	2009 年第二批
陈繁国	景德镇手工制瓷技艺（琢器画坯）	传统技艺	2009 年第二批
於彩云	景德镇手工制瓷技艺（琢器画坯）	传统技艺	2009 年第二批
吴云萍	景德镇手工制瓷技艺（琢器画坯）	传统技艺	2009 年第二批
余国琴	景德镇手工制瓷技艺（琢器画坯）	传统技艺	2009 年第二批
黄晓红	景德镇手工制瓷技艺（琢器画坯）	传统技艺	2009 年第二批
徐文元	景德镇手工制瓷技艺（圆器装坯）	传统技艺	2009 年第二批
钟振华	景德镇手工制瓷技艺（半刀泥刻花装饰）	传统技艺	2009 年第二批
孙燕明	景德镇手工制瓷技艺（高温颜色釉配彩绘）	传统技艺	2009 年第二批
邵继柏	景德镇手工制瓷技艺（青花油料配制技艺）	传统技艺	2009 年第二批
余云山	景德镇传统瓷窑作坊营造技艺（挛窑）	传统技艺	2009 年第二批
余和柱	景德镇传统瓷窑作坊营造技艺	传统技艺	2009 年第二批
冯宗森	景德镇传统制瓷柴窑烧成技艺	传统技艺	2009 年第二批
冯上论	景德镇传统制瓷柴窑烧成技艺	传统技艺	2009 年第二批
余恂铨	景德镇传统制瓷柴窑烧成技艺（驼坯）	传统技艺	2009 年第二批

续表

姓 名	项目名称	项目类别	说 明
郭镇荣	景德镇传统制瓷柴窑烧成技艺	传统技艺	2009 年第二批
江政良	景德镇传统制瓷柴窑烧成技艺	传统技艺	2009 年第二批
余略森	景德镇传统制瓷柴窑烧成技艺	传统技艺	2009 年第二批
冯 斌	景德镇传统制瓷柴窑烧成技艺	传统技艺	2009 年第二批
曹生根	景德镇传统制瓷柴窑烧成技艺	传统技艺	2009 年第二批
段鹏进	景德镇传统制瓷柴窑烧成技艺	传统技艺	2009 年第二批
江镇初	景德镇传统制瓷柴窑烧成技艺	传统技艺	2009 年第二批
袁德和	景德镇传统制瓷柴窑烧成技艺	传统技艺	2009 年第二批
石镇松	景德镇传统制瓷柴窑烧成技艺	传统技艺	2009 年第二批
冯和平	景德镇传统制瓷柴窑烧成技艺	传统技艺	2009 年第二批
付金标	景德镇传统制瓷柴窑烧成技艺	传统技艺	2009 年第二批
占香生	景德镇传统制瓷柴窑烧成技艺	传统技艺	2009 年第二批
张国良	景德镇传统制瓷柴窑烧成技艺	传统技艺	2009 年第二批
王蛟湾	景德镇传统制瓷柴窑烧成技艺	传统技艺	2009 年第二批
余忠发	景德镇传统制瓷柴窑烧成技艺	传统技艺	2009 年第二批
冯 星	景德镇传统制瓷柴窑烧成技艺	传统技艺	2009 年第二批
黄云鹏	景德镇传统青花瓷制作技艺	传统技艺	2009 年第二批
孙同鑫	景德镇传统青花瓷制作技艺	传统技艺	2009 年第二批
王华民	景德镇传统青花瓷制作技艺	传统技艺	2009 年第二批
孙立新	景德镇传统青花瓷制作技艺	传统技艺	2009 年第二批
江建民	景德镇手工制瓷技艺（青花釉里红）	传统技艺	2009 年第二批
汪春麟	景德镇传统青花瓷制作技艺	传统技艺	2009 年第二批
黄国军	景德镇传统青花瓷制作技艺	传统技艺	2009 年第二批
李文跃	景德镇传统粉彩瓷制作技艺	传统技艺	2009 年第二批
傅长敏	景德镇传统粉彩瓷制作技艺	传统技艺	2009 年第二批
范自魁	景德镇传统粉彩瓷制作技艺	传统技艺	2009 年第二批
杨修勇	景德镇传统粉彩瓷制作技艺	传统技艺	2009 年第二批
邹剑英	景德镇传统粉彩瓷制作技艺	传统技艺	2009 年第二批
蓝国华	景德镇传统古彩瓷制作技艺	传统技艺	2009 年第二批
徐建建	景德镇传统雕塑瓷制作技艺	传统技艺	2009 年第二批
聂福寿	景德镇传统雕塑瓷制作技艺	传统技艺	2009 年第二批

姓　名	项目名称	项目类别	说　明
张　军	景德镇传统雕塑瓷制作技艺	传统技艺	2009 年第二批
钟福洪	景德镇传统雕塑瓷制作技艺	传统技艺	2009 年第二批
戴尧生	景德镇传统雕塑瓷制作技艺	传统技艺	2009 年第二批
陈烙铭	景德镇传统雕塑瓷制作技艺	传统技艺	2009 年第二批
洪勤浪	景德镇传统雕塑瓷制作技艺	传统技艺	2009 年第二批
邓希平	景德镇传统颜色釉瓷烧制技艺	传统技艺	2009 年第二批
刘晓玉	景德镇传统颜色釉瓷烧制技艺	传统技艺	2009 年第二批
李瑞祥	景德镇传统颜色釉瓷烧制技艺	传统技艺	2009 年第二批
张筱帆	景德镇传统颜色釉瓷烧制技艺	传统技艺	2009 年第二批
张秋发	景德镇传统颜色釉瓷烧制技艺	传统技艺	2009 年第二批
胡春霞	景德镇传统玲珑瓷制作技艺	传统技艺	2009 年第二批
杨广源	景德镇传统特种工艺瓷制作技艺	传统技艺	2009 年第二批
胡北京	景德镇传统制瓷工具制作技艺	传统技艺	2009 年第二批
张　剑	景德镇传统制瓷原料配制技艺	传统技艺	2009 年第二批
盛松柏	景德镇瓷用毛笔制作技艺	传统技艺	2009 年第二批
盛玉华	景德镇瓷用毛笔制作技艺	传统技艺	2009 年第二批
田　锋	景德镇民窑陶瓷美术	传统美术	2009 年第二批
王惟熙	景德镇民窑陶瓷美术	传统美术	2009 年第二批
饶伟华	景德镇民窑陶瓷美术	传统美术	2009 年第二批
于文来	景德镇手工制瓷技艺（手工剐坯）	传统技艺	2009 年第二批
江　汉	景德镇传统粉彩瓷制作技艺	传统技艺	2009 年第二批
王　音	景德镇传统粉彩瓷制作技艺	传统技艺	2011 年第三批
宁　钢	景德镇传统粉彩瓷制作技艺	传统技艺	2011 年第三批
冯旭魁	景德镇传统粉彩瓷制作技艺	传统技艺	2011 年第三批
冯唐新	景德镇传统粉彩瓷制作技艺	传统技艺	2011 年第三批
甘　云	景德镇传统粉彩瓷制作技艺	传统技艺	2011 年第三批
江和先	景德镇传统粉彩瓷制作技艺	传统技艺	2011 年第三批
刘　敏	景德镇传统粉彩瓷制作技艺	传统技艺	2011 年第三批
刘奇伟	景德镇传统粉彩瓷制作技艺	传统技艺	2011 年第三批
张松茂	景德镇传统粉彩瓷制作技艺	传统技艺	2011 年第三批
张景寿	景德镇传统粉彩瓷制作技艺	传统技艺	2011 年第三批

姓　名	项目名称	项目类别	说　明
杨　霆	景德镇传统粉彩瓷制作技艺	传统技艺	2011 年第三批
杜兰珍	景德镇传统粉彩瓷制作技艺	传统技艺	2011 年第三批
陈其松	景德镇传统粉彩瓷制作技艺	传统技艺	2011 年第三批
李映华	景德镇传统粉彩瓷制作技艺	传统技艺	2011 年第三批
杨子健	景德镇传统粉彩瓷制作技艺	传统技艺	2011 年第三批
余顺梅	景德镇传统粉彩瓷制作技艺	传统技艺	2011 年第三批
汪家旺	景德镇传统粉彩瓷制作技艺	传统技艺	2011 年第三批
严杨平	景德镇传统粉彩瓷制作技艺	传统技艺	2011 年第三批
范敏祺	景德镇传统粉彩瓷制作技艺	传统技艺	2011 年第三批
祝文华	景德镇传统粉彩瓷制作技艺	传统技艺	2011 年第三批
施少明	景德镇传统粉彩瓷制作技艺	传统技艺	2011 年第三批
黄正青	景德镇传统粉彩瓷制作技艺	传统技艺	2011 年第三批
黄　勇	景德镇传统粉彩瓷制作技艺	传统技艺	2011 年第三批
彭沅清	景德镇传统粉彩瓷制作技艺	传统技艺	2011 年第三批
程志宏	景德镇传统粉彩瓷制作技艺	传统技艺	2011 年第三批
蔡玲玲	景德镇传统粉彩瓷制作技艺	传统技艺	2011 年第三批
黄　滨	景德镇传统粉彩瓷制作技艺	传统技艺	2011 年第三批
欧阳敏	景德镇传统粉彩瓷制作技艺	传统技艺	2011 年第三批
张为邦	景德镇传统粉彩瓷制作技艺	传统技艺	2011 年第三批
钟起宝	景德镇传统粉彩瓷制作技艺	传统技艺	2011 年第三批
黄丽萍	景德镇手工制瓷技艺（墨彩）	传统技艺	2011 年第三批
王三义	景德镇传统青花瓷制作技艺	传统技艺	2011 年第三批
乐茂顺	景德镇传统青花瓷制作技艺	传统技艺	2011 年第三批
邬书远	景德镇传统青花瓷制作技艺	传统技艺	2011 年第三批
江美华	景德镇传统青花瓷制作技艺	传统技艺	2011 年第三批
刘中荣	景德镇传统青花瓷制作技艺	传统技艺	2011 年第三批
陈叶梦	景德镇传统青花瓷制作技艺	传统技艺	2011 年第三批
辛　婷	景德镇传统青花瓷制作技艺	传统技艺	2011 年第三批
邱明政	景德镇传统青花瓷制作技艺	传统技艺	2011 年第三批
周玲霞	景德镇传统青花瓷制作技艺	传统技艺	2011 年第三批
郑　勇	景德镇传统青花瓷制作技艺	传统技艺	2011 年第三批

续表

姓 名	项目名称	项目类别	说 明
饶丽军	景德镇传统青花瓷制作技艺	传统技艺	2011 年第三批
徐明英	景德镇传统青花瓷制作技艺	传统技艺	2011 年第三批
秦秋艳	景德镇传统青花瓷制作技艺	传统技艺	2011 年第三批
黄景藏	景德镇传统青花瓷制作技艺	传统技艺	2011 年第三批
熊晓华	景德镇传统青花瓷制作技艺	传统技艺	2011 年第三批
谭筱红	景德镇传统青花瓷制作技艺	传统技艺	2011 年第三批
范双梅	景德镇传统青花瓷制作技艺	传统技艺	2011 年第三批
赵　嵘	景德镇传统青花瓷制作技艺	传统技艺	2011 年第三批
吴兰英	景德镇传统青花瓷制作技艺	传统技艺	2011 年第三批
王强飚	景德镇传统雕塑瓷制作技艺	传统技艺	2011 年第三批
张正海	景德镇传统雕塑瓷制作技艺	传统技艺	2011 年第三批
张小春	景德镇传统雕塑瓷制作技艺	传统技艺	2011 年第三批
陈凌明	景德镇传统雕塑瓷制作技艺	传统技艺	2011 年第三批
陈丽珍	景德镇传统雕塑瓷制作技艺	传统技艺	2011 年第三批
金爱文	景德镇传统雕塑瓷制作技艺	传统技艺	2011 年第三批
余松林	景德镇传统雕塑瓷制作技艺	传统技艺	2011 年第三批
余国华	景德镇传统雕塑瓷制作技艺	传统技艺	2011 年第三批
涂金水	景德镇传统雕塑瓷制作技艺	传统技艺	2011 年第三批
蓝　芳	景德镇传统古彩瓷制作技艺	传统技艺	2011 年第三批
占昌赣	景德镇传统古彩瓷制作技艺	传统技艺	2011 年第三批
陈淑娟	景德镇传统古彩瓷制作技艺	传统技艺	2011 年第三批
段庆新	景德镇传统古彩瓷制作技艺	传统技艺	2011 年第三批
程永安	景德镇传统古彩瓷制作技艺	传统技艺	2011 年第三批
童　缨	景德镇传统古彩瓷制作技艺	传统技艺	2011 年第三批
余望龙	景德镇传统玲珑瓷制作技艺	传统技艺	2011 年第三批
江员发	景德镇手工制瓷技艺（古陶瓷修复）	传统技艺	2011 年第三批
占莲生	景德镇手工制瓷技艺（陶瓷用印雕刻）	传统技艺	2011 年第三批
徐安基	景德镇手工制瓷技艺（手工镶器制作）	传统技艺	2011 年第三批
邬书永	景德镇手工制瓷技艺（大件雕镶器）	传统技艺	2011 年第三批
余春煌	景德镇手工制瓷技艺（印坯）	传统技艺	2011 年第三批
余望喜	景德镇手工制瓷技艺（印坯）	传统技艺	2011 年第三批

228

姓 名	项目名称	项目类别	说 明
秦卖松	景德镇手工制瓷技艺（圆器拉坯）	传统技艺	2011 年第三批
张树林	景德镇手工制瓷技艺（琢器做坯）	传统技艺	2011 年第三批
冯绍兴	景德镇手工制瓷技艺（琢器做坯）	传统技艺	2011 年第三批
陈茂仕	景德镇手工制瓷技艺（圆器剎合坯）	传统技艺	2011 年第三批
刘鲜发	景德镇手工制瓷技艺（圆器利坯）	传统技艺	2011 年第三批
徐建民	景德镇手工制瓷技艺（圆器利坯）	传统技艺	2011 年第三批
冯绍起	景德镇手工制瓷技艺（琢器利坯）	传统技艺	2011 年第三批
熊国亮	景德镇手工制瓷技艺（琢器利坯）	传统技艺	2011 年第三批
万国富	景德镇手工制瓷技艺（琢器利坯）	传统技艺	2011 年第三批
余晖龙	景德镇手工制瓷技艺（琢器利坯）	传统技艺	2011 年第三批
万木林	景德镇手工制瓷技艺（琢器利坯）	传统技艺	2011 年第三批
余昌波	景德镇手工制瓷技艺（琢器装坯）	传统技艺	2011 年第三批
李海林	景德镇手工制瓷技艺（釉下五彩）	传统技艺	2011 年第三批
程 云	景德镇手工制瓷技艺（传统陶瓷釉上刷花）	传统技艺	2011 年第三批
吴小华	景德镇手工制瓷技艺（半刀泥雕刻）	传统技艺	2011 年第三批
黄若澄	景德镇手工制瓷技艺（半刀泥雕刻）	传统技艺	2011 年第三批
吴江中	景德镇手工制瓷技艺（大件器制作）	传统技艺	2011 年第三批
向元华	景德镇手工制瓷技艺（古瓷复制）	传统技艺	2011 年第三批
刘书芬	景德镇手工制瓷技艺（古瓷复制）	传统技艺	2011 年第三批
钟宜彬	景德镇手工制瓷技艺（高温色釉堆雕）	传统技艺	2011 年第三批
涂国生	景德镇手工制瓷技艺（色釉绘画）	传统技艺	2011 年第三批
汪 迅	景德镇手工制瓷技艺（瓷像制作）	传统技艺	2011 年第三批
陈 军	景德镇手工制瓷技艺（青花釉里红）	传统技艺	2011 年第三批
宁勤征	景德镇手工制瓷技艺（颜色釉综合装饰）	传统技艺	2011 年第三批
王小英	景德镇手工制瓷技艺（新彩瓷绘制）	传统技艺	2011 年第三批
陈荣明	景德镇手工制瓷技艺（新彩瓷绘制）	传统技艺	2011 年第三批
辛 夷	景德镇手工制瓷技艺（新彩瓷绘制）	传统技艺	2011 年第三批
童承天	景德镇手工制瓷技艺（新彩瓷绘制）	传统技艺	2011 年第三批
刘 丽	景德镇手工制瓷技艺（新彩瓷绘制）	传统技艺	2011 年第三批

姓 名	项目名称	项目类别	说 明
熊国安	景德镇传统薄胎瓷制作技艺	传统技艺	2011 年第三批
余祖兴	景德镇传统瓷窑作坊营造技艺	传统技艺	2011 年第三批
白光华	景德镇传统陶瓷书法	传统美术	2011 年第三批
孙海霞	景德镇传统陶瓷书法	传统美术	2011 年第三批
林 雪	景德镇传统陶瓷书法	传统美术	2011 年第三批
邓建新	景德镇民窑陶瓷美术	传统美术	2011 年第三批
乐接华	景德镇民窑陶瓷美术	传统美术	2011 年第三批
陈海澄	景德镇瓷业习俗	传统习俗	2011 年第三批
于庆华	景德镇传统粉彩瓷制作技艺	传统技艺	2013 年第四批
曾开文	景德镇传统粉彩瓷制作技艺	传统技艺	2013 年第四批
王昌彪	景德镇传统粉彩瓷制作技艺	传统技艺	2013 年第四批
张中闻	景德镇传统粉彩瓷制作技艺	传统技艺	2013 年第四批
钟冬明	景德镇传统粉彩瓷制作技艺	传统技艺	2013 年第四批
张锦霞	景德镇传统粉彩瓷制作技艺	传统技艺	2013 年第四批
喻晓莉	景德镇传统粉彩瓷制作技艺	传统技艺	2013 年第四批
徐 英	景德镇传统粉彩瓷制作技艺	传统技艺	2013 年第四批
万任芳	景德镇传统粉彩瓷制作技艺	传统技艺	2013 年第四批
邹达怀	景德镇传统粉彩瓷制作技艺	传统技艺	2013 年第四批
张华梅	景德镇传统粉彩瓷制作技艺	传统技艺	2013 年第四批
江生元	景德镇传统粉彩瓷制作技艺	传统技艺	2013 年第四批
涂杏花	景德镇传统青花瓷制作技艺	传统技艺	2013 年第四批
陆永菊	景德镇传统青花瓷制作技艺	传统技艺	2013 年第四批
任 莉	景德镇传统青花瓷制作技艺	传统技艺	2013 年第四批
田 曼	景德镇传统青花瓷制作技艺	传统技艺	2013 年第四批
江立会	景德镇传统青花瓷制作技艺	传统技艺	2013 年第四批
方文生	景德镇传统青花瓷制作技艺	传统技艺	2013 年第四批
李晓辉	景德镇传统陶瓷书法	传统技艺	2013 年第四批
汪开潮	景德镇传统陶瓷书法	传统技艺	2013 年第四批
罗文波	景德镇民窑陶瓷美术	传统美术	2013 年第四批
王清平	景德镇传统斗彩瓷制作技艺	传统技艺	2013 年第四批
陆 岩	景德镇传统斗彩瓷制作技艺	传统技艺	2013 年第四批

姓　名	项目名称	项目类别	说　明
刘文斌	景德镇传统斗彩瓷制作技艺	传统技艺	2013 年第四批
江民辉	景德镇手工制瓷技艺（珐琅彩绘制）	传统技艺	2013 年第四批
杨国喜	景德镇手工制瓷技艺（珐琅彩绘制）	传统技艺	2013 年第四批
陈晓亮	景德镇手工制瓷技艺（刷花技艺）	传统技艺	2013 年第四批
喻冬华	景德镇手工制瓷技艺（刷花技艺）	传统技艺	2013 年第四批
沈翠华	景德镇手工制瓷技艺（墨彩）	传统技艺	2013 年第四批
周秀丽	景德镇手工制瓷技艺（墨彩）	传统技艺	2013 年第四批
江益元	景德镇手工制瓷技艺（新彩绘制）	传统技艺	2013 年第四批
程晓谦	景德镇手工制瓷技艺（新彩绘制）	传统技艺	2013 年第四批
周　红	景德镇手工制瓷技艺（新彩绘制）	传统技艺	2013 年第四批
管桂玲	景德镇手工制瓷技艺（新彩绘制）	传统技艺	2013 年第四批
李作云	景德镇手工制瓷技艺（釉下五彩）	传统技艺	2013 年第四批
万镇华	景德镇手工制瓷技艺（釉下五彩）	传统技艺	2013 年第四批
方　曙	景德镇传统古彩瓷制作技艺	传统技艺	2013 年第四批
揭金平	景德镇传统古彩瓷制作技艺	传统技艺	2013 年第四批
钟福国	景德镇传统雕塑瓷制作技艺	传统技艺	2013 年第四批
张吟玲	景德镇传统雕塑瓷制作技艺	传统技艺	2013 年第四批
王　勇	景德镇传统雕塑瓷制作技艺	传统技艺	2013 年第四批
魏胜耀	景德镇传统雕塑瓷制作技艺	传统技艺	2013 年第四批
汪淑珍	景德镇传统雕塑瓷制作技艺	传统技艺	2013 年第四批
谢文光	景德镇传统雕塑瓷制作技艺	传统技艺	2013 年第四批
任洪生	景德镇传统雕塑瓷制作技艺	传统技艺	2013 年第四批
胡晓静	景德镇传统雕塑瓷制作技艺	传统技艺	2013 年第四批
万国勇	景德镇传统雕塑瓷制作技艺	传统技艺	2013 年第四批
李三槐	景德镇手工制瓷技艺（陶瓷微雕）	传统技艺	2013 年第四批
刘国铭	景德镇手工制瓷技艺（传统素三彩绘制）	传统技艺	2013 年第四批
屠丽青	景德镇手工制瓷技艺（半刀泥雕刻）	传统技艺	2013 年第四批
金世瑞	景德镇手工制瓷技艺（陶瓷印章制作及雕刻）	传统技艺	2013 年第四批

续表

姓　名	项目名称	项目类别	说　明
侯隆仁	景德镇手工制瓷技艺（青花玲珑瓷用印章雕刻技艺）	传统技艺	2013 年第四批
陶　平	景德镇手工制瓷技艺（色釉彩绘）	传统技艺	2013 年第四批
冯　祥	景德镇手工制瓷技艺（色釉综合装饰）	传统技艺	2013 年第四批
付新阳	景德镇传统釉里红瓷烧制技艺	传统技艺	2013 年第四批
饶华军	景德镇传统釉里红瓷烧制技艺	传统技艺	2013 年第四批
马春枝	景德镇传统玲珑瓷制作技艺	传统技艺	2013 年第四批
许秀蛾	景德镇传统玲珑瓷制作技艺	传统技艺	2013 年第四批
刘英令	景德镇传统玲珑瓷制作技艺	传统技艺	2013 年第四批
周　俊	景德镇手工制瓷技艺（高温色釉堆雕）	传统技艺	2013 年第四批
钟小华	景德镇手工制瓷技艺（高温色釉堆雕）	传统技艺	2013 年第四批
陈国文	景德镇传统手工制瓷技艺（雕镶）	传统技艺	2013 年第四批
蔡忠顺	景德镇传统手工制瓷技艺（雕镶）	传统技艺	2013 年第四批
熊国海	景德镇传统薄胎瓷制作技艺	传统技艺	2013 年第四批
余　刚	景德镇传统制瓷原料加工配制技艺	传统技艺	2013 年第四批
李有根	景德镇传统制瓷原料加工配制技艺	传统技艺	2013 年第四批
洪润保	景德镇传统制瓷原料加工配制技艺	传统技艺	2013 年第四批
周晓华	景德镇传统制瓷原料加工配制技艺	传统技艺	2013 年第四批
杨　勇	景德镇传统制瓷原料加工配制技艺	传统技艺	2013 年第四批
芦国良	景德镇传统釉里红瓷烧制技艺	传统技艺	2013 年第四批
余春辉	景德镇特种工艺瓷制作技艺	传统技艺	2013 年第四批
秦庆华	景德镇特种工艺瓷制作技艺	传统技艺	2013 年第四批
董春太	景德镇特种工艺瓷制作技艺	传统技艺	2013 年第四批
林起秋	景德镇手工制瓷技艺（青瓷全过程制作技艺）	传统技艺	2013 年第四批
李建平	景德镇传统颜色釉瓷烧制技艺	传统技艺	2013 年第四批
王国喜	景德镇传统颜色釉瓷烧制技艺	传统技艺	2013 年第四批
金跃安	景德镇传统柴窑烧成技艺	传统技艺	2013 年第四批
杨　林	景德镇手工制瓷技艺（利坯）	传统技艺	2013 年第四批
万春辉	景德镇手工制瓷技艺（拉坯）	传统技艺	2013 年第四批
吴小华	景德镇手工制瓷技艺（拉坯）	传统技艺	2013 年第四批

续表

姓　名	项目名称	项目类别	说　明
袁世文	景德镇传统粉彩瓷制作技艺	传统技艺	2013 年第四批
黄卖九	景德镇传统青花瓷制作技艺	传统技艺	2013 年第四批
刘　伟	景德镇手工制瓷技艺（色釉窑变综合装饰）	传统技艺	2013 年第四批
俞　军	景德镇手工制瓷技艺（色釉窑变综合装饰）	传统技艺	2013 年第四批
石炳寿	景德镇传统粉彩瓷制作技艺——粉彩山水绘制	传统技艺	2016 年第五批
秦　俊	景德镇传统粉彩瓷制作技艺——粉彩山水绘制	传统技艺	2016 年第五批
王卫平	景德镇传统粉彩瓷制作技艺——粉彩山水绘制	传统技艺	2016 年第五批
邓建民	景德镇传统粉彩瓷制作技艺——粉彩人物绘制	传统技艺	2016 年第五批
李祖华	景德镇传统粉彩瓷制作技艺——粉彩扒花	传统技艺	2016 年第五批
刘正进	景德镇传统粉彩瓷制作技艺——粉彩扒花	传统技艺	2016 年第五批
王华财	景德镇传统粉彩瓷制作技艺——粉彩雪景绘制	传统技艺	2016 年第五批
陈筱君	景德镇传统粉彩瓷制作技艺——粉彩花鸟绘制	传统技艺	2016 年第五批
王志华	景德镇传统粉彩瓷制作技艺——粉彩花鸟绘制	传统技艺	2016 年第五批
周国生	景德镇传统粉彩瓷制作技艺——粉彩花鸟绘制	传统技艺	2016 年第五批
艾正湖	景德镇传统粉彩制瓷技艺——粉彩水点技艺	传统技艺	2016 年第五批
江翠萍	景德镇传统粉彩瓷制作技艺——粉彩设色	传统技艺	2016 年第五批
蔡凤玲	景德镇传统青花瓷制作技艺——民间青花	传统技艺	2016 年第五批
秦晓明	景德镇传统青花瓷制作技艺——民间青花	传统技艺	2016 年第五批

续表

姓 名	项目名称	项目类别	说 明
陈云开	景德镇传统青花瓷制作技艺——青花分水	传统技艺	2016 年第五批
唐德贵	景德镇传统青花瓷制作技艺——民间青花	传统技艺	2016 年第五批
王 婷	景德镇传统青花瓷制作技艺——元青花绘制	传统技艺	2016 年第五批
蔡文娟	景德镇传统青花瓷制作技艺——元青花绘制	传统技艺	2016 年第五批
施国明	景德镇民窑陶瓷美术	传统技艺	2016 年第五批
方 毅	景德镇传统陶瓷书法——瓷用毛笔书法	传统技艺	2016 年第五批
龚良志	景德镇传统陶瓷书法——刀刻书法	传统技艺	2016 年第五批
刘仁祥	景德镇传统陶瓷书法——刀刻书法	传统技艺	2016 年第五批
杨文华	景德镇传统斗彩瓷制作技艺——青花斗彩	传统技艺	2016 年第五批
汤景华	景德镇传统斗彩瓷制作技艺——青花斗彩	传统技艺	2016 年第五批
田海龙	景德镇传统斗彩瓷制作技艺——高温色釉斗彩	传统技艺	2016 年第五批
余冬保	景德镇传统斗彩瓷制作技艺——高温色釉斗彩	传统技艺	2016 年第五批
覃叔琴	景德镇手工制瓷技艺——珐琅彩绘制	传统技艺	2016 年第五批
英胜香	景德镇手工制瓷技艺——珐琅彩绘制	传统技艺	2016 年第五批
郑伯林	景德镇手工制瓷技艺——珐琅彩绘制	传统技艺	2016 年第五批
肖振松	景德镇手工制瓷技艺—珐琅彩绘制	传统技艺	2016 年第五批
董长江	景德镇手工制瓷技艺——新彩绘制	传统技艺	2016 年第五批
汪美丽	景德镇手工制瓷技艺——釉下五彩绘制	传统技艺	2016 年第五批
刘建军	景德镇手工制瓷技艺——釉下五彩绘制	传统技艺	2016 年第五批
吴云霞	景德镇古彩瓷制作技艺	传统技艺	2016 年第五批
江月光	景德镇古彩瓷制作技艺	传统技艺	2016 年第五批
洪爵振	景德镇古彩瓷制作技艺	传统技艺	2016 年第五批

234

姓 名	项目名称	项目类别	说 明
杨李英	景德镇古彩瓷制作技艺	传统技艺	2016 年第五批
章细莲	景德镇手工制瓷技艺——陶瓷雕刻	传统技艺	2016 年第五批
严稳炉	景德镇手工制瓷技艺——陶瓷浮雕	传统技艺	2016 年第五批
占 彬	景德镇手工制瓷技艺——陶瓷浮雕	传统技艺	2016 年第五批
刘玉凤	景德镇传统雕塑瓷制作技艺	传统技艺	2016 年第五批
聂汝胜	景德镇传统雕塑制作技艺——雕塑彩绘	传统技艺	2016 年第五批
邵新民	景德镇手工制瓷技艺——半刀泥雕刻	传统技艺	2016 年第五批
王 琳	景德镇手工制瓷技艺——半刀泥雕刻	传统技艺	2016 年第五批
陈年彬	景德镇手工制瓷技艺——色釉绘制	传统技艺	2016 年第五批
康冠华	景德镇手工制瓷技艺——色釉绘制	传统技艺	2016 年第五批
李园凤	景德镇手工制瓷技艺——画边脚	传统技艺	2016 年第五批
祝正茂	景德镇手工制瓷技艺——青花釉里红绘制	传统技艺	2016 年第五批
陈力平	景德镇手工制瓷技艺——镏瓷	传统技艺	2016 年第五批
黄明阳	景德镇传统手工制瓷技艺——镶器成型	传统技艺	2016 年第五批
卢建德	景德镇传统手工制瓷技艺——镶器成型	传统技艺	2016 年第五批
汪盛芝	景德镇传统薄胎瓷制作技艺	传统技艺	2016 年第五批
周景纬	景德镇手工制瓷技艺——金彩装饰	传统技艺	2016 年第五批
谭广升	景德镇传统制瓷原料加工配制技艺——胎、釉料配制	传统技艺	2016 年第五批
陈 芋	景德镇传统制瓷原料加工配制技艺——胎、釉料配制	传统技艺	2016 年第五批
刘 亮	景德镇传统制瓷原料加工配制技艺——传统灰釉配制	传统技艺	2016 年第五批
张兴华	景德镇传统制瓷原料加工配制技艺——浇黄釉配制	传统技艺	2016 年第五批
涂景华	景德镇传统制瓷原料加工配制技艺——法翠釉配制	传统技艺	2016 年第五批
郑 滨	景德镇传统制瓷原料加工配制技艺—仿宋官窑釉料配制	传统技艺	2016 年第五批

姓 名	项目名称	项目类别	说 明
朱筱平	景德镇传统制瓷原料加工配制技艺——胭脂红釉料配制	传统技艺	2016年第五批
汤秋影	景德镇传统制瓷原料加工配制技艺——高温颜色釉配制技艺	传统技艺	2016年第五批
王双彬	景德镇传统制瓷原料加工配制技艺——青白瓷釉料配制	传统技艺	2016年第五批
黄世启	景德镇特种工艺瓷制作技艺——特艺镶雕	传统技艺	2016年第五批
吴金财	景德镇传统青白瓷制作技艺	传统技艺	2016年第五批
王水彬	景德镇传统青白瓷制作技艺	传统技艺	2016年第五批
涂志浩	景德镇手工制瓷技艺——珐华彩瓷制作	传统技艺	2016年第五批
何武高	景德镇传统颜色釉瓷烧制技艺	传统技艺	2016年第五批
宋明生	景德镇传统制瓷工具制作——利坯刀制作	传统技艺	2016年第五批
胡一涛	景德镇传统柴窑烧成技艺	传统技艺	2016年第五批
罗建斌	景德镇传统柴窑烧成技艺	传统技艺	2016年第五批
过小明	景德镇传统红炉炭烧技艺	传统技艺	2016年第五批
冯火平	景德镇手工制瓷技艺——大件拉坯	传统技艺	2016年第五批
程成元	景德镇手工制瓷技艺——泥条盘筑	传统技艺	2016年第五批
冯华东	景德镇手工制瓷技艺——琢器拉坯	传统技艺	2016年第五批
郑明金	景德镇手工制瓷技艺——手工捏制	传统技艺	2016年第五批
王智发	景德镇手工制瓷技艺——琢器利坯	传统技艺	2016年第五批

陶瓷文化遗存保护、发掘和利用

　　景德镇 1700 余年制瓷史，留下了许多珍贵的遗址和遗存。走进景德镇大街小巷，一街一景、一巷一品、一桥一特色，件件融入了陶瓷文化元素，处处彰显了陶瓷文化魅力。在景德镇，御窑厂、历史文化街区、老厂区、老里弄、老窑址、古码头、古会馆、古店铺等，不仅是文化古遗，也是传承陶瓷文化、留住城市记忆、延续厚重文脉的"活的历史"，更是千年瓷都不断传承创新发展的见证。

（一）景德镇陶瓷文化遗址分布状况

　　景德镇境内的文化遗址十分丰富。2003 年第三次文物普查时统计，全市有不可移动文物 770 处，有全国重点文物保护单位 4 处，江西省文物保护单位 8 处，景德镇市级文物保护单位 34 处，县（市）级文物保护单位 46 处，在全省属文物大市之列。

1. 古瓷土矿遗址

高岭瓷土矿遗址　位于景德镇市东北 50 千米的鹅湖镇高岭山，遗迹分布在方圆 10 平方千米的范围内，遗存有几十处采掘矿洞、淘洗设施和尾砂（矿土淘洗的废弃物）堆积。2001 年公布为国家重点文物保护单位，保护范围：东至查坑林场、南至婺源、西至千坑林场、北至东埠街。

三宝蓬瓷石矿遗址　位于景德镇市东南约 12 千米。五代时就开始了瓷石的开采，至今该处瓷石仍在开采。

高岭瓷土矿遗址

2. 古窑址

景德镇域内发现的古窑遗址有千余处，时间跨度由唐至清，分布范围有景德镇老城区，浮梁瑶里、湘湖、寿安，乐平接渡等地。

珠山御窑厂遗址　位于市区中心，南临珠山中路，北接风景路，东至中华北路，西至东司岭，面积约5.4万平方米。御器厂始建于明洪武二年（1369），据清乾隆二年（1737）《浮梁县志·建置·景德镇厂署》记载："御器厂建于里仁都珠山之南，明洪武二年设厂制陶以供尚方之用，规制既弘，迨后基益扩，辟垣五里许。"清朝沿袭明制，改御器厂为御窑厂，康乾盛世的国力和皇帝的奢华爱好，推动了御窑厂的兴盛。直至辛亥革命爆发，推翻帝制，御窑烧造制度被废。

1982—2000 年，景德镇市陶瓷考古工作者为配合市政建设，在御窑遗址进行多次抢救性发掘清理，省文物考古研究所亦曾于 1983—1985 年进行考古发掘，2002—2004 年，景德镇市陶瓷考古研究所又联合北京大学文博考古学院和江西省文物考古研究所进行考古发掘，出土多个窑炉作坊遗迹和大量瓷片、窑具等遗物，揭示了明清封建王朝御窑生产的概貌，获得了丰富的瓷业生产文化信息。

湖田古瓷窑遗址　位于景德镇市东南约 4 千米的竟成镇湖田村内。兴烧于五代，历宋、元至明代隆庆、万历间结束（907—1620），是景德镇烧造时间最长，现今保存状况最好，文化内涵极为丰富的大型民间窑场，为研究景德镇陶瓷发展历史提供了极为珍贵的实物资料。

遗址分布在南山大峰尖与南河之间的台地上，北起南河南岸，东至张家地东侧断崖，东南至豪猪岭南侧山脚，西南至竹坞里南侧山脚，西至北望石坞西侧山脚，面积约 26 万平方米，现存遗存 16 处。湖田窑遗址自宋代以来就不断有文献记载。20 世纪 40 年代初，英国学者又将湖田窑情况介绍到欧洲，并产生较大影响，成为世界著名的瓷窑遗址。1959 年列为江西省级文物保护单位，1982 年列为"全国重点文物保护单位"，并划定保护范围为 40 万平方米，对堆积丰富的刘家坞、望石坞、琵琶山、乌鱼岭采取了围圈保护措施。

乐平南窑遗址　位于乐平市接渡镇南窑村。1964 年，由江西省文物管理委员会调查发现，1983 年公布为县级文物保护单位。2011 年、2013 年江西省文物考古研究所联合有关单位对其进行调查和考古发掘。2014 年 4 月唐代南窑遗址考古发掘被评为 2013 年度全国十大考古新发现。

南窑窑址文化层堆积厚，规模宏大，分布面积超过 3 万平方米，保存完好，在江西省境内同类窑址中十分罕见。

南窑遗址的遗存丰富，包含了取土的白土塘、运输原料的江湖塘、溪坑、码头、陈腐池以及烧造产品的窑炉等反映制瓷工艺流程的作坊遗迹。

这些遗迹保存较好，布局连片有序，无论从整体规模还是制瓷工艺流程等方面，都能够反映南窑唐代制瓷的真实面貌，这在以往景德镇古代瓷窑遗址考古发掘资料中也不多见，在南方地区也是罕见的，为研究唐代南窑的制瓷技术提供了实物资料。

在南窑村窑山3万平方米的山头上，发现12条呈扇形分布的龙窑，长度均在60米以上，是我国迄今发现窑炉分布最密集、布局最有规律、

落马桥元青花瓷窑遗址

乐平南窑古瓷窑遗址

丽阳古瓷窑遗址

瓷业生产组织最严密的唐代窑场。考古发掘的一条龙窑遗迹长达78.8米，推断为使用竹藤材料起拱，采用支座垫烧的中晚唐时期龙窑，由窑前工作面、火膛、窑室、窑壁等几部分组成，结构完整，北壁保留有13处窑门，窑室中多处保留原始的支烧状态，是迄今我国考古发掘最长的唐代龙窑。南窑发现的方形减火坑，表明南窑是我国最早使用减火坑技术的窑场，是晚期分室龙窑的发端。

南窑所烧瓷器品种多样，有青釉瓷、酱黑釉瓷、青釉褐斑瓷、青釉褐色彩绘瓷以及素胎器，以青釉瓷器为主。器物造型典雅，胎质细腻，釉层均匀，釉色莹润，形成了独具特色、个性鲜明、具有包容性、开创性的风格。

南窑出土陶瓷以碗、盘、双系瓶居多，器形丰富。碗盘类器流行圆饼足、玉璧底，见少量的圈足碗。还发现了穿带壶、人面坝、茶碾、瓷权、砚滴等罕见器物。产品中腰鼓、夹耳盖罐和器形硕大的大碗器，彰显了唐代赣鄱与西域交流频繁的史实。夹耳盖罐是公元800年前后出现的新产品，是随着海上陶瓷之路的兴起而出现的，是海上陶瓷之路兴起的标志性产品，表明南窑还是唐代重要的外销瓷器生产基地之一。产品的烧造采用南方地区流行的龙窑，多数采用明火烧造，少量高档产品采用匣钵先进工艺，烧制技法和装饰艺术富有特色，所有技术走在同时期窑场的前列。

从采集的标本观察，器物胎厚质粗，施蟹壳釉、酱褐釉和黄褐釉，釉均不及底。遗物以碗居多，次为盘、钵、壶、罐以及窑具、垫托等。

南窑窑场的兴起得益于当地丰富的烧瓷资源和地处环鄱阳湖畔交通便利等综合因素。其烧造始于中唐，兴盛于中晚唐，衰落于晚唐，距今有1200多年的烧造历史，是景德镇地区已知最早的瓷业遗址，将瓷都景德镇的制瓷历史向前推进了200年。

兰田窑遗址　位于浮梁县湘湖镇兰田村。历年来考古研究发现，这里分布有30余处晚唐、五代至北宋时期的瓷业遗址。

2012 年 10 月底，经国家文物局批准，北京大学考古文博学院、景德镇陶瓷考古研究所和江西省文物考古研究所组成联合考古队，对兰田古窑址进行主动考古发掘。发掘工作以万窑坞窑址为主，同时对附近的柏树下窑址进行了小规模试掘，对大金坞窑址进行了考古调查。共清理各类遗迹 12 处，包括窑炉 2 座、灰坑 7 个、墓葬 1 座、沟 2 条，出土了数以吨计的各时期瓷器和窑具，湮没在土层中一千多年的瓷窑遗址及其窑业遗存，逐渐展示在世人面前。

兰田古瓷窑为龙窑，窑炉总长 28.7 米，宽（内部最宽处）1.9 米，残高 0.1 米—0.7 米，分窑门、火膛、窑床、窑前工作面四部分组成。在窑床前部完整地保存了支垫器物的窑柱，器物柱分布十分密集。

通过考察发掘，出土了丰富的晚唐、五代时期的遗物，瓷器主要有三类，即青绿釉瓷器、青灰釉瓷器、白釉与青白釉瓷器。出土器物的种类丰富，除了常见的碗、盘、执壶、罐等器物外，还发现了一些十分罕见的器物，有些在景德镇古代窑址中首次发现，如腰鼓、茶槽子、茶碾子、瓷权、瓷网坠等等。还出土了丰富的不同种类的窑具，其中带有"周""生""申""生""大""元""和""中"款及其他文字款的数百件。

兰田村万窑坞遗址考古清理出有效文化层三层，柏树下遗址清理出有效文化层五层，在所有文化层都同时出土青绿釉瓷器、青灰釉瓷器和白釉、青白釉瓷器，按照器物的精粗程度采用不同的装烧方法。表明当时同时烧制这三类器物。以往学界认为这三种器物有发展的先后承继关系，但这次发掘证明其是同时生产，并延续了较长时间，白瓷的出现可以提早至晚唐时期。这一发现将景德镇制瓷业的起始时间推前百余年，并改写"南青北白"历史：景德镇除了是青瓷制作中心外，也是当时精细白瓷的江南制瓷中心，对于探讨南方地区白瓷的起源具有重大意义。

兰田窑是在景德镇早期制瓷核心窑场区取得的实物证据，而且兰田窑遗存丰富，是制瓷业较为成熟、鼎盛时期的产物，证明了景德镇的瓷业从唐代就是以生产青白瓷和白瓷为主，印证了唐代大文豪柳宗元为元和八年（813）饶州元崔进奉瓷器所做《进瓷器状》的记载。兰田唐窑成为古浮梁地区发现最早、保存最完好的窑炉遗址，填补了景德镇窑炉发展这一时期的空白。

落马桥古瓷窑遗址　落马桥古窑址位于景德镇市珠山区中华南路落马桥一带，在景德镇市中山南路红光瓷厂院内。自宋元至明清，这一带便是景德镇窑场聚集之地，生产的精美瓷器漂洋过海，为欧洲各大博物馆收藏。

1980 年，景德镇陶瓷考古研究所为配合基建，在当时的红光瓷厂内进行抢救性发掘清理，发掘面积近 700 平方米，距地面 1.7 米处出土重要元代遗物，主要有青花和青白釉瓷，还有少量的卵白釉瓷、釉里红以及釉上彩瓷，和青花堆积在一起的还有褐胎实足小碗。青白釉器有双耳瓶、葫芦形小注、高足杯、人物塑像等。其中天球瓶、葫芦瓶、扁瓶等双耳瓶类较多。纹饰有各种花卉、动物、人物故事等。这里还出土写有"口宅端午置……""头青""黄""吴""戴采"等文字的瓷片。

落马桥元末窑址最重要的发现，首推元青花人物故事图大口罐和梅瓶残片。这批瓷片的肩部缠枝莲纹和口沿外侧栀子纹样，与尉迟恭单骑救主图、三顾茅庐图元青花大罐和梅瓶的纹样如出一辙。落马桥型元青花大罐口沿和梅瓶下腹部残器的仰莲纹和双勾棱格纹，分别见于英国裴格瑟斯信托公司（Pegasus Trust）旧藏三顾茅庐图青花罐和美国波士顿艺术博物馆所藏三顾茅庐图青花带盖梅瓶。

2012 年，江西省文物考古研究所、景德镇市陶瓷考古研究所、北京大学考古文博学院等单位报国家文物局批准，再次对落马桥遗址进行发掘，发现并清理从南宋末到民国初年的瓷业遗存，出土瓷片包括南宋末和元代先后生产的青白瓷、卵白瓷、青花瓷，有印"枢府""太禧"等字样和五爪龙纹的敞口盘和高足杯；明代的青白瓷、青花瓷和白瓷，青花则有见绘蓝地白花五爪龙纹的产品；明末清初的青花瓷、白瓷、青釉黄彩瓷、低温黄绿釉瓷等。同时，清理出一批重要的遗迹，包括1座明代马蹄窑遗迹、15处元明清房址、13处池子、8处辘轳坑、8条排水沟、5处路面、14处墙体和2座高规格的元代庭院等。

落马桥考古以地层为基础排出的瓷器发展序列，将极大地丰富、补充和完善景德镇民窑生产历史，从其一些模印和青花彩绘五爪龙纹的产品来看，该窑址在元代或许是浮梁瓷局辖下的一处重要窑场。明代，这里应该是御器厂以外的一处重要窑场。

落马桥古窑遗址的考古发掘对"至正型元青花"做了进一步解读，所谓"元青花"包括元朝浮梁瓷局烧造的元青花和陈友谅割据政权烧造的元青花，而"至正型青花瓷"，相当一部分烧造于落马桥元末窑址，年代当在元末红巾军首领陈友谅割据饶州时期。据史书记载，元末海外贸易从未中断，江南首富沈万三在陈友谅大汉国都城江州（今九江）开办"宝市"，将景德镇外销瓷批发给中外海商，然后从张士诚控制下的太仓娄江港远销海外。

落马桥古窑遗址出土的元青花八方玉壶春瓶残片，在西沙群岛元代沉船亦有发现，与土耳其托普卡比宫藏元青花八方玉壶春瓶几乎完全相同。出土的其他元青花的纹样，如莲瓣纹、火焰纹、蕉叶纹，亦见于西沙群岛元代沉船青花碗和埃及福斯塔特出土菊纹青花碗。根据这些落马桥类型元青花的发现地点，可以复原一条从景德镇落马桥，经江苏太仓海运，经西沙群岛、马六甲海峡、南印度，最后抵达埃及福斯塔特古海港的元末海上元青花外销路线，落马桥出土的瓷片，为中国海上瓷器贸易找到一处重要的生产源头。

景德镇市古窑址选登

名称	类别	年代	详 细 地 址
御窑厂	国家文物保护单位	明	历史城区
湖田古瓷窑址	国家文物保护单位	宋、元	湖田村
杨梅亭古瓷窑址	省文物保护单位	五代至宋代	杨梅亭自然村
昐府滩古瓷窑址	/	明	昐府滩村
红庙下窑址	/	/	红庙下村
黄泥头古瓷窑址	市文物保护单位	宋代	黄泥头村
小坞里古瓷窑址	/	宋代	小港嘴村
观音阁古瓷窑址	市文物保护单位	晚清	昌江村
西河口古瓷窑址	/	清代	景德镇市区
碓家坞古瓷窑址	/	北宋中晚期	白庙下村
白庙下窑址	/	宋早期	白庙下村
郑家坞古瓷窑址	/	/	郑家坞村
八角湾水库古瓷窑址	/	/	郑家坞村
草坦上古瓷窑址	/	/	草坦上村
官庄古瓷窑址	/	明初	官庄村
丽阳古瓷窑址	市文物保护单位	元代	丽阳村
洪家蛇山古瓷窑址	市文物保护单位	五代	洪家村
绕南古瓷窑址	/	南宋至明代中期	绕南村
长明古瓷窑址	/	明代初、中期	瑶里镇
内瑶古瓷窑址	/	明代中期	内瑶村
南泊古瓷窑址	/	明代中期	南泊村
灵安古瓷窑址	/	北宋中期	灵安村
盈田古瓷窑址	/	五代至北宋	盈田村
塘下古瓷窑址	/	五代	塘下村
白虎湾古瓷窑址	/	五代至北宋	白虎湾村
湘湖街古瓷窑址	/	五代、北宋、南宋	湘湖街村
洪家坳古瓷窑址	浮梁县文物保护单位	元代	洪家坳村
南门坞古瓷窑址	/	五代	高沙村
南市街古瓷窑址	市文物保护单位	五代	南市街村

名称	类别	年代	详细地址
柳家湾古瓷窑址	/	五代至北宋	柳家湾村
月山下古瓷窑址	浮梁县文物保护单位	北宋	月山下村
天宝古瓷窑址	文物保护单位	/	柳溪村
焦坑坞古瓷窑址	/	五代、北宋	湘湖镇
汪家村古瓷窑址	/	北宋早中期	汪家村
双河口古瓷窑址	/	北宋	进坑村
湘湖街槐树下古瓷窑址	/	北宋早期至北宋	湘湖镇
花儿滩窑址	/	北宋	盈田村
山脚下古瓷窑址	/	北宋	盈田村
兰田古瓷窑址	/	五代	金星村
华家古瓷窑址	乐平市文物保护单位	明代	上窑村、华家村
南窑古瓷窑址	乐平市文物保护单位	唐代	坑口村
丰源古瓷窑址	乐平市文物保护单位	宋代	丰源村
黄老大镇窑窑址	/	清代	历史城区
刘家弄民窑遗址	市文物保护单位	宋元至民国	历史城区
坑口五代窑址	市文物保护单位	五代	坑口村
闵口窑址	/	宋代	涌山镇

3. 古窑炉遗址

景德镇众多的古窑炉遗址中，按窑炉型制可分龙窑、馒头窑、青窑、马蹄窑、葫芦窑、镇窑。

龙窑遗址　位于湖田窑乌鱼岭山坡，窑随山坡而筑，坡度为 14.5 度，全长 13 米，宽约 2.9 米，窑壁残高 0.6 米—0.8 米。窑尾在坡上，尽头有一烟道，宽 0.4 米，残高 0.3 米，残长 0.4 米，坡度 25 度。窑内堆积物 3 层：上层为黑釉与白釉瓷残器，即元代产品；中层为塌落下的窑顶楔形窑砖；底层，即窑床，为覆烧支圈和黄褐釉芒口碗、盘，其造型与南宋后期的影青芒口碗、盘相似，但质地较粗糙。有一类外壁无釉弧壁浅碗，与重庆北碚大德元年（1297）墓出土器物相同，从以上资料分析推断，该窑为宋末或元初瓷窑。同类窑在湖田还有发现，可见此窑型制当年颇为流行。因雨水浸蚀，现窑床堆积层和窑壁有所破坏。

青窑遗址 位于景德镇市珠山路北东司岭，即明御器厂之南侧。1988年11月在基建时发现，同时清理出明初官窑5座，其一青窑为窑口5尺、后壁5.5尺、纵深4.5尺，与清乾隆七年（1742）《浮梁县志·陶政篇》中的有关记载完全一致，据载："青窑比缸窑略小，前宽五尺，后五尺五寸，人身四尺五寸。每座烧盘碟中样器止烧二百多件，稍大者一百六十件，大碗二十四件，尺碗三十件，大缸止烧十六、七件，小酒杯五六百件。溜火封日，紧火一日，夜看其火色亦如龙缸窑法，火住封门则去顶。故窑易冷，首尾五日可出器。每窑用柴六十担，若系大碗大缸拜砖等火器须量加柴十担，或遇久雨又宜加十担，秋阳烈日六十担裕如矣。"该窑遗址为研究景德镇明初官窑御器的烧造情况提供了极珍贵的实物资料。

马蹄窑遗址 位于湖田窑址乌鱼岭顶。周围堆积的遗物为明代青花瓷，窑床上出土有素面白釉高足杯，少量青花松竹梅弧壁碗残片，为明代中期产品，该窑当为明成化、弘治间（1465—1505）的瓷窑，其窑长2.95米，宽2.7米—2.5米，坡度12.5度，东壁与后壁残高2.3米，有烟道6个，后烟室1个。该窑为半倒焰式窑，与北方的馒头窑相似，由于窑壁保存较好，窑底基上尚有安放匣柱的"脚码"和少数略破的匣钵，据此推算，该窑可烧瓷碗2000个左右。其造型可印证明嘉靖年间（1522—1566）王宗沐编《江西大志·陶书》一段关于"青窑"的记述，即为民间小型窑炉。现建有保护房，整个遗址四周砌有围墙，目前保护较好。

葫芦窑遗址 位于湖田村路北平地，与乌鱼岭遗存相距约60米。据考察，该窑建在元代窑业遗存之上，窑床遗物为明代早、中期青花瓷器，所以可以认定是明景泰、天顺之际的窑炉。据证该窑复原图与明朝宋应星《天工开物》一书中的瓷窑插图相同。因状似葫芦而得名。窑长8.4米，火膛保存较好，东窑壁已被筑路时夷平，从半壁窑墙分析，该窑中部内折，分前后两室，前室宽 3.7 米，后室宽 1.8 米，前室比后室短，坡度 4 度—10 度，与元后期窑炉相似。窑西侧投柴孔因窑壁坍塌，无法辨认。该窑遗存是研究明代制瓷热工学的珍贵实物资料。1985 年在该窑存上建有保护房和围墙，面积约 200 平方米。

（二）景德镇陶瓷文化遗址保护与发掘

改革开放以后的 20 多年，是全市文物工作蓬勃发展的时期。1980 年，景德镇在西市区的蟠龙岗集中"易地保护"了一批明清古建筑和反映景德镇传统制瓷技艺的作坊、窑房，形成极具特色的陶瓷历史文化博览区。

2002 年，市委、市政府又做出重大决策，将政府机关和 18 个政府部门迁出御窑厂遗址，并投入数百万资金，复建御厂门楼，修建窑址保护房，整治周边环境，筹建御窑遗址博物馆，为保护极受世界关注的明清御窑遗址迈出了坚实的一步。2003 年，景德镇市成立文物局，进一步加强对全市文物工作的领导。在编制历史文化名城保护规划中，划定了核心保护区和重点保护街区。

明清御窑厂遗址、湖田窑遗址、高岭瓷土矿遗址都编制具体的保护规划。全国著名的湖田窑址先后建成陈列馆、宋元作坊保护房和明代葫芦窑、马蹄窑保护房；高岭瓷土矿遗址列入国家文物保护单位后，加大保护力度，修缮成为重要的文物旅游景点；2006 年出土的丽阳龙窑和葫芦窑窑址也建成保护房，遗址得到了妥善的保护。市文物部门多次配合公安、工商等部门打击盗挖古墓葬、古窑址和走私文物等违法犯罪活动，有效遏制违法犯罪活动。

先后成立非物质文化遗产保护工程领导小组、景德镇大遗址领导小组等一批文化遗产管理机构，充分发挥社会各界和广大群众参与文化遗产保护的积极性、主动性、创造性，形成"政府主导、部门联动、全民参与、齐抓共管"的文化遗产保护良好氛围。

在城市建设、陶瓷产业等规划方面，坚持文化遗产保护优先，先后编制《景德镇市城市发展总体规划》《景德镇历史文化名城保护规划》《近现代陶瓷工业文化遗产保护及陶瓷文化创意园规划》《景德镇瓷业文化大遗址文物总体保护规划》等；完成了御窑厂遗址、湖田古瓷窑址和高岭瓷土矿遗址保护规划编制；下发《景德镇历史文化名城保护办法》《景德镇市级非物质文化遗产名录申报评定暂行办法》《景德镇市御窑厂遗址保护管理条例》等多个法规性文件；先后召开景德镇大遗址保护、景德镇唐代南窑和兰田窑、景德镇古瓷业文化遗产体系保护和城市化发展等大型学术研讨会（论证会）；景德镇市本地文化遗产研究人员编撰出版数十部理论专著，发表了大量的研究论文及学术文章等。

市考古所在省考古队的支持下，先后对御窑厂遗址、湖田窑遗址、丽阳古瓷窑遗址、观音阁窑址、浮梁县兰田窑遗址、落马桥遗址等进行主动考古发掘，对历史名镇、名村、历史街区以及自然文化遗址进行申报立项；努力构建博物馆体系，提升展陈水平。全市有国有博物馆6家、经省文物局批准成立的民办博物馆13家、由市政府批准成立的个人陶瓷艺术馆8家。

近年来，全市结合实际，深入贯彻习近平总书记等中央领导关于御窑遗址保护的重要指示精神，编制和实施《御窑厂遗址保护规划》，深入整治御窑厂遗址及其周边环境，加大考古研究及遗迹遗存修复力度，完善御窑厂遗址周边基础设施条件。

（三）景德镇陶瓷文化遗址新貌

景德镇市按照申遗 OUV（突出普遍价值）体系要求，整体"活态"复原 1000 年陶瓷文化遗迹、600 年御窑文化遗址和 100 年陶瓷工业遗存，着力打造具有"世界风范、古镇风韵、时代风貌"的陶瓷文化遗产样板区，千年窑业遗址得到整体性保护，并在新时代展现出崭新的风貌。

1. 景德镇御窑厂国家考古遗址公园

景德镇御窑厂国家考古遗址公园　位于景德镇老城区中心地带的珠山中路，国家 AAAA 级旅游景区。御窑厂遗址为全国重点文物保护单位，其考古成果被评为 2003 年度全国十大考古新发现，是首批国家重点支持的 100 项大遗址，国家首批公布的考古遗址公园立项单位，国家"十二五"大遗址重点保护展示工程，大遗址保护展示示范园区。

御窑厂地位　御窑厂遗址地处景德镇老城区中心地带，是我国唯一一处能全面系统反映官窑陶瓷生产和文化信息的历史遗存。建于明洪武二年（1369），结束于清宣统三年（1911），历经明清两朝 27 位皇帝，为皇帝烧造御瓷长达 542 年。遗址包括原管理机构（衙署）、生产厂区（作坊、窑炉等）、制瓷原料及燃料产地、物资产品运输交通线（昌江）等相关方面。其主体部分是作为明清管理机构及生产厂区的御窑厂窑址。

御窑厂遗址是体现景德镇制瓷业具有世界性影响的文化遗存。遗址呈现出工坊布局、窑炉形式、工艺技术、管理体系等方面完整的发展脉络，展现出古代中国制瓷技术由成熟期到

景德镇御窑厂

鼎盛期的发展序列。不同年代窑业堆积所蕴藏的瓷片遗物再现了中国人内在的精神追求和不同时代的审美品位，成为中华文明的特殊见证。

御窑厂遗址及其背景环境是研究景德镇御窑厂历史沿革、管理制度、烧造工艺的重要依据，也是研究历史文化名城景德镇城市发展脉络的重要基础。2006 年，御窑厂遗址被公布为全国重点文物保护单位。2013 年 12 月被国家文物局公布为国家考古遗址公园。

保护历程　景德镇市自 2002 年开启御窑遗址保护工作以来，在国家发改委、文化和旅游部（国家文物局）等部委大力支持下，在省委、省政府高度重视下，为保护御窑遗址做了大量的工作，取得了骄人的成绩。

2015 年，习近平总书记两次对御窑厂遗址保护工作作出重要批示。多年来，御窑保护实施了数十个工程项目，各类保护工作取得了长足进展。截至 2019 年，重点保护区内国家发改委安排了 2.92 亿元专项资金，国家文物局安排了 1.96 亿元专项资金，财政旅游口安排 0.46 亿元专项资金，累计投入 5.34 亿元实施御窑厂保护工程。

国家发改委将御窑博物馆建设、窑炉遗址保护展示、游客接待中心、停车场、历史建筑修缮、基础设施建设 6 个项目统一纳入国家"十三五"重点支持项目。国家文物局相继批复核心区安防技防、遗址管理用房、遗址南麓保护棚改造及南、北麓窑炉遗址本体保护、环境整治、考古发掘等多个项目的实施。

故宫博物院在景德镇设立"景德镇陶瓷修复与研究中心""故宫学院景德镇分院""故宫学院景德镇陶瓷考古所"三大合作研究平台，指导御窑厂遗址保护工作。

实施遗址保护规划的修编工作　2019 年，重点保护区面积从 5.1 万平方米扩大到 6.4 万平方米，一般保护区从 8 万平方米调整为 6.7 万平方米，总计 13.1 万平方米。规划修订工作获国家文物局批准。

加大考古和研究工作　通过多年的考古发掘，发现御窑厂东围墙和西围墙等重要遗迹、遗物，获得瓷器碎片"十数吨，上亿片"，整理、复原出御窑瓷器数千件。御窑厂遗址考古发掘被评为 2003 年度全国十大考古新发现。御窑厂遗址出土修复文物海内外展出反响强烈，2017 年先后在荷兰代尔夫特王子纪念馆举办"景德镇御窑博物馆陶瓷特展"，连续三年与故宫博物院联合主办"景德镇御窑遗址出土与故宫博物院藏传世弘治、正德瓷器对比展"，在首都博物馆举办"美好中华——近二十年考古发现展"，在国家博物馆举办"国之瑰宝——景德镇陶瓷文化展"等，成为中国文化"走出去"的新样本之一。

以申遗为统领，全面推进御窑厂遗址保护工作　以御窑遗址为核心，确定把能反映景德镇各制瓷历史的重要阶段、代表一定时期核心价值，且保护良好的相关窑址、原材料产地、作坊遗迹、运输、历史街巷相关载体等 18 个遗产要素，作为景德镇御窑厂遗址申报世界遗产的构成要素。2017 年初，御窑厂遗址进入国家文物局中国世界文化遗产预备名录。

完善地方立法　景德镇市人大常委会将御窑厂遗址保护管理纳入立法规划，2018 年 4 月，江西省人大常委会通过《景德镇市御窑厂遗址保护管理条例》，5 月 1 日正式实施。

开工建设御窑厂遗址博物馆　御窑博物馆是御窑厂遗址保护的重要工作之一，在国家发改委、国家文物局和省委、省政府的关心支持下，2016 年开工建设，2019 年御窑博物馆主体工程完工，进入展陈阶段，即将投入使用。

加速推进御窑厂遗址保护工程实施　国家文物局相继批复了核心区安防技防、遗址管理用房、遗址南麓保护棚改造及南、北麓窑炉遗址本体保护、本体展示、环境整治、考古发掘、数字化展示等项目。其中，安防技防、管理用房及旅游公厕、珠山北麓窑炉遗址本体保护工程已经完成。南麓窑炉遗址保护房改建及数字化展示项目正在实施中。

开放景点

官窑博物馆 经多年整理，采取"多级分类，系列复原"的方法，修复御窑厂出土官窑精品千余件，有一批被誉为"绝世孤品"的瓷器和文物遗存面世，现均收藏在该馆内。馆内陈列了明清御窑遗址出土的大量修复品，大多是海内外罕见孤品，年代可靠，为观众提供了断代标准件。珍贵藏品有明洪武釉里红花卉纹大碗、明永乐甜白三壶连通器、明宣德青花龙纹蟋蟀罐、明成化斗彩高士杯等精品。

陶瓷微缩景观"御窑厂" 系依据《景德镇陶录》《陶冶图》等相关文献资料，历经4年的设计与创作，采用陶瓷材料高温烧制而成。再现相关陶瓷生产、生活物件近千件，生动再现出御窑厂昔日辉煌的生产景象，并被评为大世界吉尼斯之最。

御窑工艺博物馆 通过多种形式，展示御窑制瓷工艺的历史和传承，御窑制瓷原料和窑具，御瓷成型、彩绘、填色的过程，以及历代帝王管理窑厂、官员监督工匠制作的历史等，并陈列了一大批仿制的古代皇家精品瓷器。

御窑遗址保护房（两处） 考古发掘揭露许多重要遗址和出土大量遗物，获重大成果。荣获2003—2004年度田野考古二等奖。展示的遗迹有：墙、窑炉和掩埋落选御用瓷器的小坑。对明代官窑特别是明代官窑瓷器的研究有重大的意义，为研究、探讨明代早、中期御窑的范围、烧成技术、产品特征和管理制度等提供了新的科学资料。

佑陶灵祠 官府为窑工童宾所立祠，又称"风火仙师"庙。祠内供奉风火仙师童宾像，两边是做坯、托坯、收兜脚、打杂的小扶手、二扶手等各脚窑工师傅的塑像。

龙珠阁 珠山有阁一座，红墙黄瓦，重檐飞翘，雕梁画栋，秀雅端庄。阁最初建于唐代，称聚珠亭，宋代修葺一新后，称中立亭。明天顺年间重建，叫朝天阁；明成化年间改称冰立堂；明万历年间又改建，叫环翠亭。清雍正时改称文昌阁。1925 年重建，才叫龙珠阁。现存的龙珠阁是 1989 年动工重建的，1990 年 10 月首届"中国瓷都——景德镇国际陶瓷节"开幕之际建成。2012 年，在上级文物部门的重视关心下，龙珠阁实施维修工程，与御窑厂连片成为旅游景区。龙珠阁内有弧幕电影、御窑遗珍、陶人心语、瓷乐合鸣、体验新御窑产品等展示。

2. 高岭国家矿山公园

高岭国家矿山公园的核心是高岭古采矿遗址，位于瓷都景德镇市东北部浮梁县瑶里镇高岭村。矿物主要是用于陶瓷生产的瓷土矿石。1965 年后，高岭山的瓷土矿经数百年的开采后停产。2005 年 8 月 23 日，中华人民共和国国土资源部发文，确认首批 28 个"国家矿山公园"，高岭古矿成为江西唯一的"国家矿山公园"。2008 年 11 月 15 日，高岭国家矿山公园正式开园。

一号古矿坑 一号坑开采年代为明万历至清乾隆年，约 200 年。坑道全长约 750 米，宽 20 米—300 米，尾砂平均厚度 10 米，估计尾砂量为 127 万吨，若按出土率 20% 计算的话，则从该矿采掘出的高岭土约有 32 万吨。

二号古矿坑 二号坑全长 1000 多米，宽 50 米—200 米，尾砂厚度为 10 米—30 米，尾砂量约有 442 万吨，若按出土率 20% 计算的话，则从该矿采掘出的高岭土有 110 万吨之多，是高岭山中面积最大、采掘量最多的矿坑。

古淘洗槽 古代淘洗方法是先在山坡上挖好水槽，并在较平缓的地势开挖 3 个淘洗池，池底及四壁均用砖或石块砌成，池与池之间以沟槽相连，并设有闸板开关。第一个淘洗池前方还需另设一排砂槽相连，以清除杂物。高岭土采集后，放入水槽，利用溪水将其冲下。在此过程中，砂石和粗杂质沉于槽底，被高度为槽深一半的闸板挡住，而细土则化成泥浆通过闸板上部流入淘洗池。在淘洗池稍作沉淀后，又让上部的泥浆流入第二个池子，再如法进入第三个池子，让其充分沉淀，然后放掉清水。待3个池中的高岭土经过3次沉淀成为稠密的泥块后，取出晾晒至一定程度，最后制成规格一致的坯子（即砖块状的净泥），每块重约2公斤。

接夫亭　接夫亭又名"碑亭"。原亭始建于明朝，后被毁，现亭于1990年首届景德镇国际陶瓷节前重建。整座亭子古朴庄重，秀气典雅。亭中有一石碑，正面刻着"高岭"两个大字，笔法苍劲，气势雄浑，为中国著名书法家何海霞先生所书。背面刻有高岭遗址保护区介绍。

尾砂堆积物　矿工把淘洗剩余的砂子称为尾砂。进景区的路上，就覆盖着厚厚的白色的砂子。因尾砂中含有晶莹明亮的白云母，在阳光下会闪闪发亮，人们形象地称之为"青山浮白雪""玉带绕青山"。根据反复调查和推算，高岭山4个开采地段上，尾砂堆积面积约16万平方米，总量750多万吨，堆积厚度最少5米，最多的近30米。如今几百万吨的尾砂堆已被植被覆盖。

高岭古道　200多年的开采使高岭山古迹遍布。高岭古道始修建于宋代，距今已有近千年历史。它全长2.5千米，宽约2米，全部用麻石铺砌而成，共有5600级台阶。明清之际，矿工们就是通过这条路将一担担高岭土挑到东埠码头，然后装船运往景德镇，供瓷业生产使用。

3. 景德镇古窑民俗博览区

景德镇古窑民俗博览区位于景德镇市昌江区枫树山蟠龙岗，占地83公顷，是集文化博览、陶瓷体验、娱乐休闲为一体的文化旅游景区，是全国唯一一家以陶瓷文化为主题的国家级旅游景区。2013年4月，景德镇古窑民俗博览区被评为"国家AAAAA级旅游景区"。

景区分为历代古窑展示区、陶瓷民俗展示区、水岸前街创意休憩区三大区域。历代古窑展示区内有古代制瓷作坊、世界上最古老制瓷生产作业线、清代镇窑、明代葫芦窑、元代馒头窑、宋代龙窑、风火仙师庙、瓷行等景点，明清时期景德镇手工制瓷的工艺过程以及传统名瓷精品。陶瓷民俗展示区有12栋明、清时期古建筑，有陶瓷民俗陈列、天后宫、瓷碑长廊、水上舞台瓷乐演奏等景观。水岸前街创意休憩区内有昌南问瓷、昌南码头、耕且陶焉、前街今生、木瓷前缘等瓷文化创意休闲景观。

元代馒头窑 馒头窑是景德镇宋元明时期使用的典型瓷窑之一，以窑形近似馒头而得名。有的馒头窑窑床平面呈马蹄形，故又称马蹄形窑。烧成温度可高达1300度，并可形成还原气氛。经景德镇窑工的不断探索，元明馒头窑的营造技艺和烧成技艺达到了我国传统瓷业此类窑炉的最高水平。

宋代龙窑 龙窑为中国传统陶瓷窑炉之一，窑炉依山势倾斜砌筑，形状似龙而得名。龙窑结构简单，分窑头、窑床、窑尾三部分。一般以茅草、

景德镇古窑民俗博览区窑神童宾大型青铜像

树枝等为燃料。造价低、装烧量大，并可充分利用余热。利用自然山坡建造，火焰抽力大，可形成烧造青瓷、影青瓷的还原气氛。龙窑为景德镇宋代瓷业的兴盛做出了杰出贡献。景德镇湖田、瑶里、丽阳等多处发现有宋代龙窑遗址。

明代葫芦窑　葫芦窑为景德镇特有的瓷窑，最早出现于元末明初，直到清初出现蛋形窑（镇窑）后才逐渐停止使用。明代宋应星的《天工开物》对景德镇的葫芦窑有专门的文字记载，并配有插图。明代葫芦窑兼备宋元时期龙窑和馒头窑的优点，烧成技艺有了长足的进步，对整个明代景德镇制瓷业发展和清代镇窑的形成做出了杰出的贡献。

清代镇窑　简称"镇窑"，为我国传统窑炉中独具风格的瓷窑。窑房是穿斗式木构架建筑。全长 15 米—20 米，容积为 300 立方米左右，最高处 6 米左右。烧炼以松柴为燃料（故又称"柴窑"），火焰长而灰分少，不含有害物体，适宜烧还原焰，对于白瓷、青花瓷、颜色釉等的釉面呈色效果良好。镇窑是迄今保存最完整、最具价值的古瓷窑。2000 年 7 月 25 日，由江西省人民政府公布为省级重点文物保护单位。

制瓷作坊　俗称"坯房"，是制作瓷器坯胎兼瓷器坯胎釉下彩绘的工场建筑。具有明显的早期资本主义工业生产组织形式，使制瓷作坊建筑成为我国古代工业建筑罕见的现存实例，是我国明清时期资本主义萌芽存在的实物例证。

一座城就是一座博物馆

博物馆是城市的历史，从中可以看到一个城市的灵魂。景德镇不仅有国家级陶瓷博物馆、陶瓷民俗博物馆、陶瓷工业遗产博物馆，而且有分布在各处的民办博物馆和陶瓷艺术馆，人们可以自由地观看、触摸景德镇陶瓷精品，在深度体验中"穿越"历史，感受传统手工艺的生命力和陶瓷文化恒久的魅力。景德镇一座城，就是一座博物馆。

（一）景德镇中国陶瓷博物馆

景德镇中国陶瓷博物馆的前身是景德镇陶瓷馆（老馆），成立于1954年1月，是国内第一家专题性陶瓷博物馆，位于莲花塘风景区。景德镇中国陶瓷博物馆（新馆）坐落在昌南湖畔，于2015年10月18日开馆。

景德镇中国陶瓷博物有自新石器时代陶器和汉唐以来各个不同历史时期的陶瓷名品佳作4万余件，其中国家珍贵文物上千件，涵括了景德镇千年制瓷历史长河中的代表品种。从装饰上分，有影青、卵白、青花、五彩、粉彩、色釉瓷等；从造型上分，有碗、盘、杯、碟、壶、瓶、罐、雕塑等；从工艺上分，有拉坯、印坯、镶坯、注浆、机压等。此外还收藏不少世界各产瓷国和国内各产瓷区的陶瓷，以及金石玉器、书画等。特别是王步等珠山八友的近现代艺术陶瓷精品，其品类丰富珍贵，学术价值和艺术价值极高，为陶瓷历史文化研究提供了最可靠的实物依据。

博物馆占地3.5公顷，总建筑面积2.6万平方米，由常设展厅、临时

展厅、学术交流区、公共活动空间、文创商业区、办公区、多功能互动区、库房区等组成，满足收藏、展示、研究、培训和教育等各项功能需求，成为集陶瓷精品展示、陶瓷学术研究、陶瓷文化传播、陶瓷知识教育于一体的公益性公共服务平台，全方位、多角度、深层次地向世人展示中国陶瓷和千年瓷都的历史辉煌。

（二）景德镇陶瓷民俗博物馆

景德镇陶瓷民俗博物馆，原名景德镇陶瓷历史博物馆，坐落于景德镇市枫树山蟠龙岗"AAAAA级国家旅游景区"古窑民俗博览区内。1979年

筹建，1984 年 10 月 1 日正式开放，2004 年 7 月 19 日更名为景德镇陶瓷民俗博览馆，2007 年 2 月 10 日更名为景德镇陶瓷民俗博物馆，博物馆馆名由耿宝昌先生题写。馆内分为明、清两园，共有 11 栋古建筑，其中明园于 2013 年公布为全国重点文物保护单位，馆舍总面积 6311.97 平方米，其中明、清园建筑面积 3613.49 平方米，办公区面积 759.26 平方米。展览主题为"景德镇瓷业习俗陈列展""景德镇民俗用瓷展览""古代窑炉、水碓模型展""明、清民居陈设展"等，基本陈列为瓷业习俗及明清民居为主。

景德镇民窑博物馆

（三）景德镇民窑博物馆

景德镇民窑博物馆，位于景德镇市以东4千米处的南河南岸，前身为湖田古瓷遗址陈列馆。2003年6月23日，经景德镇市编委批准，更名为景德镇民窑博物馆。该馆不仅收藏与陈列着景德镇民窑不同时期的陶瓷、制瓷工具和窑具以及湖田窑址历次考古发掘出来的珍贵文物标本，还保留了湖田窑五代至明之间窑业堆积、制瓷作坊、各式窑炉及仓储码头等遗存。景德镇民窑博物馆较为全面地展示瓷都景德镇民间陶瓷发展历史和辉煌成就，是景德镇市重要的文物研究机构和对外宣传窗口。

（四）景德镇陶瓷工业遗产博物馆

景德镇陶瓷工业遗产博物馆坐落在景德镇新厂西路150号陶溪川文创街区（原宇宙瓷厂），建成时间2013年12月，正式对外开放时间2016年10月，隶属于景德镇陶邑文化发展有限公司。是国内首家以陶瓷工业

倒焰窑

隧道窑

为主要内容的行业博物馆，也是全国首家具有影响力和示范作用的陶瓷工业遗产（物质和非物质文化）专题博物馆。

景德镇市博物馆选录

景德镇中国陶瓷博物馆	景德镇御窑博物馆
景德镇民窑博物馆	景德镇陶瓷民俗博物馆
浮梁县博物馆	乐平市博物馆
景德镇景东艺术陶瓷珍品博物馆	景德镇陶瓷工业遗产博物馆
景德镇皇窑陶瓷艺术博物馆	景德镇十大瓷厂陶瓷博物馆
景德镇精益斋陶瓷博物馆	景德镇昌南粉彩瓷博物馆
景德镇三宝国际陶艺村博物馆	景德镇御窑文化艺术博物馆
景德镇玉瓷博物馆	景德镇真如堂生活艺术博物馆
景德镇陶瓷包装历史博物馆	景德镇厚森青花瓷博物馆

第六章

招才引智　人才高地

　　做强景德镇陶瓷产业，核心在于夯实人才基础，提高人才竞争力。景德镇实施陶瓷产业人才优先发展战略，按照聚天下英才而用之的要求，一手抓人才的引进，一手抓人才的培养，通过发展事业、发展产业、发展项目来不断地吸引人才、凝聚人才、使用人才。2010年以来，景德镇不断推进陶瓷人才发展体制机制的改革和政策的创新，优化人才成长环境，实现由"人才外流"到"人才回流"的转变，使景德镇成为陶瓷行业的人才高地。

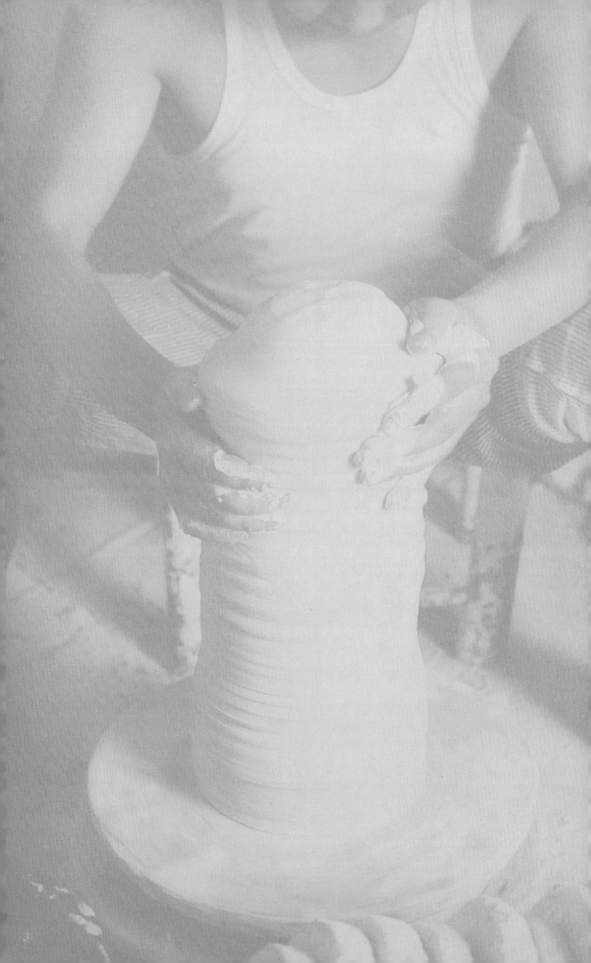

招才纳贤

人才是现代社会竞争与发展的决定性因素。面对国内外激烈的市场竞争形势，景德镇市委、市政府决定成立景德镇市招才引智局、景漂景归人才服务局，出台大量优惠政策，努力招才引智，打造人才高地，为了吸引人才、留住人才，为人才的成长、发展服务。

（一）陶瓷人才政策

21 世纪，科技不断进步，人才作用日益凸显。景德镇市委、市政府出台了多项政策举措，吸引人才、留住人才，为人才提供发展空间。

1. 政策措施

1999 年 4 月，经市政府同意，市劳动人事局下发《关于在景德镇市非公有制企业内部评定专业技术职称的实施意见》（景人字〔1999〕1 号文），在全市为非公人员开展工艺美术职称评审。

2005 年，市政府制定《景德镇市国民经济和社会发展第十一个五年规划纲要》，提出要牢固树立人才资源是第一资源的观念，大力加强人才队伍和人才市场建设，营造良好的人才环境，不断完善用人机制，扩大人才队伍总量，优化人才队伍结构。进一步营造创业文化，培育创业主体，拓宽创业领域，优化创业环境，大力推动全民创业。

2010 年，市政府制定《景德镇市国民经济和社会发展第十二个五年规划纲要》，提出要建设创新型城市，加强创新型企业建设，加强创新平台建设，打造优势科技创新团队，完善创新机制；要实施人才强市战略，建设人才队伍，加强人才培养，改善发展环境。同年，下发《景德镇市进一步加强高层次人才工作的若干规定》，大力引进和培养高层次人才，加快建设一支适应经济社会跨越式发展需要的高层次人才队伍，全面实施人才强市战略。同年，景德镇市委、市政府发布《景德镇市中长期人才发展规划纲要（2010—2020年）》。

2011年，市委、市政府确立"陶瓷优先发展"战略，设立人才资源开发专项基金；对领军型高层次陶瓷创业人才，财政一次性给予100万元创业启动资金；激励服务机制向陶瓷人才倾斜等，做大做强陶瓷产业。2015年，成立由市委、市政府主要领导挂帅的"景德镇市陶瓷发展委员会"，下发《关于进一步加强对人才工作的意见》等政策规定。

近年来，为了更好地服务"景漂""景归"，景德镇市成立以市委书记为组长的市委人才工作领导小组，推动制定市委《关于深化人才发展体制机制改革的实施意见》，以"用事业造就人才、用环境凝聚人才、用机制激励人才"为明确方向，作出规划。

针对人才需求，制定《景德镇市支持人才创新创业发展实施办法（试行）》《景德镇市支持人才创新创业发展十条政策》等一系列政策文件，在人才质量提升、人才奖励机制建立、人才生活配套设施建设等方面，给予配套支持政策，构建"1+N"的人才发展政策体系。

2018年，提出5年内力争实现"个十百千万"的工作目标：重点引进至少1名（个）开创性产业人才或团队；引进和培育国家级高层次人才10名左右；引进和培育省级高层次人才100名左右；引进和培育市级高层次人才1000名左右；引进和培育基础人才1万名以上，努力做大总量、做优质量，为全市经济社会发展提供更强有力的人才支持。

同年，景德镇市举办陶瓷产业创新创意人才座谈会，邀请白明、方李莉、瞿广慈等全国顶尖的陶瓷设计、科研、文化方面的专家，对全市陶瓷产业优化升级建言献策。是年，市委、市政府出台《景德镇市"3+1+X"产业人才发展实施办法（试行）》《景德镇市"3+1+X"产业人才发展十条政策》。加快实施人才强市战略，围绕全市"3+1+X"产业体系，培育更多优秀的本土人才在景创新创业，吸引更多优秀"景漂""景归"人才到景创新创业，以产聚才、以才促产。《十条政策》包括大力引进和培育领军人才引领产业发展；强化科技创新平台建设；推进创业孵化载体发展；支持文化创意和交流展示高端平台建设；鼓励各类人才加强国际合作交流；加大人才创新创业金融扶持；设立财税专项奖励支持；建立健全人才奖励机制；完善人才生活配套保障；建立优质人才服务体系。

2. 非公有制职称评定

1998年，市劳动人事局积极探索职称评聘制度改革，结合瓷都从事陶瓷生产专业人员实际，首次开展非公有制企业评定专业技术职称工作。在深入调查摸底的基础上，1999年4月制定《关于在景德镇市非公有制企业内部评定专业技术职称的实施意见》，在全市开展非公有制单位评定专业技术职称工作，根据从事陶瓷艺术年限、实践操作能力和业务水平、分别确定高、中、初级三个档次，即景德镇市高级陶瓷美术师、陶瓷美术师、助理员级美术师。这是景德镇市打破身份、学历、台阶限制，适合景德镇市情的人才评价办法，也是在职称评定方面的创举，使一大批闻名瓷都的陶瓷艺术人员有机会申报职称，在社会上产生震动。1999年4—8月，经个人申报，根据实际水平能力和现场实践操作，专家组集体讨论确定，获市高级陶瓷美术师63人，陶瓷美术师50人，助理陶瓷美术师及美术员14人。

从2000年起，非公有制职称评定走上正常轨道，统一纳入全市企（事）业单位职称评定工作之中，采取个人申报、组织审核（或行业协会审查）、现场实际操作、专家评审、公示结果、颁发证书。这项工作每两年进行一次，使一大批非公单位从事陶瓷雕塑、陶瓷绘画的陶瓷艺术人才获得相应的专业技术职称，使他们明确自身技艺水平，方便他们开展学术交流。

从 2011 年起，改为每年进行一次，并与省人社厅组织全省的职称评定工作同步。

2000—2015 年非公有制高、中、初级晋升情况表

年份	高级	中级	初级
2000	84	102	8
2002	92	108	19
2004	115	109	83
2006	216	97	75
2008	192	143	95
2010	365	166	65
2011	111	124	185
2012	172	360	432
2013	244	347	315
2014	208	282	149
2015	200	183	120
2016	123	116	80

3. 技能竞赛

陶瓷手工业技能是陶瓷艺术创作的基础，景德镇重视瓷业技能的培训、传承，多次组织开展、参与各种技能竞赛、评比。2006 年，李贵镇被国家劳动和社会保障部授予"中华技能大奖"。2012 年，为贯彻落实市委、市政府着力打好陶瓷、航空、旅游"三张主牌"的决定，从下半年开始，全市积极组织实施"三个一培训工程"，即：帮助陶瓷产业每年培训 1000 名拉坯、利坯、绘制、设计等一系列人才。

2013 年 10 月，景德镇市成功承办江西省"振兴杯"暨古窑"圣火杯"陶瓷行业职业技能竞赛，全省 400 名选手参加了陶瓷手工彩绘、陶瓷雕塑和陶瓷成型三个职业（工种）6 个项目的决赛，18 名选手荣获"江西省

国家技能大师、全国五一劳动奖章获得者占绍林在给学员现场教学

非遗传承人冯绍兴在南非进行手工拉坯表演，与参观者互动

技术能手"荣誉称号；10 名选手获"江西省青年岗位能手"荣誉称号；6 名选手获景德镇市"陶瓷彩绘技能大师"荣誉称号；38 名选手核发高级工以上职业资格证书。

2015—2018 年，景德镇市连续两次承办由人社部、中国陶协联合主办的全国陶瓷行业职业技能总决赛，连续两次举办全国职业技能大赛，景德镇选手 14 人获全国技术能手、52 人获全国陶瓷行业技术能手。

（二）陶瓷人才服务平台

为进一步加强招才引智工作，激励"景漂"人才和"景归"人才在景德镇创新创业。2017 年 10 月 12 日，江西景德镇市招才引智局、景漂景归人才服务局成立，"瓷都人才"微信公众号也正式上线。

市招才引智局、景漂景归人才服务局内设综合部、人才发展部、招才引智部、景漂景归人才服务部（景漂景归人才服务中心），主要职责为组织、协调有关方面研究提出人才发展规划、人才发展体制机制改革方案、重要人才政策、重大人才计划等，提出全市人才工作年度计划、目标分解与考核办法；组织协调开展重大招才引智活动，统筹协调"景漂""景归"人才服务工作；负责协调有关人才项目的管理和实施，统筹市人才工作专项经费的管理；协调推进全市人才工作平台建设和科技成果转移转化工作；负责市委人才工作领导小组的日常工作，协调督促有关方面落实市委人才工作领导小组的决定事项、工作部署；协调落实市委、市政府领导联系各类优秀人才的工作；负责组织全市人才工作专项述职，并做好成果运用工作；做好人才政策宣传推介和优秀人才典型表彰，加强人才权益保障。

海纳百川

"匠从八方来，器成天下走"。景德镇自古便吸引着全国乃至世界各地的艺术人才到此学习、从业、交流，形成了长盛不衰的"景漂"现象。当今的景德镇仍是中国艺术人才最为集中的地区之一。

2010年以来，景德镇按照"环境+平台+人才"模式，着力用事业造就人才、用环境凝聚人才、用机制激励人才，形成"近者悦、远者来"的人才发展生态。在每年成功吸引许多"景漂"前来瓷都寻梦创业之后，又涌现出人才返乡、信息回归、资金回流的"景归"现象。

如今，景德镇开启新时代"匠从八方来"的局面。

景德镇市领导观看"筑巢引凤·对话世界"纪念改革开放四十周年——"景漂""景归"专题展

（一）景漂、景归现象形成

景漂、景归现象的形成，既有历史原因，也有当下政策环境因素的影响。市委、市政府非常重视人才的作用，积极铺就通达景德镇的人才绿色通道，景漂之后又见景归。

1. 景漂现象

21世纪初，一大批国内外艺术创作者聚集景德镇，进行陶瓷艺术的学习、交流、研究、创作，这一现象被学者称为"景漂"现象。他们中很多是陶瓷艺术专业的大学生，也有相当一部分是非陶瓷业的知名画家、艺术大师，这些来自全国各个艺术院校的毕业生、陶瓷爱好者、国外陶瓷专家学者，到景德镇开办工作室，静心研究，创作交流。以乐天陶社、三宝陶艺村、陶大周边、雕塑瓷厂、新都民营陶瓷园、陶溪川等地为中心，逐步形成人数逾万、外籍人士1000余人的"景漂"一族聚居群落。

景德镇千年陶瓷文化底蕴吸引着数以万计的"景漂"来此寻梦，而"景漂"也是支撑景德镇重塑千年瓷都的中坚力量。

景德镇深厚的陶瓷文化底蕴、繁荣的陶瓷艺术品市场和完善的配套产业，为景漂一族提供实现梦想与价值的平台。

2015年，海内外"景漂"大量涌入瓷都。景德镇不断改善城市环境，打造产业平台，广纳陶瓷贤才，推出各项服务举措，如成立"景漂"流动党员党支部、组织党的十九大精神"景漂""景归"人才专场宣讲报告会、在中国美术学院举办"景漂"陶瓷人才高级研修班等。

景德镇努力培植陶瓷文化人才聚集的沃土。2016年前后，3万多"景漂"艺术家和陶瓷爱好者在景德镇创新创业，文化学者王鲁湘、胡平，艺术家吴山民、白明、吕品昌、冷军，企业家谢岳龙、何乾、陈立恒等知名人士汇聚景德镇，他们在各自的领域里为陶瓷辛勤耕耘，推介景德镇文化走向世界，使千年陶瓷文化焕发新的活力。

景德镇市领导看望景漂景归人才

2. 景归现象

景德镇和谐的人文环境和良好的城市环境，吸引了一大批曾经在景德镇生活过、学习过、工作过，并从这里走出去的文化学者、企业家、艺术家回到景德镇发展，涌现了一股高学历、高层次人才的回乡创业潮，如方李莉、朱乐耕、鲍杰军等知名"景归"，他们传承文化、投资兴业、创新创造，为景德镇的发展注入新动能，激发新活力，成为继"景漂"之后又一具有景德镇地域特色的文化与社会现象——"景归"。

乐天陶社较早入驻景德镇明清园，既是国内艺术家拓展国际视野的窗口，更是国外艺术家进入景德镇的中介与平台，为众多"洋景漂"提供翻译、咨询、交流、生活服务，很多根植景德镇的"洋景漂"就是从这里开始认识景德镇、爱上景德镇、融入景德镇。

2018年1月19日，景德镇举办创新创业人才暨"景漂""景归"人才新春座谈会，国家"千人计划"专家、国家"万人计划"领军人才以及高层次创新创业人才代表、景漂景归人才代表、各类专家学者齐聚一堂，共商人才发展大计。

2018年12月14日，"筑巢引凤·对话世界"纪念改革开放四十周年——"景漂""景归"专题展在景德镇中国陶瓷博物馆举行开幕式。专题展共分为"独特的环境，独特的文化""独特的群体，独特的现象""独特的贡献，独特的影响""未来：瓷都梦，新征程"四大篇章。在"独特的贡献，独特的影响"篇章里，从3D陶瓷打印技术到高新技术陶瓷，"景漂""景归"们充分展示他们在提升陶瓷科技创新、助力产业经济腾飞、推动陶瓷艺术发展、促进艺术文化繁荣、加快陶瓷文化传播等方面发挥的巨大影响力。

2019年2月7日，2019年景德镇市"三请三回"新春恳谈会，再次邀请景德镇籍在外发展的政界、学界、商界杰出人士和"景漂""景归"共谋发展。

（二）景漂、景归人才聚集

2014年6月15日，为了让"景漂"更好地在景德镇扎根创业、发展圆梦，市瓷局牵头，组织成立"景德镇中外陶瓷艺术协会"。协会以"服务、广纳、融合、圆梦"为宗旨，致力于为"景漂"服务。打造四个平台：作品展示平台、学术技艺交流平台、创作服务平台、宣传激励平台。协会的成立，更加广泛地吸纳海内外陶瓷从艺从业人员到景德镇创作创业和展示交流，更好地融汇海内外陶瓷艺术、材质、工艺之精华，推动景德镇陶瓷艺术和陶瓷产业的创新发展。

开展"TOP10瓷都青客"评选，举办"唐英杯"陶瓷艺术"百花奖"展评活动。在陶瓷工业园建成大学生创业孵化基地及配套人才公寓；依托创业大学举办培训班培训企业人才；对入驻创意集市的大学生发放补贴。

在陶溪川国际工作室，外籍景漂艺术家正在创作

本土陶艺家与外国陶艺家相互交流

在市行政服务中心办证服务大厅开设景漂景归人才综合服务窗口，在珠山区设立"景漂"人才服务中心，实行"一站式受理、一站式办结、一站式答复"，为各类高层次人才提供政策咨询、项目申报、融资对接、业务办理等"一揽子"服务。同时，对全市重点产业发展能够产生重大影响、具有重大经济社会生态效益的市域外高层次人才及团队的引进，实行"特事特办、一人一策"。

为更好地服务人才，留住人才，景德镇推出一揽子具有景德镇特色的支持政策。对引领景德镇市陶瓷产业发展的领军人才给予最高 200 万元的人才经费资助和最高 2000 万元的项目配套支持；对在景工作满 3 年购买首套住房的，给予最高 100 万元安家补助；对为陶瓷科技创新和产业发展做出重大贡献、获得国家科技进步特等奖的个人（团队），给予最高 200 万元的奖励。

人才高地

进入 21 世纪后，景德镇市委、市政府非常注重对人才的引进和培养，出台各项政策吸引人才、留住人才。近 20 年来，景德镇人才结构日渐明晰，涌现出一大批教育人才、艺术人才、技能人才和非遗传承人才。尤其是近年来，景德镇发展格局发生巨大变化，吸引更多陶瓷人才到景德镇发展，成为陶瓷行业人才高地。

（一）陶瓷教育人才

278

姓名	学校	职称
江伟辉	景德镇陶瓷大学	教授
宁 钢	景德镇陶瓷大学	教授
胡林荣	景德镇陶瓷大学	教授
占启安	景德镇陶瓷大学	教授级高级工程师
李良智	景德镇陶瓷大学	教授
冯 浩	景德镇陶瓷大学	教授
杨志民	景德镇陶瓷大学	教授
曾德生	景德镇陶瓷大学	教授
章义来	景德镇陶瓷大学	教授
洪志华	景德镇陶瓷大学	教授
汪和平	景德镇陶瓷大学	教授
熊 花	景德镇陶瓷大学	研究员
汪水英	景德镇陶瓷大学	档案研究馆员
朱棉霞	景德镇陶瓷大学	教授
黄 勇	景德镇陶瓷大学	教授

续表

姓名	学校	职称
胡跃辉	景德镇陶瓷大学	教授
郭 立	景德镇陶瓷大学	研究员
罗贤海	景德镇陶瓷大学	教授
杨应慧	景德镇陶瓷大学	教授
王艳香	景德镇陶瓷大学	教授
罗晓宁	景德镇陶瓷大学	研究馆员
王文华	景德镇陶瓷大学	教授
陈丽萍	景德镇陶瓷大学	教授
冯 青	景德镇陶瓷大学	教授
李月明	景德镇陶瓷大学	教授
汪永清	景德镇陶瓷大学	教授
刘 阳	景德镇陶瓷大学	教授
沈宗洋	景德镇陶瓷大学	教授
范学运	景德镇陶瓷大学	教授
高友良	景德镇陶瓷大学	教授
吴坚强	景德镇陶瓷大学	教授
石 棋	景德镇陶瓷大学	教授
胡 飞	景德镇陶瓷大学	教授
罗民华	景德镇陶瓷大学	教授
刘属兴	景德镇陶瓷大学	教授
成 岳	景德镇陶瓷大学	教授
夏光华	景德镇陶瓷大学	教授
常启兵	景德镇陶瓷大学	教授
杨 柯	景德镇陶瓷大学	教授级高级工程师
吕金泉	景德镇陶瓷大学	教授
邹晓松	景德镇陶瓷大学	教授
黄 胜	景德镇陶瓷大学	教授
金文伟	景德镇陶瓷大学	教授
余 勐	景德镇陶瓷大学	教授
李磊颖	景德镇陶瓷大学	教授
黄焕义	景德镇陶瓷大学	教授
曹春生	景德镇陶瓷大学	教授

续表

姓名	学校	职称
张景辉	景德镇陶瓷大学	教授
余 勇	景德镇陶瓷大学	教授
齐 彪	景德镇陶瓷大学	教授
詹 伟	景德镇陶瓷大学	教授
张亚林	景德镇陶瓷大学	教授
康修机	景德镇陶瓷大学	教授
孙清华	景德镇陶瓷大学	教授
余建荣	景德镇陶瓷大学	教授
张朝晖	景德镇陶瓷大学	教授
田鸿喜	景德镇陶瓷大学	教授
徐 进	景德镇陶瓷大学	教授
余小荔	景德镇陶瓷大学	教授
吴南星	景德镇陶瓷大学	教授
占腊生	景德镇陶瓷大学	教授
韩 文	景德镇陶瓷大学	教授
朱永红	景德镇陶瓷大学	教授
曹良足	景德镇陶瓷大学	教授
戴哲敏	景德镇陶瓷大学	教授
范跃农	景德镇陶瓷大学	教授
汤国兴	景德镇陶瓷大学	教授
张 纯	景德镇陶瓷大学	教授
鄢 涛	景德镇陶瓷大学	教授
黄丽萍	景德镇陶瓷大学	教授
殷耀如	景德镇陶瓷大学	教授
周永正	景德镇陶瓷大学	教授
柳炳祥	景德镇陶瓷大学	教授
詹棠森	景德镇陶瓷大学	教授
徐远纯	景德镇陶瓷大学	教授
彭永康	景德镇陶瓷大学	教授
余孝平	景德镇陶瓷大学	教授
李 萍	景德镇陶瓷大学	教授
李兴华	景德镇陶瓷大学	教授

姓名	学校	职称
黄胜辉	景德镇陶瓷大学	教授
饶志华	景德镇陶瓷大学	教授
周思中	景德镇陶瓷大学	教授
曹建文	景德镇陶瓷大学	教授
詹 嘉	景德镇陶瓷大学	研究员
汪冲云	景德镇陶瓷大学	研究员
李 夏	景德镇陶瓷大学	教授
罗二平	景德镇陶瓷大学	教授
张婧婧	景德镇陶瓷大学	教授
陈利和	景德镇陶瓷大学	教授
彭跃清	景德镇陶瓷大学	教授
吴建平	景德镇陶瓷大学	教授
张 珍	景德镇陶瓷大学	教授
肖 绚	景德镇陶瓷大学	教授
喻佑华	景德镇陶瓷大学	教授
陈功备	景德镇陶瓷大学	教授
郑四华	景德镇陶瓷大学	教授
朱 华	景德镇陶瓷大学	教授
何裕宁	景德镇陶瓷大学	教授
陈云霞	景德镇陶瓷大学	教授
江向平	景德镇陶瓷大学	教授
刘健敏	景德镇陶瓷大学	教授
黄 弘	景德镇陶瓷大学	教授
王爱红	景德镇陶瓷大学	教授
欧阳小胜	景德镇陶瓷大学	教授级高工
罗凌虹	景德镇陶瓷大学	教授
鄢春根	景德镇陶瓷大学	研究馆员
吴冷杰	景德镇陶瓷大学	教授
陈雨前	景德镇学院	教授
方 漫	景德镇学院	教授
王安维	景德镇学院	教授
宁 左	景德镇学院	教授

续表

姓名	学校	职称
乐茂顺	景德镇学院	教授
张苏波	景德镇学院	教授
冯绍华	景德镇学院	教授
李美珍	景德镇学院	教授
陆 涛	景德镇学院	教授
陈 实	景德镇学院	教授
唐圣耀	景德镇学院	教授
高常清	景德镇学院	教授
徐国基	景德镇学院	教授
黄 萍	景德镇学院	教授
程 幸	景德镇学院	教授
钟振华	景德镇学院	教授级工艺美术师
魏望来	景德镇学院	三级编辑
王炳山	景德镇学院	教授
刘文茂	景德镇学院	教授
李建英	景德镇学院	教授
邵 庄	景德镇学院	教授
余炳锋	景德镇学院	教授
李文跃	江西陶瓷工艺美术职业技术学院	教授
陈 彧	江西陶瓷工艺美术职业技术学院	教授
李 青	江西陶瓷工艺美术职业技术学院	教授
李明珂	江西陶瓷工艺美术职业技术学院	教授
张玲霞	江西陶瓷工艺美术职业技术学院	教授
朱辉球	江西陶瓷工艺美术职业技术学院	教授
李德真	江西陶瓷工艺美术职业技术学院	教授
饶媛媛	江西陶瓷工艺美术职业技术学院	教授
胡赛军	江西陶瓷工艺美术职业技术学院	教授
陈华龙	江西陶瓷工艺美术职业技术学院	教授
喻 珍	江西陶瓷工艺美术职业技术学院	教授
余琴仙	江西陶瓷工艺美术职业技术学院	教授
钟清莲	江西陶瓷工艺美术职业技术学院	教授
陈信忠	江西陶瓷工艺美术职业技术学院	教授
郭文华	江西陶瓷工艺美术职业技术学院	教授

续表

姓名	学校	职称
朱永平	江西陶瓷工艺美术职业技术学院	教授
余筱勤	江西陶瓷工艺美术职业技术学院	教授
吴荣光	江西陶瓷工艺美术职业技术学院	教授

（二）陶瓷艺术人才

景德镇市高级陶瓷艺术人才（荣誉称号）

陶瓷美术家					
王大凡	王 步	王雪如	王锡良	周国桢	毛龙汲
叶震嘉	刘雨岑	毕渊明	汪以俊	余文襄	余翰青
吴成仁	吴 康	张志汤	张松茂	张景寿	杨秦川
杨海生	李盛春	周湘甫	段茂发	赵惠民	徐天梅
龚耀庭	黄海云	章 鉴	曾龙升	程兆鑫	蔡寿生
蔡金台	潘庸秉	魏荣生	王云泉	王晓帆	刘仲卿
李永兴	张松涛	胡献雅	章仕保	曾山东	王隆夫
叶冬青	汪桂英	康家钟	秦锡麟	章文超	傅尧笙
潘文复	戴荣华	王恩怀	邓肖禹	李 进	何叔水
熊汉中					
中国工艺美术大师					
王锡良	秦锡麟	张松茂	王恩怀	李 进	王隆夫
唐自强	戴荣华	张育贤	熊钢如	刘远长	徐庆庚
王怀俊	杨苏明	徐亚凤	何叔水	余仰贤	黄卖九
宁勤征	赖德全	饶晓晴	李文跃	李菊生	李一新
刘 伟	邱 含	杨曙华	俞 军	曾 瑾	傅长敏
陈 军	孙燕明	刘文斌	王淑凝	程 飞	汪 明
杨 青					
中国陶瓷艺术大师					
汪桂英	刘 平	戚培才	舒惠娟	熊汉中	陆 军
陆 如	涂金水	曾维开	戴玉梅	范敏祺	蓝国华
刘升辉	聂乐春	宁 钢	彭竞强	沈盛生	舒立洪
涂序生	涂翼报	徐江云	袁世文	曾亚林	张正海

续表

赵紫云	朱正荣	何炳钦	喻木华	陈 敏	周 鹏
黄 勇	张吟玲	吴 能	江建民	陆 涛	喻冬华
邓幼堂	余效团	吴天麟	涂志浩	况冬苟	黄 杨
胡光震					
中国陶瓷设计艺术大师					
方文贤	王怀治	王 采	王爱红	冯绍华	刘少平
刘少倩	刘 畅	朱辉球	许国胜	邬书远	何炳钦
吴少雄	祝正茂	钟筱俐	徐 波	徐晓云	高 峰
黄水泉	彭树发	程久发	程永安	蔡玲玲	宁 左
李美珍	张中闻	胡光震	胡景文	侯一波	洪南雨
夏忠勇	徐子印	章 亮	曹爱勤		
江西省工艺美术大师					
李恭坤	田慧棣	章文超	裴足喜	程曲流	曹木林
吴胜华	王怀治	王秋霞	王跃林	冯叔文	孙同鑫
赵明生	俞海青	王卫平	钱梅玲	李映华	徐 硕
熊国辉	刘清云	梁小平	涂少波	解 强	李少景
武育伦	汪春麟	刘志为	欧阳桑	徐 岚	赵美云
邱启先	余 磁	吴兰芳	冯金玲	董 伟	余 宾
张 慧	张晓东	姚慧云	於彩云	汪平孙	魏晓阳
龚 华	熊 军	丁 虹	于长征	万 庆	马 俊
王淑媛	王清平	王 青	王品刚	王淑明	方旺生
卢 伟	占亚雄	占昌赣	冯唐新	江和先	江筱琴
刘文胜	刘英令	齐茂荣	朱建安	朱文文	朱丹忱
孙立新	陈小青	陆 岩	汪淑珍	汪向军	吴 燕
吴志辉	辛 婷	余冬保	余 欣	余 毅	李家正
李一来	李国红	何笠农	邹达怀	林卫国	范双梅
周 明	周 红	郑 勇	胡文峰	钟起宝	钟振华
钟福洪	俞 暄	赵中良	唐德贵	涂良如	徐 萍
徐 靖	徐文强	黄景藏	黄丽萍	黄晓红	黄 琼
曹致友	喻明福	傅建荣	傅岩春	程建平	曾 军
彭 松	管桂玲	熊 婕	熊 星	熊晓华	潘凯声
魏柳杨	李春敏	夏徐玲	杨 平	钟文斌	郑云云
江西省陶瓷艺术大师					
于 珍	王 琳	王 琪	王乐华	方 漫	方文生
邓建民	田 曼	田海龙	付 君	冯 祥	刘 毅

284

续表

刘中荣	刘志英	江 涛	江和龙	杨 杰	杨庆云
李 川	李和平	严兴民	吴云林	吴国兴	邹庆水
邹资良	余 刚	余水贵	余晨洲	余朝霞	汪 艳
陈 实	陈云开	陈正兰	陈其松	陈淑娟	周 玲
周秀丽	胡 芳	胡达民	胡接生	胡赛军	赵 坤
赵世文	俞华春	施国卿	徐小明	徐国琴	徐建建
涂序华	黄景锋	彭想生	蒋任荣	傅国胜	曾开学
曾亚琴	简 丹	熊 俊	熊 煜	熊金荣	魏胜耀
景德镇市工艺美术大师					
彭荣新	高 峰	刘清云	程润生	徐 波	杨曙华
喻木华	周景平	熊国辉	黄周生	翟筱翔	管桂玲
曹爱勤	吴国兴	姚慧云	冯唐新	魏晓阳	赖如森
沈 浮	焦健懿	吴少雄	魏胜耀	于长征	李宝华
潘凯声	方旺生				

（三）陶瓷技能人才

技能大师工作室

国家级技能大师工作室					
李贵镇	徐 靖	夏 瑛	占绍林	徐雪勇	
省级技能大师工作室					
李贵镇	徐 靖	夏 瑛	纪长岭	徐金和	鲍兆年
李泽靖	徐雪勇	林卫国	陈其松	余 欣	欧阳敏
张 军	徐建建	占绍林	徐家庆	李鹏来	秦晓明
黄世启	叶兆云	叶 彬	邵建秋	陈烙铭	童迎松
市级技能大师工作室					
周国华	占绍林	徐雪勇	陈烙铭	徐家庆	李泽靖
陈其松	李鹏来	徐安基	刘嘉鸿	吴志辉	程贵华
魏小毛	吴义兵	汪美丽	梁威林	冯绍文	陶 平
袁筱英	江民辉	孙智雷	吴永生	邵徽亮	傅 强
陈盛榆	江美华	童迎松			

（四）陶瓷类其他人才

"赣鄱英才 555 工程" 人才（陶瓷类）

申报类别	姓名	在赣工作（服务）单位/创办企业
III	欧阳琦	景德镇市鹏飞建陶有限公司
III	余望龙	景德镇市望龙陶瓷有限公司
III	王安维	景德镇学院陶瓷艺术研究所
III	宁勤征	景德镇市陶瓷研究所
III	孙燕明	景德镇市雕塑瓷厂
F	李贵镇	景德镇市残疾人美术家协会
F	徐金和	江西省徐金和陶瓷技能大师工作室
F	徐靖	景德镇市雕塑瓷厂
F	占绍林	景德镇陶瓷职业技术学院
B	王若钉	江西高环陶瓷科技股份有限公司
B	王涛	景德镇神飞特种陶瓷有限公司
C	蔡玲玲	景德镇市珠山陶瓷研究所
C	孙立新	景德镇民窑博物馆
E	傅长敏	景德镇陶瓷民俗博物馆

获国家、省 21 世纪百千万人才工程人选

获国家 21 世纪百千万人才工程人选			
姓名	获得时间	姓名	获得时间
王安维	2006	孙燕明	2007
余海青	2007	曾瑾	2013
获江西省 21 世纪百千万人才工程人选			
姓名	获得时间	姓名	获得时间
徐建建	2009	方漫	2013
冯绍华	2009	黄勇	2014
陈军	2009	余欣	2014
曾瑾	2010	江和先	2015
高常青	2010	程幸	2015
钟振华	2010	欧阳敏	2017
王淑媛	2013	江月光	2018
刘文斌	2013		

（以上表格排名均不分先后）

第七章
国家使命　千年机遇

建好景德镇国家陶瓷文化传承创新
试验区，打造对外文化交流新平台。
——习近平

2019 年 5 月，习近平总书记视察江西，作
出了"建好景德镇国家陶瓷文化传承创新试验区，
打造对外文化交流新平台"的重要指示。这是习
近平总书记为景德镇发展标定的历史方位、擘画
的美好蓝图，必将引领陶瓷文化传承创新实现新
突破，带来新繁荣。

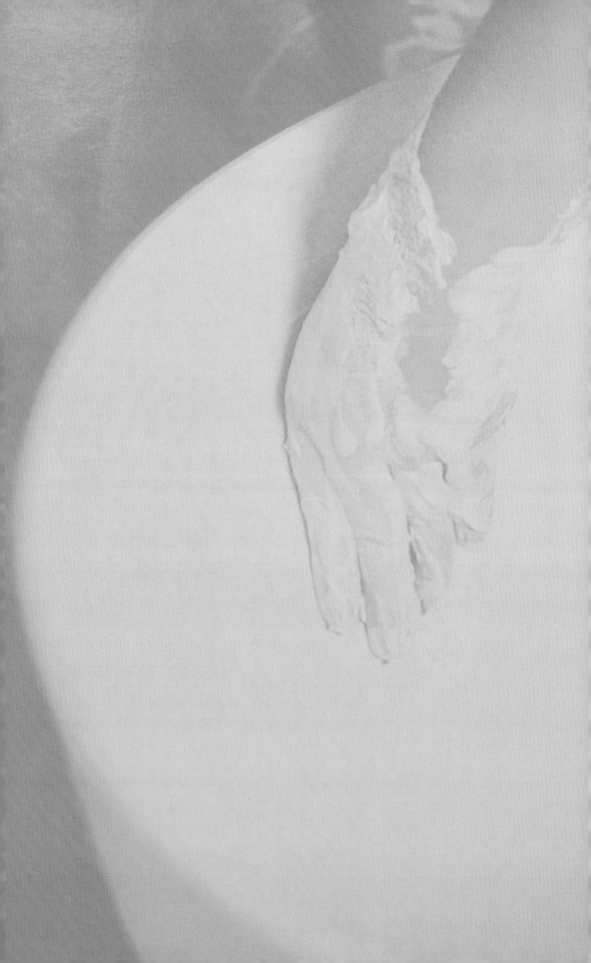

景德镇国家陶瓷文化传承创新试验区

（一）总书记指示　高位推动

2019 年 5 月，习近平总书记再次视察江西，作出了"建好景德镇国家陶瓷文化传承创新试验区，打造对外文化交流新平台"的重要指示，这是总书记为景德镇发展标定的历史方位、擘画的美好蓝图，为景德镇的发展带来了天时地利人和的难得机遇。

景德镇国家陶瓷文化传承创新试验区是党中央、国务院赋予江西的一项重大任务，也是江西省又一个国家级金字招牌，对于保护好、传承好、利用好景德镇陶瓷文化，充分发挥文化对产业转型升级的积极作用，加快推进江西省高质量跨越式发展，都具有重大而深远的意义。

宋景德元年（1004），昌南镇获准以皇帝年号"景德"为名，更名景德镇。景德镇青白瓷从全国八大窑系中脱颖而出，且千年不衰。元至元十五年（1278）朝廷在景德镇设浮梁瓷局，掌管瓷器，明洪武二年（1369）在景德镇设御器厂，专门烧造皇家用瓷。清代改称御窑厂，开始了长达 600 多年的御窑历史，景德镇成为世界制瓷中心。2019 年，习近平总书记指示"建好景德镇国家陶瓷文化传承创新试验区，打造对外文化交流新平台"。景德镇的陶瓷产业发展纳入国家发展战略，千年等一回，景德镇又一次迎来大发展的历史机遇！

2018 年 9 月，经国务院总理李克强圈批，同意创建景德镇国家陶瓷

省委书记刘奇听取市委书记钟志生介绍景德镇国家陶瓷文化传承创新试验区情况

省委副书记、省长易炼红在景德镇调研

文化传承创新试验区。省委、省政府迅速组织落实，研究方案，制定措施。2019年7月初，省委书记刘奇专程到景德镇调研试验区创建工作，要求景德镇"抢抓千年机遇、想尽千方百计、复兴千年瓷都，加快建设景德镇国家陶瓷文化传承创新试验区，努力走出一条具有世界意义、中国价值、新时代特征、景德镇特点的优秀文化传承创新发展新路子"。8月13日，省长易炼红考察景德镇时指出，要紧扣国家陶瓷文化传承创新试验区建设，按照"山水园林城、国际瓷都地"要求，加快提升城市功能与品质，彰显深厚的文化底蕴、完善的城市功能、优美的生态环境，走出一条文化创意产业发展之路，带动整个城市转型升级、高质量发展。9月9日，省长、景德镇国家陶瓷文化传承创新试验区建设领导小组组长易炼红主持召开景德镇国家陶瓷文化传承创新试验区建设领导小组第一次会议。

　　10月17日，江西省委、省政府在景德镇召开景德镇国家陶瓷文化传承创新试验区建设动员大会。省委书记刘奇作动员讲话，省委副书记、省

江西省委、省政府在景德镇召开景德镇国家陶瓷文化传承创新试验区建设动员大会现场

省市领导观看景德镇国家陶瓷文化传承创新试验区展板

长易炼红主持会议，省领导姚增科、赵力平、马志武、吴忠琼出席会议，景德镇市委书记钟志生发言。会议强调，在景德镇国家陶瓷文化传承创新试验区建设过程中，要坚持以习近平新时代中国特色社会主义思想为指导，深入贯彻落实习近平总书记视察江西重要讲话精神，坚持以创新为核心、以改革为动力、以文化为灵魂，抢抓千载机遇、想尽千方百计、复兴千年瓷都，高标准、高质量、高水平建好景德镇国家陶瓷文化传承创新试验区，打造国家陶瓷文化保护传承创新基地、世界著名陶瓷文化旅游目的地、国际陶瓷文化交流合作交易中心，努力走出一条具有世界意义、中国价值、新时代特征、景德镇特色的文化传承创新发展新路子，让千年瓷都焕发出新时代璀璨夺目的光彩。

（二）战略定位　发展目标

2019年8月，《景德镇国家陶瓷文化传承创新试验区实施方案》正式获批，千年以降，景德镇又一次承担起国家使命，承担起陶瓷文化传承与创新的历史责任。

建设国家陶瓷文化保护传承创新基地 统筹物质文化遗产和非物质文化遗产保护传承，推进文化遗产活化利用，构建陶瓷人才集聚高地，培育陶瓷产业新技术、新业态、新模式，推进陶瓷文化与相关产业深度融合，推动景德镇成为集中展示中华陶瓷文化的瓷都、全国乃至世界的陶瓷产业标准和创新中心。

建设世界著名陶瓷文化旅游目的地 放大陶瓷文化品牌优势，促进旅游与文化、生态深度融合，高品质建设国家全域旅游试验区，充分发挥旅游的综合带动作用，促进旅游业全区域、全要素、全产业链发展，把景德镇打造成世界一流的国际文化旅游名城。

建设国际陶瓷文化交流合作交易中心 全面融入"一带一路"建设进程，加强与国内外文化机构交流合作，建设国际化陶瓷产业链交易平台，把试验区建设成为促进全球文明互鉴的重要桥梁和高端陶瓷文化贸易出口区。

到 2025 年，试验区建设取得阶段性成果，陶瓷文化传承保护创新体制机制初步建立，陶瓷文化保护传承、陶瓷产业创新发展、陶瓷国际贸易和文化交流合作的体系基本形成，陶瓷文化和旅游业深度融合效果显著，促进经济高质量发展和城市现代化建设的重要作用进一步发挥，为我国陶瓷及其他传统文化产业转型发展提供可推广、可复制的经验。

到 2035 年，试验区各项建设目标任务全面完成，成为全国具有重要示范意义的新型人文城市和具有重要影响力的世界陶瓷文化中心城市。陶瓷文化传承保护创新体制机制基本健全，陶瓷文化引领经济社会发展质量变革、效率变革、动力变革的新模式基本形成，陶瓷文化国际影响力全面提升，成为共建"一带一路"国家文化交流重要载体和展示中华古老陶瓷文化魅力的名片。

景德镇国家陶瓷文化传承创新试验区建设

景德镇在推进"双创双修"工作中,以"塑形"为手段,让城乡环境、面貌脱胎换骨,以"铸魂"为目的,保护、修复文化景观,打造文化产业平台,提升城市品位。

（一）双创双修　塑形铸魂

近年来,景德镇市认真贯彻落实习近平总书记对御窑厂遗址保护工作的重要批示,全面加强陶瓷文化传承保护,实施御窑厂遗址保护,有序修缮以陶阳十三里为核心的80万平方米历史街区,加快建设以陶溪川为载体的文创街区,大力提升以三宝瓷谷为主体的陶源谷艺术景区,规划建设以陶瓷大学为依托的东市区创意创业空间,形成"三陶一区"的老城保护空间格局。与此同时,全市坚持问题导向,从"塑形"入手,给城区"洗脸"、农村"洗脚",再到"双创双修",既"塑形"又"铸魂",打了一套城乡环境整治的"组合拳",城乡面貌发生了巨大的变化,取得了阶段性成果。这些工作,为创建试验区创造了良好的条件。

景德镇新貌

（二）世界意义　中国价值

2019 年是中华人民共和国成立 70 周年，也是景德镇国家陶瓷文化传承创新试验区建设元年。景德镇抢抓千年机遇，想尽千方百计，复兴千年瓷都，大胆先行先试，推进国家陶瓷文化保护传承创新基地、世界著名陶瓷文化旅游目的地、国际陶瓷文化交流合作交易中心为内容的"两地一中心"建设，提出"一轴、一带，五区、多点"的核心区功能规划，努力探索一条具有世界意义、中国价值、新时代特征、景德镇特点的优秀文化传承创新发展新路子。

根据国家要求，结合景德镇陶瓷文化实际，建设景德镇国家陶瓷文化传承创新试验区的主要任务有五项：

一是加强陶瓷文化保护传承创新　围绕加大陶瓷文化保护利用力度、大力推进陶瓷文化挖掘阐述，深入实施大遗址保护计划，加快推进御窑厂遗址申报世界文化遗产，创建景德镇文化生态保护试验区，推进陶瓷博物馆、中欧城市实验室等建设。

二是推动陶瓷文化产业创新发展　充分发挥景德镇文化底蕴深厚、陶瓷产业基础良好的优势，加强陶瓷品牌建设、打造陶瓷产业特色集群、发展文化创意和设计服务、构建科技创新发展平台，不断拓宽陶瓷应用领域，着力延伸产业链，提升附加值。

三是发展陶瓷文化旅游业　适应旅游消费升级新需求，找准文化和旅游结合点，通过打造陶瓷文化旅游核心产品、培育文化旅游新业态、提升旅游配套服务、创新旅游体制机制等，推进景德镇加快建设成为国家全域旅游示范区、世界著名陶瓷文化旅游目的地。

四是加强陶瓷人才队伍建设　紧紧抓住人才这一核心资源，通过激发陶瓷人才创新创造活力、加大陶瓷人才引进力度、大力培养陶瓷后备人才，着力把景德镇打造成为陶瓷人才集聚"高地"、创新创业"乐土"。

五是提升陶瓷文化交流合作水平　坚持以瓷为媒、以瓷交友，通过推动陶瓷产业对外贸易、完善陶瓷文化产品交易方式、拓展陶瓷文化国际传播交流，使景德镇陶瓷文化成为共建"一带一路"国家文化交流重要载体和展示中华古老陶瓷文化魅力的名片。

　　"两地一中心"　是景德镇国家陶瓷文化传承创新试验区建设的中心内容，即将景德镇建设成为国家陶瓷文化保护传承创新基地、世界著名陶瓷文化旅游目的地、国际陶瓷文化交流合作交易中心。

　　"一轴一带，五区多点"　是指在建设景德镇国家陶瓷文化传承创新试验区过程中，全市将集中力量建设 36 平方千米的"一轴、一带、五区、多点"核心区，以核心区建设推动试验区的整体提升。

　　"一轴"　就是珠山大道陶瓷文化保护传承轴。西起昌南大道，经珠山路、朝阳路，东至何家桥的走廊区域。珠山大道陶瓷文化保护传承轴向南和向东扩展，即从昌南里向南经 206 国道延伸至景德镇南高速口，从何家桥路向东经高岭大道延伸至景德镇东高速口。其功能定位为："品牌塑造，演绎景德镇千年陶瓷历史文化。"通过整合串联，打造试验区的重要发展轴，优化提升文化保护传承轴及其辐射范围内的 5 个重点区，实现陶瓷文化保护传承创新，陶瓷文化旅游转型升级，陶瓷文化交流合作贸易提升，打造集陶瓷文化研究、城市功能完善、宜居宜业宜游、实现美好生活向往为一体的城市复合型功能带。

　　"一带"　即昌江百里风光带。北起位于浮梁县蛟潭镇的浯溪口水利枢纽工程，南至高新区航空小镇，核心区域包含"一江三河六山"，即昌江、南河、西河、东河，凤凰山、五龙山、龙塘山、旸府山、石埭山、南山。按照"治山理水、显山露水"的总体要求，以修复山体、保护水系、打造景观节点、提升周边农村环境为目标，大力推进沿线范围内的山水生态修复和城乡环境治理，塑造良好的山体、水系、河湖岸线及独具特色的城乡风貌，构筑山水林田湖草生命共同体，打造"蓝天白云、青山绿水"

一轴一带五区多点（约36平方公里。其中：五区26平方公里、十个点10平方公里）

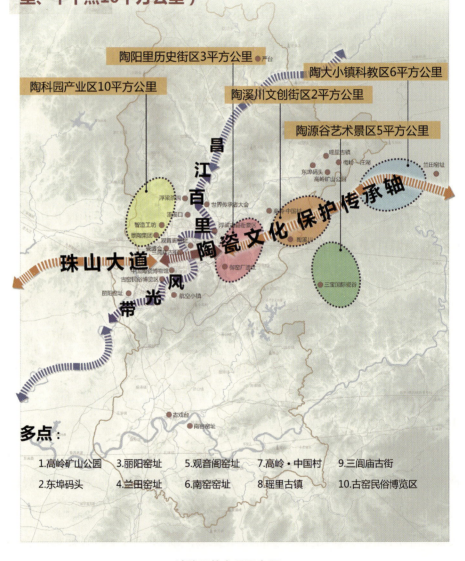

多点：

1.高岭矿山公园	3.丽阳窑址	5.观音阁窑址	7.高岭·中国村	9.三间庙古街
2.东埠码头	4.兰田窑址	6.南窑窑址	8.瑶里古镇	10.古窑民俗博览区

试验区核心区示意图

的生态环境。

"五区"　即五大功能分区，包括陶科园产业园区、陶阳里历史街区、陶溪川文创园区、陶源谷艺术景区、陶大小镇东市区，范围达 26 平方千米。

陶科园产业园区的功能定位为　"整合资源，建设陶瓷产业投融资管理平台。"以陶瓷工业园为核心，以景德镇陶瓷集团、陶瓷智造工坊为重点区，建设功能配套完备的传统日用陶瓷产业转型升级和手工制瓷集聚基地。整合陶瓷工业制造、陶瓷工程项目建设、陶瓷产业管理运营的投融资机制，打造集"募集、投资、建设、管理、运营、退出"为一体的陶瓷产业发展平台新模式。

陶阳里历史街区的功能定位为　"保护利用，推动陶瓷历史文化复兴与推广。"坚持保护第一与合理利用的原则，以御窑厂遗址为核心，以陶阳十三里为重点区，通过考古发掘古窑遗址、活化文物，原周边的生产与生活、商业与文化，展示御窑文化与城市发展的生动场景。以御窑厂世界文化遗产申报为契机，复兴御窑厂历史兴盛景象，彰显御窑厂"世界文化名片"的美好前景。

陶溪川文创园区的功能定位为　"跨界融合，培育陶瓷文创开发的新模式。"以陶溪川为核心，以雕塑瓷厂、陶艺街为重点区，凝聚陶瓷大学、工艺美院、景德镇学院学生和景漂景归艺术家的文化创意项目，培育陶瓷文化产业新产品、新业态、新模式。

陶源谷艺术景区的功能定位为　"融入自然，提升陶瓷文化资源旅游功能。"以三宝瓷谷为核心区，以古窑、皇窑、湖田民窑为重点区，呼应高岭·中国村、瑶里、东埠古街等，打造世界著名陶瓷文化旅游精品区。

陶大小镇东市区的功能定位为　"产学研融合，着力陶瓷文化智力体系建设。"依托景德镇陶瓷大学，以陶大小镇、珠山东市、大学生产业园、景德镇技校为重点区，打造集陶瓷艺术创新、陶瓷文化科研、陶瓷创客创业、陶瓷文化产学研为一体的陶瓷文化人才集聚区。

"多点"　指整合景德镇范围内各类陶瓷文化资源，突出陶瓷文化传承创新，服务好"一轴一带五区"的主要功能区。以高岭·中国村、高岭矿山公园、瑶里古镇、南窑窑址、古窑民俗博览区、兰田窑址、观音阁窑址、丽阳窑址、东埠码头、三闾庙古街等作为重点，保护范围共 10 平方千米。

现代化的陶瓷生产车间

推动创建试验区纪事

·2017年7月20日,时任市委常委、秘书长、宣传部长吴隽带队赴重庆,与重庆市金融办接洽,并在重庆起草了《关于设立景德镇国家陶瓷文化传承创新试验区的请示》。此前,景德镇组织相关人员,专程赴山东,学习"曲阜优秀传统文化传承示范区"建设情况。

·2017年7月23日,在紫晶宾馆5号楼会议室,市委书记钟志生主持召开座谈会,专题讨论修改《关于设立景德镇国家陶瓷文化传承创新试验示范区的请示》。

·2017年11月30日,由省发改委牵头,省文化厅、省商务厅等在南昌为建设景德镇国家陶瓷文化传承创新试验区召开对接会。

·2018年1月10日,市委书记钟志生在紫晶宾馆会议室主持召开景德镇国家陶瓷文化传承创新试验区项目建设情况座谈会。

·2018年1月19日,省文化厅为建设景德镇国家陶瓷文化传承创新试验区召开对接会,景德镇市委、市政府及有关部门领导参加。

·2018年2月28日至3月2日,市委书记钟志生率队赴京,为建设景德镇国家陶瓷文化传承创新试验区分别与国家发改委、财政部、教育部进行了沟通与对接。此后,市领导钟志生、刘锋、黄金龙等多次带队,与国家相关部委沟通对接,并根据有关方面意见,反复修改方案,召开协调会,推进试验区建设。

·2018年3月15日,江西省省长刘奇带队,副省长吴忠琼、省文化厅有关领导一行,走访文化和旅游部,就支持江西省从国家层面设立和推动创建景德镇国家陶瓷文化传承创新试验区提出 8 个方面的请求。

·2018 年 3 月 17 日，江西省省长刘奇就景德镇国家陶瓷文化传承创新试验区创建等工作向李克强总理作了汇报，李克强总理批示："请肖捷同志阅转有关方面研究支持"。国务院秘书长肖捷同志 3 月 18 日批示："转请发展改革委、科技部、文化和旅游部等部门，按照克强总理重要批示精神，研究提出支持意见。"

·2018 年 3 月 27 日，市委书记钟志生与省人大常委会原副主任史文清同志一起讨论、修改《关于设立景德镇国家陶瓷文化传承创新试验区的请示》。

·2018 年 3 月 28 日，市委书记钟志生与新华社江西分社社长刘健一起讨论、修改《关于设立景德镇国家陶瓷文化传承创新试验区的请示》。

·2018 年 4 月 2 日，市委书记钟志生主持召开讨论会，组织有关部门讨论《关于设立景德镇国家陶瓷文化传承创新试验区的请示》和《景德镇国家陶瓷文化传承创新试验区总体方案》。

·2018 年 4 月 8 日，召开市四套班子联席会，组织市四套班子领导、市有关部门负责人讨论修改《关于设立景德镇国家陶瓷文化传承创新试验区的请示》和《景德镇国家陶瓷文化传承创新试验区总体方案》。会议决定，成立景德镇国家陶瓷文化传承创新试验区领导小组，钟志生担任组长，梅亦任第一副组长，刘锋、吴隽、黄金龙、熊皓担任副组长，下设推进办公室，黄金龙任主任，熊皓任副主任，市委政研室、市发改委、市陶瓷工业发展局、市文广新局主要负责人为办公室成员。

·2018 年 4 月 15—17 日，市委书记钟志生率队赴北京与国家发改委、文化和旅游部对接，市委常委、组织部长黄金龙，市委秘书长胡春平随行。国家发改委社会司司长欧晓理召集有关司处领导听取了创建工作汇报。文化旅游部副部长项兆伦召集有关司处领导听取了创建工作汇报。

·2018 年 4 月 17 日，文化和旅游部就"国家发展改革委办公厅关于征求对支持江西发展几个具体事项意见的函"进行回复，提出 5 条具体支持意见。

·2018 年 4 月 22 日，省政府将《关于设立景德镇国家陶瓷文化传承创新试验区的请示》和《景德镇国家陶瓷文化传承创新试验区总体方案》上报国务院。4 月 26 日，国务院办公厅批转国家发改委研究办理。8 月 22 日，国家发改委向国务院上报了《关于创建景德镇国家陶瓷文化传承创新试验区有关事项的请示》。

·2018 年 9 月 11 日，国务院总理李克强圈批同意景德镇创建景德镇国家陶瓷文化传承创新试验区。

·2018 年 9 月 24 日，在收到国务院办公厅秘书三局转来国务院总理李克强圈批同意的文件后，省委书记刘奇批示："衷心感谢克强总理对老区的关爱。我们要按照国务院、国家发改委提出的工作要求认真抓好落实，请炼红同志阅示。"省委副书记、代省长易炼红批示："省政府将迅速研究部署有关工作，高水准、高质量推进景德镇国家陶瓷文化传承创新试验区建设，绝不辜负克强总理等中央领导的关爱和期望。"常务副省长毛伟明批示："请省发改委按照刘奇、炼红同志批示要求，会同省文化厅及景德镇市等各部门各地方，抓紧组织编制好前瞻性、高质量、有特色的实施方案。"

·2018 年 9 月 29 日，市委副书记刘锋带队赴南昌，就景德镇国家陶瓷文化传承创新试验区实施方案编制工作与省发改委、省文化厅进行工作对接。

·2018 年 9 月 30 日，市委副书记刘锋主持召开景德镇国家陶瓷文化传承创新试验区实施方案编制工作协调会。

·2018 年 10 月 6 日，省发改委副主任郭新宇带队指导景德镇国家陶瓷文化传承创新试验区实施方案编制工作，市委常委、组织部长黄金龙组织各相关部门负责人召开工作对接会，省市两级共同对实施方案进行了修改完善。

· 2018 年 11 月 16 日，省发改委政策法规处处长陶辉、社会处副调研员龙菊香与起草组的同志一道，对实施方案进行了再次梳理。

· 2018 年 11 月 18—20 日，上海交大陶瓷文化传承创新试验区调研组到景德镇市考察调研。下午，在市发改委召开《实施方案》修改座谈会，市委常委、常务副市长黄金龙参加会议并讲话。

· 2018 年 12 月 13 日，专家组修改形成第二稿，市委政研室、市发改委有关同志与上海交大专家组面对面进行交流讨论，并同步征求有关市直部门意见，修改后形成第三稿。12 月 15 日，与国家发改委社会司进行工作对接，社会司对实施方案提出了具体修改意见。

· 2019 年 1 月 7 日，常委、常务副市长黄金龙率队与国家发改委进行对接。国家发改委社会司认为，实施方案比较成熟，可以按照程序上报。

· 2019 年 1 月 14 日，时任市委常委、宣传部长吴隽率队赴南昌参加省发改委组织的试验区实施方案征求意见会，省直 18 个厅局参会。

304

· 2019 年 1 月 16 日，根据省委常委、常务副省长毛伟明及 18 家省直有关单位领导的意见，对实施方案进行修改。

· 2019 年 1 月 29—30 日，贯彻落实省委书记刘奇批示精神及具体修改意见，再次修改《实施方案》。

· 2019 年 2 月 2 日，《景德镇国家陶瓷文化传承创新试验区实施方案》上报国务院。

· 2019 年 2 月 3 日，国办秘书三局将《江西省人民政府关于恳请批复景德镇国家陶瓷文化传承创新试验区实施方案的请示》交国家发改委牵头办理。

· 2019 年 2 月 18 日，市委常委、常务副市长黄金龙召集全市 27 个部门主要负责同志开会，部署推进与国家部委对接的有关事项。

· 2019 年 2 月 24 日，受市委、市政府主要领导的委托，刚刚履新的市委副书记王前虎连夜抵达北京，加强指导赴京对接工作。

·2019年2月28日，景德镇国家陶瓷文化传承创新试验区实施方案对接工作调度会在北京召开。市委书记钟志生，市委副书记、市长刘锋出席会议并讲话。

·2019年3月1日，对接指挥部起草赴京对接情况简报，向在京参加活动的省委书记刘奇汇报了景德镇开展赴京对接工作的有关情况。

·2019年5月20—22日，习近平总书记视察江西，作出了"建好景德镇国家陶瓷文化传承创新试验区，打造对外文化交流新平台"的重要指示。

·2019年5月27日，景德镇国家陶瓷文化传承创新试验区实施方案对接工作会召开，市委书记钟志生作了讲话，市领导王前虎、黄金龙、熊皓、孙庚九出席会议，市直21个部门参加会议。

·2019年6月11日，省委书记刘奇在市委、市政府上报的"关于景德镇国家陶瓷文化传承创新试验区创建情况的专报"上作出批示："要在前阶段工作的基础上，继续加倍努力，请伟明、和平同志阅研。"6月13日，省委副书记、省长易炼红批示："肯定前期工作！要深入领会习近平总书记重要讲话精神，按照国务院批复的《实施方案》，务求实效地推进景德镇国家陶瓷文化传承创新试验区建设，一年见成效，三年上台阶，五年树标杆。"省委常委、常务副省长毛伟明批示："请省发改委继续做好与国家发改委的汇报衔接，并全力支持好、指导好试验区的建设。"

·2019年6月21日，国家发展改革委与文旅部联合将修改完善后的《景德镇国家陶瓷文化传承创新试验区实施方案》上报国务院。

·2019年7月2—3日，省委书记刘奇在景德镇调研并主持召开推进景德镇国家陶瓷文化传承创新试验区建设座谈会。

·2019年7月3日，省委常委、常务副省长毛伟明率队赴国家发改委汇报争取建立部省际联席会议制度，市委书记钟志生、省发改委主任张和平、常务副市长黄金龙等参加汇报。

·2019年7月26日，国务院以国函件形式批复《景德镇国家陶瓷文化传承创新试验区实施方案》。

·2019年7月26日，市委十一届七次全体（扩大）会议召开，市委书记钟志生代表常委会讲话，就试验区建设工作作出部署，并向全市发出"感恩奋进、真抓实干，全力建好景德镇国家陶瓷文化传承创新试验区，打造对外文化交流新平台"的总动员。

·2019年8月13日，省委副书记、省长易炼红专程到景德镇调研，协调推进景德镇国家陶瓷文化传承创新试验区建设。

·2019年8月21日，省委常委、常务副省长毛伟明专题调研景德镇国家陶瓷文化传承创新试验区建设工作，并召开座谈会听取有关情况汇报和国内外专家学者意见建议。

·2019年8月26日，国家发展改革委、文化和旅游部印发《景德镇国家陶瓷文化传承创新试验区实施方案》的通知。

·2019年9月9日，省委副书记、省长、景德镇国家陶瓷文化传承创新试验区建设领导小组组长易炼红主持召开景德镇国家陶瓷文化传承创新试验区建设领导小组第一次会议。

·2019年10月10日，由省人民政府主办，省政府新闻办、省发展改革委、省文化和旅游厅、景德镇市政府共同承办的景德镇国家陶瓷文化传承创新试验区建设新闻发布会在南昌举行。

·2019年10月17日，江西省委、省政府在景德镇召开景德镇国家陶瓷文化传承创新试验区建设动员大会。省委书记刘奇出席并讲话，省委副书记、省长易炼红主持会议，省领导姚增科、赵力平、马志武、吴忠琼出席会议。

大事记

（1999—2019）

1999 年

1999 年，景德镇市三蕾瓷用化工有限公司成功开发出《红楼梦十二金钗·宝钗扑蝶》高档花纸。

是年，江西省陶瓷工业公司为庆祝澳门回归成功研制"九九归一"中餐具纪念瓷。

是年，刘远长设计大型（1.5 米）九龙宝杯被存放在人民大会堂，"飞天天女散花"瓷雕陈列在中南海。

2000 年

1 月 26 日，景德镇市三蕾瓷用化工有限公司承担的国家重点科技攻关项目釉中彩陶瓷颜料、花纸生产工艺技术的研究通过国家级鉴定验收，填补了国内空白。

6 月，江西省工商局认定景德镇陶瓷协会注册的"景德镇"牌瓷器为江西省著名商标。

12 月 23 日，全国残联主席邓朴方到景参观。

2001 年

4 月 25 日，省委书记孟建柱到景德镇视察。

5 月 31 日，江泽民总书记一行到景德镇市古窑瓷厂、景德镇陶瓷股份有限公司、雕塑瓷厂视察。

是年，为纪念建党八十周年，江西省陶瓷工业公司设计制作出"光辉里程"纪念瓷。

是年，由教育部、财政部、国家发改委等六部委共建的"全国中小学陶艺基地"落户景德镇。

2002 年

2月，国家工商行政总局商标局认定"景德镇"商标为中国驰名商标。同年7月1日，"景德镇"中国驰名商标标识正式启用。

8月，景德镇设立市瓷局，黄康明任党组书记、局长。

是年，景德镇陶瓷学院作为中国最具特色的高等院校被选送参加在俄罗斯举办的21世纪中国大学展。

是年，景德镇市制定《景德镇陶瓷振兴发展纲要》。

2003 年

3月25日，景德镇下发《景德镇陶瓷出国（境）展销管理办法（试行）》《陶瓷国内展销管理办法》。

12月，科技部批准《部省共建景德镇国家陶瓷科技城试点方案》及组建国家日用及建筑陶瓷工程技术研究中心。

2004 年

4月，由文化部主办，景德镇市政府联合中国文化传媒集团承办的"视觉中国·瓷上敦煌"陶瓷艺术展在法国巴黎卢浮宫卡鲁塞尔厅展出。

5月，国务院秘书长华建敏来景德镇视察。

7月1日，市雕塑瓷厂被评为"全国工业旅游示范点"。

7月，江西省陶瓷工业公司艺术中心开发出邓小平诞辰百年收藏纪念瓷和置镇千年祝福系列纪念瓷。

8月24日，在中国第二届礼品设计大赛中，刘远长的作品《福寿富贵》获金奖。

10月10日，科技部与江西省共建景德镇国家陶瓷科技城暨陶瓷材料与工程国际研讨会在景德镇陶瓷学院举行。

10月12—16日，首届中国瓷都——景德镇国际陶瓷博览会举行。

是年，景德镇陶瓷工业园区在原浮梁工业园区基础上组建，作为江西省人民政府和科技部共建景德镇国家陶瓷科技城产业化基地。

是年，香港企业家租赁雕塑瓷厂厂房，组建乐天陶社，从事国际陶瓷文化艺术交流。

2005 年

5月，中共中央政治局委员、国家发改委主任曾培炎视察雕塑瓷厂。

8月20日，中共中央总书记、国家主席胡锦涛来景德镇视察。

9月，江西省名牌战略推进委员会授予雕塑瓷厂散花牌工艺陶瓷产品为"江西名牌产品"称号。

10月12日，2005中国景德镇第二届国际陶瓷博览会开幕。

是年，台资法蓝瓷有限公司在景德镇园区落成。

是年，以"景德镇高等专科学校"为主体，并入景德镇师范学校、景德镇陶瓷职工大学、江西省广播电视大学景德镇分校、景德镇教师进修学校，筹建"景德镇学院"。

2006 年

3月8日，陶瓷工业园区批准为省级开发区，同年被评为省级特色工业园区和资源节约先进集体。

4月19日，全国政协主席贾庆林到景德镇视察。

5月，景德镇陶瓷学院国家日用及建筑陶瓷工程技术研究中心设立博士后科研工作站。

9月6日，江西省陶瓷工业公司申报的中国名牌"景德镇"牌工艺陶瓷获得中国名牌产品殊荣。

10月18日，2006中国景德镇国际陶瓷博览会开幕。

2007 年

3月3日，景德镇国家日用及建筑陶瓷工程技术研究中心顺利通过验收。

4月，中央电视台科教频道大型栏目《人物》摄制组到景德镇采访陶瓷"中国民间文化杰出传承人"。

6月，佛山乐华陶瓷洁具有限公司、金意陶陶瓷有限公司、欧瑞特集团等国内知名建陶企业落户景德镇。

8月，国务院副总理回良玉到景德镇视察。

10月18日，2007中国景德镇国际陶瓷博览会在中国陶瓷博物馆开幕。

11月28日，国家知识产权局在景德镇陶瓷学院设立的中国陶瓷知识产权信息中心正式挂牌成立。

是年，市红星瓷厂开发的双层金钟瓷杯进入奥运瓷系列。

2008 年

4月8日，中国陶瓷协会会长刘垚到景德镇进行工作调研。

5月，科技部批复同意陶瓷工业园区建立国家火炬计划景德镇陶瓷新材料及制品产业基地。

10月18日，2008中国景德镇国际陶瓷博览会开幕。

10月21日，佑陶灵祠重修落成庆典在御窑厂举行。

是年，第十七届中央政治局常委贾庆林、第十一届全国人大常委会副委员长陈至立分别到景德镇视察。

是年，景德镇陶瓷学院周健儿主持的高性能低膨胀陶瓷材料及其产业化课题荣获全国科学技术获奖项目二等奖。

是年，景德镇陶瓷学院被国家科技部授予"国际科技合作基地"，研究领域为材料学。

2009 年

6月，景德镇陶瓷系统企业改制工作全面展开。

9月3日，景德镇市政府授予26名同志首届景德镇工艺美术大师荣誉称号。

10月18日，2009中国景德镇国际陶瓷博览会开幕。

10月30日，弘扬陶瓷文化，重振瓷都雄风"辉煌60年——景德镇陶瓷成就成果展"在京举行。

2010 年

2 月 20 日,景德镇青花、玲珑、粉彩、颜色釉四大传统名瓷商标在国家工商总局成功注册。

2 月 26 日,第十六届、十七届中央政治局常委李长春到景德镇视察。

5 月 10 日,中国瓷都——首届上海陶瓷成就展在上海开幕。

6 月 13 日,中国·景德镇陶瓷文化遗产高峰论坛举行。

9 月,省政府批准陶瓷工业园区为省特色产业园区。

10 月 18 日,全国人大常委会副委员长周铁农参加 2010 中国景德镇国际陶瓷博览会开幕式并在景德镇视察。

12 月,中共中央政治局委员王兆国到景德镇视察。

2011 年

4 月,中央电视台十套《探索·发现》拍摄的纪录片《复活的葫芦窑》上下集播出。

7 月,省政府批准景德镇陶瓷工业园区为江西省陶瓷产业基地。

9 月,中国陶瓷协会和景德镇市政府在景德镇共同举办"2011 中国·景德镇颜色釉陶瓷艺术设计创新大赛"。

10 月 18—22 日,2011 中国景德镇国际陶瓷博览会举行。

2012 年

3 月,景德镇陶瓷工业园区获批工信部"陶瓷产业基地"。

8 月 20 日,景德镇在中国台湾举行"景德镇当代陶瓷艺术展"。

10 月 18 日,全国政协副主席郑万通出席 2012 中国景德镇国际陶瓷博览会。

12 月 21 日,《美丽中国·景德镇》大型电视节目宣传活动启动仪式在古窑民俗博览区举行。

2013 年

3 月，"景德镇高等专科学校"升格为"景德镇学院"。

4 月，"景德镇陶溪川国际陶瓷文化街区"项目一期核心区在原宇宙瓷厂开工建设。

8 月 29 日至 10 月 22 日，"复兴之路中国梦首届陶瓷技艺大赛"在景德镇市举行。

10 月 18 日，2013 中国景德镇国际陶瓷博览会开幕。

10 月 18 日，景德镇陶瓷电子商务平台——景瓷网上线。

是年，景德镇陶瓷学院获批博士学位授予权。

2014 年

1 月 8 日，故宫博物院院长单霁翔考察陶溪川、明清窑作群项目。

3 月 13 日，景德镇市与故宫博物院在北京签订合作协议。

3 月 30 日，中国文学艺术基金会中国陶瓷艺术基金启动仪式在景德镇举行。

312

4 月 9 日，由江西省文物考古研究所、景德镇乐平市文广新局和乐平市博物馆等单位联合发掘的景德镇南窑唐代窑址，被评为 2013 年度全国十大考古新发现。

4 月 17—22 日，由文化部主办，景德镇市政府联合中国文化传媒集团承办的"视觉中国·瓷上敦煌"陶瓷艺术展在法国巴黎卢浮宫卡鲁塞尔厅展出。

6 月 14 日，2014 年中国文化遗产日主场城市活动在景德镇御窑厂国家考古遗址公园举行。

6 月 15 日，"景德镇中外陶瓷艺术协会"成立。

8 月 25 日，省委副书记、省长鹿心社视察名坊园。

10 月 18 日，希腊亚洲博物馆馆长尼奥蒂与中国著名古陶瓷鉴定家、收藏家钱伟鹏教授到景德镇陶瓷学院进行讲学和参观交流。

10月18—22日，2014 中国景德镇国际陶瓷博览会在景德镇国际会展中心举行。

10月18日，景德镇（乐平）南窑学术研讨会在乐平市举行。

12月1日，景德镇被联合国教科文组织授予"世界手工艺与民间艺术之都"称号。

是年，市瓷局更名为市陶瓷工业发展局。

是年，景德镇 57 件精品艺术瓷、传统手工制瓷，1500 余件生活日用瓷入选 APEC 会议。

2015 年

1月12日，中国古陶瓷学会名誉会长、故宫博物院研究员耿宝昌先生一行在市委书记刘昌林的陪同下，到御窑厂遗址公园、彭家弄历史文化街区等地进行实地考察。

3月，省委书记强卫赴景德镇专题调研御窑厂遗址保护、弘扬千年瓷文化工作。

6月15日，"景漂艺族——国家级美术家、陶艺家瓷上艺术展"开幕。

6月20日，"千年瓷都——景德镇陶瓷文化展"在西班牙马德里中国文化中心举行。

7月26日，"千年瓷路——景德镇 72 道制瓷工序"青铜群雕作品完成并交接。

8月28日，国际奥委会主席巴赫及夫人到景德镇参观。

10月18日，2015 中国景德镇国际陶瓷博览会开幕，全国政协副主席、全国工商联主席王钦敏出席。

10月18日，省委副书记、省长鹿心社出席名坊园一期开园活动并揭牌。

10月18日，"'设计中国'第二届中国当代陶瓷设计大赛"在景德镇举行。

10月，首届"古窑杯"陶瓷成型职业技能全国总决赛在景德镇举行。

10月30日，景德镇大学生陶瓷创业孵化园获评国家级示范基地。

12月14日，景德镇市宁封窑陶瓷文化发展有限公司成为景德镇市第一家区域股权交易板上市企业。

12月25日，御窑厂国家考古遗址公园被批准为国家AAAA级旅游景区。

2016年

1月26日，"景德镇陶瓷修复与研究中心""故宫学院景德镇分院""故宫研究院景德镇陶瓷考古研究所"共同在御窑厂揭牌。

2月2日，名坊园被评为国家AAA级旅游景区，并举行揭牌仪式。

2月22日，全国政协副主席、农工党中央常务副主席刘晓峰一行到景德镇市调研。

2月24日，全国人大常委会原副委员长顾秀莲一行到景德镇考察。

2月，省委副书记刘奇深入景德镇市调研。

314

2月，景德镇陶瓷文化旅游集团成立。

4月，全国人大常委会副委员长、民进中央主席严隽琪一行到景德镇调研。

4月18日，景德镇陶瓷学院正式更名为景德镇陶瓷大学。

6月25日，中央美术学院陶瓷艺术研究院落户陶溪川，中央美院院长范迪安、市委书记钟志生揭牌。

8月12日，新华网、人民网、凤凰网、大江网、江西电视台等主流媒体在景德镇设立工作站。

10月14日，全国政协副主席、台盟中央主席林文漪一行到景德镇考察参观。

10月17日，江西省委副书记、省长刘奇一行到景德镇调研陶瓷产业。

10月18日，2016中国景德镇国际陶瓷博览会开幕。

10月18—19日，中国陶瓷工业协会、景德镇市人民政府共同举办"2016

年第二届中国陶瓷电商峰会"。

10月20日，意大利法恩扎市市长马尔佩奇一行参观名坊园企业。

11月22日，省委书记鹿心社对陶溪川再次进行调研。

是年,景德镇学院成功申报联合国教科文组织"陶瓷文化保护与创新"教席。

是年，国家日用及建筑陶瓷工程技术研究中心获批科技部科技服务业行业试点单位。

2017 年

1月，御窑厂遗址成功列入"中国世界文化遗产预备名单"。

1月，陶溪川被评为全省青年（大学生）创业孵化示范基地。

1月，景德镇市陶瓷工业发展局更名为景德镇市陶瓷产业发展局。

3月14日，国务委员唐家璇到景德镇调研。

4月7日，"景德镇御窑陶瓷特展"在荷兰代尔夫特王子纪念馆开幕。

4月，G20峰会期间，"感知中国·匠心冶陶"中国景德镇陶瓷文化展在德国举办。

5月，"一带一路"国际合作高峰论坛期间,在国家博物馆举办"归来·丝路瓷典"景德镇明清外销瓷展。

6月6—8日，中共中央书记处书记、全国政协副主席杜青林，全国政协副主席张庆黎等先后参观在北京举行的"国之瑰宝"——中国景德镇陶瓷文化展。

7月23日，市委书记钟志生主持召开座谈会，专题讨论《关于设立景德镇陶瓷文化传承创新示范区的请示》。

8月30日，中共中央台办、国务院台办主任张志军到景德镇调研。

9月17日，全国政协副主席马飚一行到景德镇考察调研。

10月17日,《中国日用陶瓷年鉴（2017年版）》正式发行。

10月19日，2017中国景德镇国际陶瓷博览会开幕。

10月20日，全国政协副主席马培华到景德镇调研。

11月，陶溪川荣获2017联合国教科文组织亚太遗产保护创新奖。

12月，陶溪川被列入工信部国家工业遗产名单，荣获2017中国年度文化产业园区最佳传统弘扬奖。

2018年

1月10日，市委书记钟志生在紫晶宾馆会议室主持召开景德镇陶瓷文化传承创新试验区项目建设情况座谈会。

1月23日，省委书记、省长刘奇在江西省第十三届人民代表大会第一次会议上代表省政府所作的政府工作报告中提出：要大力支持创建景德镇国家陶瓷文化传承创新试验区，争取国家支持设立景德镇陶瓷文化综合保税区，加快打造景德镇"一带一路"文化节点城市。

1月，陶溪川被列入中国科协第一批中国工业遗产保护名录。

2月28—3月2日，市委书记钟志生带队赴京，就建设景德镇陶瓷文化传承创新试验区工作分别与国家发改委、财政部、教育部进行了沟通与对接。

3月17日，省委书记、省长刘奇就景德镇陶瓷文化传承创新试验区创建等工作向李克强总理作了汇报，李克强总理批示"请肖捷同志阅转有关方面研究支持"。

4月22日，省政府将《关于设立景德镇中国陶瓷文化传承创新示范区的请示》和《景德镇国家陶瓷文化传承创新试验区总体方案》上报国务院。

5月28日，市委书记钟志生主持召开十一届市委全面深化改革领导小组第七次会议。钟志生强调：创建景德镇国家陶瓷文化传承创新试验区列为"一号工程"。

5月，陶溪川获批中央台办海峡两岸青年就业创业基地。

7月1日，景德镇陶瓷集团成立暨中国景德镇瓷厂新址揭牌仪式举行。新成立的景德镇陶瓷集团整合景德镇红叶陶瓷股份有限公司、江西省陶瓷进出口公司、国瓷馆陶瓷有限公司等多家企业。

7月，"感知中国·丝路瓷行"中国景德镇陶瓷文化展在南非举办。

7月，中共中央政治局常委、全国人大常委会委员长栗战书到景德镇考察调研。

9月11日，国务院总理李克强圈批同意景德镇市创建国家陶瓷文化传承创新试验区。

9月24日，在收到国务院办公厅秘书三局转来国务院总理李克强圈批同意的文件后，省委书记刘奇、代省长易炼红、常务副省长毛伟明均作出批示。

9月29日，市委副书记刘锋带队赴南昌，就景德镇国家陶瓷文化传承创新试验区实施方案编制工作与省发改委、省文化厅进行工作对接。

9月30日，市委副书记刘锋主持召开景德镇国家陶瓷文化传承创新试验区实施方案编制工作协调会。

10月4日，由景德镇市陶瓷产业发展局选送的"红叶牌"釉中彩青花高温细白瓷系列产品荣获2018巴拿马太平洋万国博览会金奖。

10月18日，2018中国景德镇国际陶瓷博览会开幕。

11月，陶溪川荣获第三批中国20世纪建筑遗产项目、2018年度中国版权最具影响力企业。

是年，景德镇学院获批教育部第一批中华优秀传统文化陶瓷文化传承基地。

是年，由景德镇市陶瓷产业发展局和景德镇市市场监管局联合推荐的湛知味有限公司作为全国日用瓷企业首次获得中国质量奖提名奖。

是年，第十一届中国陶瓷艺术大展上，景德镇市荣获26枚金奖、37枚银奖、40枚铜奖。

是年，由景德镇市陶瓷产业发展局推荐的多位景德镇陶瓷艺术家作品作为首批展品入驻上海中心大厦宝库中心馆。

是年，"真如堂"在纽约时代广场耀眼亮相，成为中国首家登入纳斯达克大屏的陶瓷企业。

2019 年

2月16日，全国政协副主席、民革中央常务副主席郑建邦一行到景德镇调研。

2月28日，景德镇国家陶瓷文化传承创新试验区实施方案对接工作调度会在北京召开。

4月，洛可可和富玉陶瓷联合设计的产品荣获2019年德国红点奖。

5月20—22日，习近平总书记在江西省视察时强调：要建好景德镇国家陶瓷文化传承创新试验区，打造对外文化交流新平台。

5月26日，景德镇市陶瓷产业发展局正式更名为景德镇市瓷局。

7月2—3日，省委书记刘奇在景德镇调研并主持召开推进景德镇国家陶瓷文化传承创新试验区建设座谈会。

7月3日，省委常委、常务副省长毛伟明率队赴国家发改委汇报争取建立部际联席会议制度。

7月，市委常委、常务副市长黄金龙率队赴京，汇报争取试验区实施方案由国务院批复事宜。26日获批。

8月2日，2019中国（北京）国际精品陶瓷展览会开幕，景德镇组织企业参展并积极参与"向中华人民共和国成立七十周年献礼"陶瓷艺术创作与设计大赛，同日召开景德镇陶瓷推介会。

9月9日，景德镇国家陶瓷文化传承创新试验区建设领导小组第一次会议在南昌召开，省长、景德镇国家陶瓷文化传承创新试验区建设领导小组组长易炼红主持。

9月20日，第十三届全国美术作品展览陶艺作品展在景德镇中国陶瓷博物馆开展，展出274件作品。

10月17日，江西省委、省政府在景德镇召开景德镇国家陶瓷文化传承创新试验区建设动员大会。

景德镇市"五一劳动奖章"获得者
及劳动模范名单（1999—2019）

全国劳模名单			
姓名	性别	工作单位	评选时间
艾早红	女	景德镇市宇宙瓷业有限公司	2000 年
赖德全	男	景德镇市陶瓷研究所	2005 年
周健儿	男	景德镇陶瓷学院	2010 年
邱赛珍	女	景德镇陶瓷股份有限公司	2015 年
全国五一劳动奖章名单			
姓名	性别	工作单位	评选时间
赖德全	男	景德镇市陶瓷研究所	2004 年
孙燕明	男	景德镇市雕塑瓷厂	2008 年
涂翼报	男	景德镇市陶瓷研究所	2009 年
欧阳琦	男	景德镇市鹏飞建陶公司	2011 年
宁勤征	男	景德镇市陶瓷研究所	2012 年
王 耀	男	景德镇陶瓷股份有限公司	2013 年
邱赛珍	女	景德镇陶瓷股份有限公司	2014 年
周 红	女	景德镇市东亮陶瓷有限公司	2016 年
占绍林	男	占绍林技能大师工作室	2016 年
陈烙铭	男	景德镇市雕塑瓷厂	2017 年
黄晓红	女	景德镇市真如堂陶瓷有限公司	2018 年
汪 洋	男	珠山区高良朋陶瓷销售中心	2019 年
江西省劳模名单			
姓名	性别	工作单位	评选时间
洪厚来	男	景德镇市曙光瓷厂	2000 年
叶建敏	男	景德镇陶瓷股份有限公司	2000 年
艾早红	女	景德镇市宇宙瓷业	2000 年
洪青云	女	浮梁县洪源瓷厂	2000 年
邬书荣	男	景德镇市陶瓷考古研究所	2005 年
祖美卿	男	景德镇市长征瓷厂	2005 年
欧阳琦	男	景德镇市鹏飞建陶公司	2005 年

续表

姓名	性别	工作单位	评选时间
胡志强	男	景德镇市湖田仿古瓷厂	2005 年
余望龙	男	景德镇市望龙陶瓷有限公司	2005 年
程冬云	女	景德镇市光明瓷厂	2005 年
李冬莲	女	景德镇恩冠陶瓷有限公司	2005 年
万秀英	女	江西省玉风瓷厂	2005 年
章义来	男	景德镇陶瓷学院	2005 年
涂翼报	男	景德镇市陶瓷研究所	2009 年
朱正荣	男	景德镇市陶瓷研究所	2010 年
宁勤征	男	景德镇市陶瓷研究所	2010 年
孙燕明	男	景德镇市雕塑瓷厂	2010 年
罗 军	男	景德镇市乐华陶瓷有限公司	2010 年
汪 洋	男	珠山书画研究院	2010 年
徐道远	男	景德镇市望龙陶瓷有限公司	2010 年
王 耀	男	景德镇陶瓷股份有限公司	2013 年
邓明锦	男	景德镇市陶邑文化发展有限公司	2015 年
刘少倩	男	景德镇市陶瓷研究所	2015 年
曹 健	男	景德镇陶瓷股份有限公司	2015 年
付碧林	男	景德镇市新昌景陶瓷有限公司	2015 年
陈 军	男	景德镇美术馆	2015 年
仝元东	男	景德镇市乐华陶瓷有限公司	2015 年
于金光	男	景德镇市卡地克陶瓷有限公司	2015 年
吴全胜	男	景德镇市欧神诺陶瓷有限公司	2015 年
阮景祥	男	景德镇市隆祥陶瓷有限公司	2015 年
黄 青	女	景德镇市佳洋陶瓷有限公司	2015 年
周 红	女	景德镇市东亮陶瓷有限公司	2016 年
陈 俊	男	景德镇陶瓷大学	2016 年
程永安	男	中国轻工业陶瓷研究所	2016 年
邱赛珍	女	景德镇陶瓷股份有限公司	2016 年
占绍林	男	占绍林技能大师工作室	2016 年
陈烙铭	男	景德镇市雕塑瓷厂	2017 年
黄晓红	女	景德镇市真如堂陶瓷有限公司	2018 年

历届省五一劳动奖章名单			
姓名	性别	工作单位	评选时间
洪厚来	男	景德镇市曙光瓷厂	1999 年
冯有根	男	景德镇市宇宙瓷业有限公司	2001 年
万秀英	女	江西省玉风瓷厂	2001 年
欧阳琦	男	景德镇市鹏飞建陶有限公司	2003 年
夏跃中	男	景德镇市陶瓷股份有限公司	2003 年
汪伟辉	男	景德镇陶瓷学院	2003 年
黄水泉	男	景德镇市陶瓷研究所	2006 年
洪招弟	女	景德镇市华风瓷厂	2006 年
孙燕明	男	景德镇市雕塑瓷厂	2007 年
汪 洋	男	景德镇珠山书画研究院	2007 年
胡正和	男	景德镇陶瓷股份有限公司	2008 年
涂翼报	男	景德镇市陶瓷研究所	2008 年
宁勤征	男	景德镇市陶瓷馆	2009 年
徐建建	男	景德镇市雕塑瓷厂	2009 年
朱正荣	男	景德镇市陶瓷研究所	2009 年
熊国辉	男	熊国辉陶艺工作室	2011 年
尹 霞	女	江西省陶瓷研究所	2011 年
刘 伟	男	景德镇市陶瓷研究所	2011 年
徐金和	男	景德镇市万和轩有限公司	2011 年
汪 明	男	汪明陶艺工作室	2012 年
马春枝	女	景德镇市望龙陶瓷有限公司	2012 年
王 超	男	景德镇市陶瓷研究所	2012 年
喻木华	男	景德镇市陶瓷艺术研究院	2012 年
辛 婷	女	中国轻工业陶瓷研究所	2012 年
邓明锦	男	景德镇陶邑文化发展有限公司	2013 年
吴 能	男	景德镇市陶瓷艺术研究院	2013 年
周 红	女	江西省陶瓷研究所	2013 年
廖志丹	男	景德镇市陶瓷研究所	2014 年
熊 军	男	景德镇书画院	2014 年
徐 岚	女	景德镇书画院	2016 年

续表

姓名	性别	工作单位	评选时间
黄晓红	女	景德镇市黄晓红劳模创新工作室	2017年
王美全	女	景德镇市三宝瓷谷山人居工作室	2017年
徐文强	男	景德镇市艺术瓷厂	2018年
蔡青云	男	景德镇市国家用瓷办公室	2018年
江振声	男	景德镇市传统粉彩瓷研究院	2018年
熊金荣	男	珠山区美术家协会	2019年
王志文	男	景德镇市观道堂陶瓷文化艺术有限公司	2019年
冯绍华	男	景德镇学院	2019年
卢建德	男	景德镇市建德瓷厂	2019年
景德镇市劳模名单			
姓名	性别	工作单位	评选时间
欧阳寿阳	男	景德镇市鹏飞建陶有限公司	2004年
李九根	男	景德镇市光明瓷厂	2004年
洪招弟	女	景德镇市华风瓷厂	2006年
杜林生	男	景德镇市三蕾瓷用化工有限公司	2006年
占启安	男	中国轻工业陶瓷研究所	2009年
谢慎修	男	景德镇市艺术创作研究所	2009年
孙国梁	男	景德镇陶瓷学院	2009年
段国明	男	景德镇市红星瓷厂	2009年
王超	男	景德镇市陶瓷研究所	2009年
刘桂生	男	景德镇市卡地克陶瓷有限公司	2009年
张美齐	男	景德镇市乐华陶瓷洁具有限公司	2009年
李贵镇	男	景德镇市残疾人美术家协会	2009年
柳鹏	男	景德镇市特地陶瓷有限公司	2009年
徐建建	男	景德镇市雕塑瓷厂	2009年
刘少平	男	江西省陶瓷研究所	2011年
范敬城	男	景德镇市乐华陶瓷洁具有限公司	2014年
周林平	男	景德镇市鼎窑瓷艺传媒有限公司	2014年
邓必春	男	景德镇陶瓷股份有限公司	2014年
严钦波	男	江西陶瓷工艺美术职业技术学院	2014年

姓名	性别	工作单位	评选时间
朱丽芳	女	景德镇陶邑文化发展有限公司	2014年
邵 娟	女	江西省陶瓷进出口公司	2014年
张 侃	男	中国轻工业陶瓷研究所	2014年
徐 岚	男	江西省陶瓷研究所	2014年
周 鹏	男	景德镇陶瓷杂志社	2014年
徐 萍	男	徐平艺术陶瓷工作室	2014年
高 颖	男	景德镇学院	2014年
欧阳敏	男	景德镇市曙光陶瓷小微企业创业园	2014年
邹达怀	男	景德镇爱俊陶瓷厂	2014年

主流媒体报道选登

千年窑火中的"复兴密码"——景德镇新观察

（新华社 2019 年 1 月 13 日　刘健、韩松、刘菁、霍小光、

何雨欣、张辛欣、沈洋、吴锺昊）

无论在中国版图还是世界版图上，景德镇都是一座独一无二的城市。

它曾鲜明注解着"China"的昔日辉煌，也曾在"Made in China"的现代进程中经历迷茫。

在时间的坐标上，可以看得更清楚。瓷运连着国运，千年窑火见证历史变迁。远的不说，就是改革开放 40 年间，这里也在时代的洪流中跌宕起伏，有兴奋也有失意，有无奈更有奋起。

如今，走进景德镇，3 万多名"景漂"常年聚集于此，其中"洋景漂"5000 多名，另外，还有 2 万多名"景归"。对人的巨大吸引力背后，一定是这座城市发生了什么。

千年窑火不息，景德镇走上了一条转型发展的新路，而景德镇的根与魂始终熔铸其中。这座城市本身就如同一件需要仔细品味的古老瓷器，必须从其千年积淀的历史与文化中，才能真正探寻到"复兴密码"。

对话历史 对话现代 古瓷都展现新风貌

冬日午后，来自美国的艺术家拉巴尔走进自己在景德镇的工作室，开始一天的创作。

工作室里，名为《拥抱》的作品格外引人注目：带状的瓷条以卷曲的姿态环抱青花瓷瓶，西方的艺术美感与东方文化完成了恰到好处的融

合。"这件作品就像是扎根在景德镇的我一样。"他打趣道。

三年前，曾旅居世界多地的拉巴尔选择定居景德镇，创立工作室，将自己融入这座城市的万家灯火之中。

今天的景德镇，吸引着世界多地、不同肤色的人们"漂"到这里。

"匠从八方来，器成天下走"。

作为拥有千年历史的古老瓷都，景德镇在历史上就是一座移民之城，大批身怀绝技的能工巧匠曾集聚于此，创造出无数令人叹为观止的陶瓷艺术。

如今，这一景德镇的文化现象正以全新的方式再现。这座保持了最完备手工制瓷技艺体系、以一个产业支撑千年的城市，被赋予了时代的崭新活力，发出穿越历史的吸引力。

然而，时光回溯到此前相当长一段时间，这座城市的状况却迥然不同，让不少慕名前来的陶瓷艺术家感到失望。

几十年前，规模路径的依赖让景德镇几百家工厂白天黑夜开工，整座城市笼罩在一片灰霾中。而随着交通优势丧失、自然资源走向枯竭，城市小作坊无序林立，环境脏乱差问题突出，景德镇的特质渐渐消磨，城市的发展寻找不到突破口。

因瓷而生的景德镇，如今因瓷而变。

景德镇三宝国际瓷谷，掩映在一片静谧的青山绿水中。

110 多间陶瓷工作室、48 家陶瓷工厂、100 多名国内国外艺术家常驻在此，而穿插在工作室、工厂之间的，是独具特色的民俗、咖啡厅、文化馆、双创空间等。

陶瓷艺术家们在这里创作交流；匠人们在这里施展绝技；游客们在这里休闲，或是亲身体验陶瓷工艺……

近年来，随着一系列以三宝国际瓷谷等为代表的陶瓷文化中心园诞生，景德镇陶瓷艺术推广至设计、餐饮、书馆、民宿等，"陶瓷 +"的形态越来越丰富。"漂"在景德镇的人，也不仅局限于陶瓷业本身，而且涉及艺术、绘画，甚至是物理、化学、材料等方面，跨界混合交流无所不在。

"瓷"元素弥漫在景德镇的空气中，这座城市越来越体现出多元的气息。

走进景德镇，贯穿全境的昌江两岸山水秀丽；一批湿地公园、休闲公园别具韵味；150多处老窑址、108条老街区等文化遗存遍布全城；不同风格的陶瓷文化园供游人体验休闲……窑址多、弄巷多、坯房多、会馆多、传奇多、故事多的城市个性凸显。

在这里，随时可能与古老相遇，还有可能相遇的是创意。

对于国内外年轻设计师和创业者来说，今天的景德镇，已成为最有吸引力的城市之一。每年春天、秋天，中国美术院校和景德镇陶瓷大学的艺术青年，以及来自30多个国家的艺术家都会相聚瓷都，带来一场潮流与艺术、青春与梦想的"春秋大集"。

是的，这是一座历史之城，也是一座现代之城。

从日用陶瓷到精细陶瓷、特种陶瓷、科技陶瓷等，景德镇正在打造陶瓷创新链、文化链、产业链。2017年，景德镇陶瓷产业产值达372亿元，艺术瓷、高技术陶瓷占陶瓷总产值的近一半。

从传统制瓷到现代文旅，从创意空间到工业服务平台，景德镇正不断拓展"瓷"的外延。2017年，景德镇服务业增加值占GDP比重超过40%，旅游总收入增长47.2%。

与此同时，航空、汽车等产业也在景德镇发展迅速，直升机产业产值、产量占全国比重50%以上，一座超过10平方千米的"航空小镇"正全速起航。

景德镇呈现出的种种新风貌，给景德镇人带来了获得感。2017年，景德镇城镇居民人均可支配收入达到34283元，人均存款达到37817元，高于江西省平均水平。

景德镇，这三个字本身就成为一个巨大的"IP"，成为一种生活方式的代表。景德镇在新与老、土与洋、内与外的合力推动下，发生着日新月异的改变。

对话传承 对话创新 坚持以人为本转型突围

活着的博物馆。

今天你来到景德镇，当地人一定会推荐去陶溪川看看。

走进这个景德镇的新地标，最直观的感觉就是"老房子上长出了新房子"。这里在保留改造景德镇原老瓷厂厂区的基础上，"嫁接"了博物馆、瓷器店、工作室等。

用新业态复活工业遗迹、以零门槛促进双创、凭国际视野搭建文化交流平台……

在新加坡"规划之父"刘太格看来，陶溪川"亲切、精致、浪漫"。这个代表景德镇新气质的地方，还登上过美国《纽约时报》。

"拆？不拆？"

老瓷厂变身"网红"创意街区，陶溪川背后的"操刀者"是景德镇陶瓷文化旅游集团董事长刘子力。这位原国营瓷厂的厂长亲身见证了景德镇原"十大国营瓷厂"由盛转衰，也见证了景德镇转型中经历的抉择。

随着旧有的优势丧失，尤其是全国其他产瓷区快速发展的冲击，以手工业为突出优势的景德镇一度毫无招架之力，6万技术工人流向其他产瓷区。

而那正是一个房地产投资开始在四五线城市涌动的时代，面对当时房地产的高收益和对经济的显著拉动，景德镇也开始拆掉不少废弃工厂和老街区。

然而，仿佛背后有一种强大的力量在牵引，景德镇的主政者们很快意识到：世界可以再造一座曼哈顿，中国却无法再造出一座景德镇。

景德镇有着2000多年的冶陶史，1000多年的官窑史，600多年的御窑史，这里精益求精的匠人技艺与精神让世界惊叹，这里每一条小巷、每一座烟囱都是宝贵的历史资源和财富……

于是，景德镇转变思路，邀请全国乃至世界顶级的城市规划专家对城市发展需要的业态、产业进行系统调研、规划重构。政府对工业遗产进行租赁拍卖、改造升级，将其打造成为各类孵化基地、创业平台，吸引资金流、信息流、技术流不断聚集。

"决定不拆老厂区，就是一个大的规划，就是一种大的创新。"全程参与陶溪川规划设计的清华大学建筑学院教授张杰说，景德镇的发展需要历史观、遗产观，陶瓷完全可以作为"触媒"激活创意产业，通过打造一系列的链条，带动经济社会等多方面的发展。

告别了工业化时代的煤烟，告别了杂乱无章地扩张，景德镇转为打造"小巧而精美"城市，陶瓷产业也向创意产业转型，这也越来越契合后工业时代生产空间和生活空间相统一，更加重视手工、个性、美感等元素的趋势。

做创意产业最重要的是能够吸引人，景德镇的发展也越来越重视以人为本，不仅聚焦产业升级，也更加注重打造基于手工制瓷业而衍生出的独特生活方式，更加重视打造优美的城市环境，以期让这座古老城市望得见山、看得见水、记得住乡愁。

如今，走进景德镇西河湾湿地公园，映入眼帘的是一幅水清沙白、青草如茵的生态美景。在很多景德镇人的记忆中，这里曾经地势低洼，污水横流。在对西河水系综合治理中，景德镇对低洼易涝地区623户房屋进行了搬迁，修复3.7万平方米裸露山体，建成约8公里长的滨河景观带。

2017年，景德镇打响了治理生态环境的"攻坚战"。相比其他城市聚焦生态修复，或是把生态修复与城市改造相结合，景德镇打造的是生态修复、城市改造和文化复兴相结合的 3.0 版。

正在建设中的昌江百里风光带，逐渐成为一条生态带、旅游带、文化带和经济带；拥有 700 多年历史的御窑厂遗址，正在进行一场前所未有的大规模保护修缮，周边 13.1 平方公里被划定为重点保护区，部分民居、瓷行、会馆等风貌建筑和历史建筑也被逐步修复……

"景德镇的老城保护要再现千年古镇风韵，新城建设要展现国际瓷都独特魅力，城市发展要呈现景德镇山水城乡融合的风情，这是城市的'塑形'，我们还要'塑魂'，铸好文化之魂、文明之魂、产业之魂、民生之魂，从'面子'到'里子'，都实现巨大变化。"景德镇市委书记钟志生说。

根植于陶瓷业，立足于千年瓷都，回归于深厚的瓷文化，景德镇的转型发展始终贯穿着它的根与魂。

对话自己 对话世界 坚守文化自信走在复兴之路

泥与火，这可能是世界上最容易得到的两样东西。

但中国匠人们却通过"七十二变"，将生命的情感、经验与智慧融入，幻化成一个个可以与人心对话的精灵。谁能否认这是一个伟大的过程？这也许就是瓷器具有动人心魄魅力的根本。

如果无法真正理解瓷器，也就无法真正理解景德镇，二者都根植于朴素而又博大的东方哲学与文化，是注解中华文明的具象符号，成为世界版图上的独一无二。

2018 年 9 月 28 日，随着汽笛声响起，景德镇"中欧班列"正式开通，车上载满陶瓷、茶叶等产品，"景德镇"千年品牌深度融入"一带一路"建设。

这幅画面似乎是从记忆深处浮现，古代景德镇盛产的瓷器、茶叶由昌江进入鄱阳湖，经长江转运后，通过丝绸之路的陆上通道或"瓷器之路"的海上航线销往海外。

自古与世界"对话"的景德镇，如今正在以全新气质融入人类文明的大河，其内核则是在一条新发展道路上对文化的自我坚守与自信。

的确，景德镇曾经在几十年的时间里经历过困惑、停滞，甚至是衰败，但对于一个以千年历史为尺度的城市，这几十年也许只是一次短暂的徘徊，或是自我的一次蓄能。千年的文化积淀赋予了景德镇在复兴之路上取之不尽、用之不竭的能量。

"景德镇是一个奇观，它能够适应新的环境，一定是源于老的东西"。

75 岁的日本陶艺师安田猛在景德镇生活了 14 年，曾在日本和英国生活工作多年，亲身见证世界陶瓷业超过半个世纪的迭代。用他的世界眼光来观察，景德镇是一座自我生长的城市，它的转型发展没有历史经验可以借鉴。

"在更有高度、更国际化的层面去树立文化自信，景德镇的前景会更加光明。"

79 岁的中国工艺美术大师刘远长从事陶瓷艺术 60 多年，景德镇是他一生的守望之地。近年来，他帮助一些国外陶瓷艺术家在景德镇创办工作室，推动陶瓷业国际交流合作。在他看来，陶瓷是永久的艺术，更是文化的符号，景德镇虽然历经阵痛，但始终是世界陶瓷艺术家心中的瓷都，根本的优势是文化。

一座城市的独特文化究竟如何注入其转型发展？

这是一个全世界共同的话题。

2018 年 9 月，"中欧城市实验室"项目正式落户景德镇，这个项目旨在通过国家层面的平台合作，为城市可持续发展提供经验借鉴。景德镇入选的理由：一个是极其鲜明的文化特色；一个是在转型关键时期呈现出的新气象。

景德镇的未来转型发展需要时间维度，包括历史的景德镇、当下的景德镇、未来的景德镇；也需要空间维度，包括景德镇人的景德镇、中国的景德镇、世界的景德镇。

在这些不同维度下，景德镇正在致力于打造"四地两中心"，包括国家陶瓷文化保护传承基地、国家陶瓷产业创新发展基地、世界陶瓷人才集聚高地、世界著名陶瓷文化旅游目的地和国际陶瓷博览交易中心、国际陶瓷文化交流合作中心。

和许多中国城市一样，景德镇正在一条高质量发展道路上探索前进。挑战无可避免，比如产业发展缺少大项目好项目；城乡规划建设管理水平仍有待提高；基本公共服务仍然存在短板等。

而对这样一座城市而言，无论是应对挑战还是抓住机遇，都取决于其究竟能不能在扩大开放中，让千年的文化滋养自身的发展，在对话历史中对话现代，在对话传承中对话创新，在对话自己中对话世界。

"'景德镇'三个字本身就是我们的奋斗目标。'景'就是美，'德'就是好，'镇'就是人们向往的家园。"钟志生说。

千年窑火不息，文化源远流长。

历史上，景德镇盛产的瓷器曾"行于九域、施及外洋"，成为最早的全球化商品之一，为中国走向世界打开了一扇窗。

新时代，景德镇发展呈现新风貌、新气象，成为世界体验中国发展、感知中国文化的新窗口，正以越来越自信的姿态走在复兴之路上。

延续历史文脉
引领产业升级千年瓷都开启传承创新篇章

（新华网 2018 年 5 月 23 日）

千百年来，景德镇陶瓷沿着古老的<u>丝绸</u>之路和海上<u>丝绸</u>之路"行于九域，施及外洋"。当前，陶瓷作为联系东西方文明的重要载体，在促进中外经贸合作和文化交流、助力"一带一路"建设等方面发挥着重要作用。5 月 21—22 日，"陶瓷文化传承创新"融媒体采访团走进景德镇，探寻新时代千年瓷都陶瓷产业升级创新的新路径。

延续千年文脉以"御窑厂"为核心开启大遗址保护工作

景德镇至今有两千余年制瓷历史。宋代即出现"村村窑火、户户陶埏"之盛景，至明、清设御窑厂后更是"汇各地良工之精华，集天下名窑之大成"，达到鼎盛期。上千年制瓷史，为景德镇留下了许多珍贵的遗址和遗存。

在景德镇御窑厂国家考古遗址公园，采访团一行看到，御窑博物馆正在加紧建设当中。御窑厂遗址公园管理处党支部书记祝松星介绍，整个博物馆的外形设计是由形似窑炉的 8 个拱形建筑组成，预计今年 10 月可以建设完工对外开放。届时，博物馆内将展出历年来御窑厂考古挖掘出的珍贵文物。

据悉，以"御窑厂"为核心开启大遗址保护工作，延续千年文脉，是景德镇坚持文化自信迈出的第一步。从 2002 年起，御窑厂遗址保护工作拉开帷幕，在 10 余年间，完成众多保护建设项目和考古发现成果，入选国家重点大遗址，并建成御窑厂国家考古遗址公园。同时，将周边 13.1 平方千米划定为重点保护区，对其中的老窑址、老街区、老厂区进行保护性建设。在此基础上，景德镇把握好御窑厂遗址列入《中国世界文化遗产预备名单》的重大机遇，继续以"申遗"工作为龙头，以御窑厂为核心，整合遗址资源，把遗址博物馆建设成为具有国际影响的文化地标。

此外，景德镇还突出抓好其他老城整体风貌保护利用，修复好历史文化街区、老厂区、老里弄、老窑址，传承陶瓷文化、留住城市记忆、延续厚重文脉，使景德镇始终是"活着的历史"。近年来，景德镇还先后对湖田古窑址、高岭瓷土矿遗址、三闾庙历史文化街区等进行了保护性修缮，并恢复了一批古码头、古会馆、古店铺等。

引领产业升级 陶瓷文化创意产业迸发出无限活力

5 月 21 日晚，采访团一行来到陶溪川。美丽的夜景吸引了许多市民和游客前来纳凉散步；邑空间创业商城里的创意瓷器琳琅满目，令人驻足；陶溪川国际工作室里，驻场的印度陶艺家 Vinod 听着音乐，沉醉于泥与火的世界……

大力发展陶瓷文化创意产业，是景德镇坚持在传承保护中创新发展的尝试。

陶溪川是以原国营宇宙瓷厂土地和厂房为核心启动区而建成的一座文化创意街区，是陶瓷工业遗产利用的典范，涵盖商业贸易、酒店餐饮、文化创意、艺术交流、会展博览、文化旅游、休闲娱乐等功能业态。老瓷厂华丽转身，成为了集陶瓷、会展、餐饮、娱乐等各种文化交融的综合业态街区，实现了更大价值转化。

此外，景德镇还打造了三宝国际瓷谷，成为"景漂""景归"人才集聚区，以多元的思想和人文艺术推进陶瓷创新、创业、创意，引领陶瓷产业发展；名坊园集合了全市最具代表性的知名窑口和企业，不仅将传统手工制瓷发扬光大，而且开启了个性化新时代，打造陶瓷产业升级版。这些都为景德镇陶瓷产业的创新发展、转型升级带来了巨大空间和广阔市场。

与此同时，景德镇还在推进文化交流合作方面亮点不断。连续14年成功举办景德镇国际陶瓷博览会，成为国际上最有水准和影响力的陶瓷博览会，每届都吸引了数十个国家和地区的近千家团体和企业参加。每年在国内外举办各类文化交流活动近千场，并深化与故宫博物院、中央美院的战略合作关系，加强与国际文化平台的合作交流，建设"世界陶瓷文化零公里"，促进文化与世界对话。因此，景德镇荣获联合国教科文组织授予的"全球创意城市网络世界手工艺与民间艺术之都"。

优化人才环境 形成独特的"景漂""景归"文化现象

发展陶瓷产业离不开人才，特别是当下新经济蓬勃发展，新经济靠人才引领，创新引领靠人才支撑。

景德镇市自古享有"工匠八方来，器成天下走"的美誉，拥有景德镇陶瓷大学、景德镇学院、江西工艺美院等4所高等院校，以及国家日用及建筑陶瓷工程技术研究中心和国家、省、市三级研究所等一批科研机构。如今，景德镇广纳陶瓷贤才，已经成为了一块陶瓷文化人才聚集的沃土，3万多"景漂"艺术家和陶瓷爱好者在景德镇创新创业，5000多"洋景漂"在景德镇寻梦。同时，良好的环境吸引了许多成功人士回乡发展，形成了独特的"景归"文化现象。目前，已联系"景归"人才1538人，171人表达回乡创新创业意愿。

景德镇陶邑文化发展有限公司副总经理余志超介绍，他用十年的时间完成了自己的原始积累,在深圳有车有房。去年5月,在人才驱动创新"引擎"的召唤下,他毅然放弃了深圳的百万年薪,回到景德镇工作,用先进运营理念为家乡发展贡献自己的力量。

为更好地服务人才,留住人才,景德镇市专门设立招才引智局、景漂景归人才服务局,并在前不久召开的全省"人才新政"发布会上,景德镇又推出了一揽子具有景德镇特色的支持政策。比如,对引领景德镇市陶瓷产业发展的领军人才,给予最高200万元的人才经费资助和最高2000万元的项目配套支持,对在景工作满3年购买首套住房的,给予最高100万元安家补助;对为陶瓷科技创新和产业发展做出重大贡献、获得国家科技进步特等奖的个人(团队),给予最高200万元奖励。

瓷都雄心——景德镇陶瓷产业发展扫描

（江西日报 2018 年 10 月 15 日　王景萍）

10 月 12 日，景德镇红叶陶瓷股份有限公司的红叶新厂项目建设工地上一派繁忙的施工景象。这个总投资 5.3 亿元的项目，将引进世界最先进的陶瓷生产设备，年产约 2500 万件高档日用瓷，预计产值超 8 亿元。红叶新厂等项目，浓缩着景德镇陶瓷产业转型升级，逐鹿全球陶瓷市场的雄心。

心有多大，舞台就有多大。近年来，景德镇市以改革开放为动力，以面向世界的战略眼光，坚定陶瓷产业发展信心，不断构建大陶瓷发展格局，让陶瓷产业充满活力。

整合优势资源，壮大陶瓷产业。景德镇市不断优化顶层设计，着力抢占陶瓷产业链的制高点，推进了总投资 45 亿元的邑山陶瓷工业综合体、红叶陶瓷新厂、陶瓷设计研发中心等 20 个项目的建设，陶瓷产业的综合竞争力显著增强。值得一提的是，2018 年 7 月 1 日，景德镇陶瓷集团成立暨中国景德镇瓷厂新址揭牌仪式，在景德镇陶瓷工业园区举行。新成立的景德镇陶瓷集团整合了景德镇红叶陶瓷股份有限公司、江西省陶瓷进出口公司、国瓷馆陶瓷有限公司等多家企业，致力于打造"世界一流、百年经典"的陶瓷集团，将更好地发挥国有企业的主导作用和龙头企业的引领作用，推动景德镇陶瓷产业跨越式发展。

搭建创意创新平台，不断释放产业发展活力。这是景德镇市振兴陶瓷产业的又一有力抓手。2017 年，洛客设计谷项目正式落户景德镇。该项目是洛客平台携手景德镇三宝瓷谷共同打造的设计师线下"乌托邦"，以"互联网＋工业设计"形式助推陶瓷与设计大融合，从而丰富陶瓷产品的文化属性及内涵。自落户以来，洛客平台已为景德镇本土的富玉陶瓷、熊建军窑和美国常青集团、贝汉美等众多企业进行了创意设计。目前，景德镇市与有关方面正在全力打造洛客设计谷，积极构建全球陶瓷创意设计中心、研发中心、品牌投资孵化中心、营销发布中心、交易中心。洛客设计谷的打造，将从设计端带动景德镇陶瓷全产业链升级，引领世界陶瓷设计新风尚。

在推动陶瓷跨界融合上，景德镇市还围绕"陶瓷＋生活＋艺术"，开创了"陶瓷文化＋体验＋旅游＋个性化订制"的"陶瓷生活 4.0"发展模式，成功举办了首届中国陶瓷茶具产品及设计大赛、花器大赛、大千集艺术作品展等一系列活动，促进了陶瓷产业与茶产业、花器产业和服饰产业的交流融合，成功推动陶瓷产业发展。

推进企业现代化改造，引导企业亮相国内外舞台。景德镇市一方面积极发展传统手工制瓷业，为愚窑、诚德轩、闲云居等企业做好服务。另一方面大力推进陶瓷企业现代化改造，引进北京华江和天津瓷画慈等陶瓷企业与本地重点企业建立战略合作关系，着力打造高端日用瓷和东方国礼瓷，带动本地陶瓷企业优化升级。同时，积极组织陶瓷企业参加广交会、桂林象山工匠艺术文化周、美国巴拿马太平洋万国博览会等著名展会，企业品牌知名度得到大幅提升。景德镇法蓝瓷实业有限公司目前已在全球拥有近 6000 个销售点，景德镇市望龙陶瓷有限公司开发的多款产品、特殊定制品发往世界 20 多个国家的上百家 Tiffany 门店。此外，陶瓷股份公司、逸品天合等企业生产的陶瓷，多次被作为国礼赠送给国际友人。

种好梧桐树，引得凤凰来。景德镇还以中国景德镇国际陶瓷博览会为依托，引进了一大批知名陶瓷企业和窑口落户。据统计，景德镇市现有高技术陶瓷、日用陶瓷、建筑卫浴陶瓷等各类陶瓷企业、陶瓷工作室 6773 家，陶瓷从业人数达 13 万多人。2017 年，景德镇陶瓷工业总产值达 372 亿元。今年以来，该市陶瓷生产经营继续呈现良好态势。

景德镇陶瓷亮相 2019 中国（北京）
国际精品陶瓷展览会

（光明日报 2019 年 8 月 2 日　刘江伟）

8 月 2 日，2019 中国（北京）国际精品陶瓷展览会暨第七届中国陶瓷文化艺术创意设计精品展在北京中国国际展览中心开幕，景德镇市组织了多家陶瓷企业参展，千余件精美的景德镇陶瓷亮相展会，为国内外的参展商、游客献上了一场精彩纷呈的陶瓷文化盛宴。

当日下午，作为本次展览会重头戏的景德镇陶瓷推介会举行。景德镇市委常委、宣传部长刘朝阳在推介会上表示，近年来，景德镇市通过开展城市修补、生态修复，整个城市面貌发生很大变化，环境更美了，产业更旺了，形成了陶瓷、航空、汽车、旅游为特色的"3+1+X"产业体系。副市长孙鑫介绍了创建景德镇国家陶瓷文化传承创新试验区，打造国家陶瓷文化保护传承创新基地、世界著名陶瓷文化旅游目的地、国际陶瓷文化交流合作交易中心的"两地一中心"以及景德镇陶瓷产业发展情况，并对将于 10 月 18—22 日举行的 2019 年景德镇国际陶瓷博览会进行了推介。

本届展会上，景德镇展区分别由景德镇陶瓷形象馆、当代官窑"国瓷、国礼"陶瓷历年成果展——景德镇陶瓷集团主题馆、"为生活造"——陶溪川文创街区主题馆 3 个专馆以及 182 个标准展位构成，展区以"精美陶瓷装点美好生活为主题"，共展出了 3000 余件精品陶瓷。其中，既有国家领导人馈赠、接待外宾的高档国礼瓷，也有餐具、茶具类日用瓷，摆设、装点类艺术瓷，品鉴、收藏类艺术瓷以及极富创意新意识和时代气息的文创礼品瓷。

338

据悉，2019 中国（北京）国际精品陶瓷展览会暨第七届中国陶瓷文化艺术创意设计精品展是该展会首次在京举办，展会作品包括传统陶瓷、家居生活瓷、现代艺术瓷、文创礼品等六大类，全面展示了当代中国陶瓷伴随中华人民共和国恢复发展到改革开放 40 多年取得的整体发展成果，对促进陶瓷产业提档升级、集群发展，提升陶瓷产品设计创新水平，推动陶瓷产业从"中国制造"走向"中国智造"具有重要意义。

千年瓷都景德镇承载新使命

（新华社 2019 年 10 月 10 日　沈　洋　陈毓珊　黄浩然）

国家陶瓷文化保护传承创新基地、世界著名陶瓷文化旅游目的地、国际陶瓷文化交流合作交易中心，这是中国瓷都景德镇的新战略定位。

10 日，江西省政府在南昌举行景德镇国家陶瓷文化传承创新试验区建设新闻发布会。此前，经国务院同意，国家发展改革委、文化和旅游部印发《景德镇国家陶瓷文化传承创新试验区实施方案》。

为传统文化传承创新探索新路、建好对外文化交流新平台，国家陶瓷文化传承创新试验区既担负着国家使命，也是瓷都复兴的助推剂。

夜幕下的景德镇陶溪川，流光溢彩，游客如织。

在保留改造原老瓷厂厂区基础上，陶溪川"嫁接"博物馆、美术馆、工作室、瓷器店等，成为景德镇的新地标。三年来，这个文创街区已帮助 1 万余人创新创业。以文化引领产业、用新业态复活工业遗迹，陶溪川闯出的新路已经被其他产瓷区借鉴。

2000 多年的冶陶史，1000 多年的官窑史，600 多年的御窑史……景德镇有着丰富的陶瓷遗存。

眼下，御窑厂遗址正在进行一场前所未有的大规模保护修缮，周边 13.1 平方公里被划定为重点保护区，民居、瓷行、会馆等历史建筑也被逐步修复。

复活改造老厂区，支持御窑厂遗址申报世界文化遗产，建设国家古陶瓷研究修复中心，完成手工制瓷技艺数据库建设……实施方案把陶瓷文化保护和传承放在重要位置。

"不同于一般的物质和非物质遗产保护，景德镇国家陶瓷文化传承创新试验区承担着新使命。"上海交大城市科学研究院院长刘士林说，试验区要以文化资源保护传承为基础，走出一条文化引领经济发展的新路。

正因如此，打造陶瓷特色产业集群、加大陶瓷技术创新力度、发展陶瓷文化旅游业等，在实施方案中占据大量篇幅。

"按照实施方案，到 2035 年，景德镇将成为全国具有重要示范意义的新型人文城市和具有重要影响的世界陶瓷文化中心城市。"江西省发改委主任张和平说，试验区要为中国陶瓷和其他传统文化产业转型发展提供可推广的经验。

历史上，景德镇的瓷器由昌江进入鄱阳湖，经长江转运后，通过丝绸之路的陆上通道或"瓷器之路"的海上航线销往世界各地，为中国走向世界打开一扇窗。

今天的景德镇发展呈现新风貌、新气象，每年 5000 多名"洋景漂"来到这座千年瓷都，汲取文化养分、实现艺术梦想。

建好对外文化交流新平台，是景德镇国家陶瓷文化传承创新试验区承担的另一项国家使命。

实施方案提出，将景德镇陶瓷文化纳入国家"一带一路"国际文化交流与合作有关规划；支持将陶艺课程纳入国家孔子学院总部课程内容；支持将景德镇列入青年汉学家研修计划实地调研地。

"悠久的制瓷历史和丰富的陶瓷遗存，是景德镇的优势、资源和财富。"景德镇市市长刘锋说，要广泛开展国际文化交流、国际合作办学、国际研学游学。

对景德镇而言，试验区是个巨大的礼包——通过现有渠道加大中央预算内投资对试验区基础设施建设的投入力度，鼓励相关政府投资基金参与设立景德镇文化产业引导基金，支持将试验区纳入国家文化发展等重大规划……

实施方案还明确，支持试验区开展国家智慧城市、老旧小区改造、老厂区老厂房更新改造利用试点。

"这些政策是为我们量身定制的，含金量很高。"景德镇市委书记钟志生说，试验区建设是历史机遇，更是重大责任，我们将努力走出一条具有景德镇特点的优秀传统文化传承创新发展新路。

参考文献

1. 江西省轻工业厅陶瓷研究所编：《景德镇陶瓷史稿》，三联书店 1959 年版。

2. 江西省地方志编纂委员会编：《江西省陶瓷工业志》，北京方志出版社 2000 年版。

3. 景德镇市地方志编纂委员会编：《中国瓷都·景德镇市瓷业志》，北京方志出版社 2004 年版。

4. 景德镇市地方志编纂委员会编：《景德镇市志瓷业篇（1986—2010）》，终审稿 2019 年版。

5. 江西省陶瓷工业公司《当代官窑》编委会编：《当代官窑》，江西人民出版社 2011 年版。

6. 《景德镇陶瓷》编辑部编：《景德镇陶瓷》，1982 年第四期、1984 年第一期、1985 年第一期、1989 年第四期。

7. 杨永峰著：《景德镇陶瓷古今谈》，中国文史出版社 1981 年版。

8. 郑鹏编：《江西陶瓷科技志》，内部印刷 1992 年版。

9. 汪宗达、尹承国编：《现代景德镇陶瓷经济史》，中国古籍出版社 1994 年版。

10. 尹世洪、孙本礼编：《江西省陶瓷工业公司》，当代中国出版社 1998 年版。

11. 漆德三著：《陶瓷与国礼》，江西高校出版社 2018 年版。

12. 李胜利编：《景德镇国窑 60 年》，内部印刷 2018 年版。

13．景德镇瓷局编：《景德镇品牌陶瓷》，内部印刷 2011 年版。

14．景德镇瓷局编：《景德镇名优陶瓷手册》，内部印刷 2011 年版。

15．李松杰著：《景德镇陶瓷工业文化遗产研究》，江西美术出版社 2018 年版。

16．李景春著：《景德镇古窑址》，江西高校出版社 2018 年版。

17．景德镇市地方志编撰委员会编：《景德镇年鉴》，内部印刷 2000 年至 2018 年版。

后　记

"壮丽七十年，奋斗新时代"。2019 年，对景德镇来说，注定是一个不平凡的年份，并将浓墨重彩地载入史册。

5 月，习近平总书记视察江西时指示：建好景德镇国家陶瓷文化传承创新试验区，打造对外文化交流新平台。给瓷都人民以巨大鼓舞。瓷都景德镇迎来又一次重大发展机遇。值此喜迎中华人民共和国成立七十周年之际，中共景德镇市委书记钟志生提出编纂出版《景德镇陶瓷史料（1949—2019）》一书，对景德镇陶瓷近七十年的发展历史进行回顾和总结，传承和弘扬景德镇开放包容、不断创新的陶瓷文化，为正在进行的景德镇国家陶瓷文化传承创新试验区建设提供历史资料。根据市委、市政府的部署，市瓷局立即承担起该书的编纂工作，并迅速组建编纂班子，多次组织有关专家座谈讨论，选择体裁，设置编目。在省陶瓷工业公司、瓷都晚报社的支持下，该书的资料收集、编纂工作全面展开。编辑部全体成员克服时间紧、任务重等困难，满怀责任感和使命感，广泛收集 70 年陶瓷发展资料，集思广益谋篇布局，不断优化纲目结构，逐词逐句反复推敲，力求内容客观翔实，终于在 10 月完成这套上、中、下三卷，50 余万字，图片 300 余张的陶瓷史料汇编。

《景德镇陶瓷史料（1949—2019）》编纂过程中，得到市委办公室、市委宣传部、市委政研室、市档案馆、市政府办公室、市科技局、市文旅局、市史志办、省陶瓷研究所、景德镇陶瓷大学、江西陶瓷工艺美院、陶文旅集团、景陶集团、昌南新区、景德镇陶瓷企业家联合会等单位的大力支持。

同时，该书也得到专家学者和社会各界的关心与帮助，并从江西省人民政府原副省长熊盛文的《瓷韵匠心》、景德镇市原市委书记杨永峰的《景德镇陶瓷古今谈》、景德镇市老领导汪宗达等主编的《现代景德镇陶瓷经济史》、清华大学教授白明的《景德镇传统制瓷工艺》等陶瓷名家力作中获益良多，特别是景德镇市人大常委会原主任王力农、景德镇市政协原主席黄康明提出了具体指导意见；著名文化学者方李莉博士为本史料编纂提出了好的修改意见；十大瓷厂博物馆李胜利先生为本史料编纂做了很多基础性工作；资深设计师方晓先生对本史料的装帧设计进行了专业指导；市史志办副主任李景春对该书进行总纂统稿。市瓷局领导班子成员分工负责，多次召开编纂工作会议，逐章逐节讨论、审核、修改，付出了大量的心血。此外，还有许多热心人士为本史料编纂做出了无私贡献。由于篇幅所限，不能一一具名，在此，《景德镇陶瓷史料（1949—2019）》编辑部一并向大家致以最诚挚的感谢！

《景德镇陶瓷史料（1949—2019）》内容跨越 70 年，按照 1949—1978 年、1979—1998 年、1999—2019 年三个时段分别记述。在本书编纂过程中，编辑人员力求全面收集和准确运用资料，平实记载历史事件，以史料的形式客观真实反映中华人民共和国成立以来景德镇陶瓷产业、陶瓷文化的发展脉络，为了解和研究景德镇当代陶瓷史提供较为详实、客观、系统的历史资料。

我们深知，景德镇陶瓷 70 年来的发展历史，要浓缩在这样一部 50 余万字的史料之中，是一件非常不容易的事情。虽已付出艰辛努力，但书中不妥、不周之处难以避免，特别是很多事件发生较近，尚未经过沉淀。恳请广大读者朋友不吝指正，以便我们在适当时机再版时能够订正、充实和完善。

景德镇陶瓷史料编辑部

二〇一九年十月